Prosódia, prosódias
uma introdução

CB018419

COLEÇÃO DE LINGUÍSTICA • UMA INTRODUÇÃO

Fonologia, fonologias • Dermeval da Hora e Carmen Lúcia Matzenauer

Prosódia, prosódias • Miguel Oliveira Jr.

Psicolinguística, psicolinguísticas • Marcus Maia

Semântica, semânticas • Celso Ferrarezi Junior e Renato Basso

Sintaxe, sintaxes • Gabriel de Ávila Othero e Eduardo Kenedy

Sociolinguística, sociolinguísticas • Maria Cecilia Mollica e Celso Ferrarezi Junior

Consulte nosso catálogo completo e últimos lançamentos em **www.editoracontexto.com.br**.

Miguel Oliveira Jr.
(org.)

Prosódia, prosódias
uma introdução

editora**contexto**

Foto de capa
Geoffroy Hauwen em Unsplash

Montagem de capa e diagramação
Gustavo S. Vilas Boas

Preparação de textos
Daniela Marini Iwamoto

Revisão
Hires Heglan

Dados Internacionais de Catalogação na Publicação (CIP)

Prosódia, prosódias : uma introdução / organizado por
Miguel Oliveira Jr. – São Paulo : Contexto, 2022.
224 p.

Bibliografia
ISBN 978-65-5541-161-4

1. Linguística 2. Língua portuguesa – Prosódia
3. Língua portuguesa – Gramática I. Oliveira Jr., Miguel

22-2840   CDD 469.5

Angélica Ilacqua – Bibliotecária – CRB-8/7057

Índice para catálogo sistemático:
1. Língua portuguesa – Prosódia

2022

EDITORA CONTEXTO
Diretor editorial: *Jaime Pinsky*

Rua Dr. José Elias, 520 – Alto da Lapa
05083-030 – São Paulo – SP
PABX: (11) 3832 5838
contexto@editoracontexto.com.br
www.editoracontexto.com.br

Sumário

APRESENTAÇÃO 7

ACENTO 9
Pablo Arantes

NOTAÇÃO ENTOACIONAL 27
Luciana Lucente

ENTOAÇÃO 45
João Antônio de Moraes e *Albert Rilliard*

A FALA E SEUS RITMOS 67
Plínio Almeida Barbosa

PROSÓDIA E ESTRUTURA INFORMACIONAL 81
Tommaso Raso e *Frederico A. Cavalcante*

PROSÓDIA E AQUISIÇÃO DA LINGUAGEM 97
Marianne C. B. Cavalcante e *Ester M. Scarpa*

PROSÓDIA E VARIAÇÃO 111
Regina Cruz

Prosódia do discurso 125
Miguel Oliveira Jr.

Prosódia e escrita 141
Luciani Tenani

A prosódia da fala expressiva 157
Sandra Madureira e Mario A. S. Fontes

As interações entre prosódia da fala e música 173
Beartiz Raposo de Medeiros e Alexsandro Rodrigues Meireles

Prosódia e distúrbio de fala 185
Zuleica Camargo

Rastreamento ocular e prosódia 201
René Almeida e Ayane Almeida

Os autores 219

Apresentação

Miguel Oliveira Jr.

Quando cantamos, não produzimos apenas uma sequência de consoantes e vogais encadeadas. Modulamos a voz de maneira a alterar as propriedades acústicas desse conjunto de sons, criando, assim, efeitos de sentido. Na infame canção "Atirei o pau no gato", por exemplo, cuja notação musical segue abaixo, o *a* de *atirei* é mais longo que o *a* de *gato*. Isso é indicado em notação musical pelo símbolo de ligadura entre duas notas de mesma altura, marcando uma prolongação. A enunciação de "o gato não morreu" é feita com uma descida de notas gradual: observe como as notas descem no máximo metade de uma linha por vez, a partir de *não*, e permanecem na mesma altura nas três repetições da última sílaba (*-reu*). Em "o gato deu", no entanto, a descida de notas é mais íngreme. Além disso, a nota da última sílaba (*deu*) está bem abaixo (em notação musical, um semitom abaixo) da nota da última sílaba de *morreu*. Por fim, *miau*, como pede a canção, é um berro, e o berro é enunciado com uma maior intensidade (marcada pelo símbolo *f* abaixo das notas).

Figura 1 – Notação musical da canção "Atirei o pau no gato"

O mesmo fenômeno acontece quando falamos. As propriedades acústicas dos sons que produzimos na fala são moduladas para produzir diferentes efeitos: indicar o início de um tópico, enfatizar uma palavra, sílaba ou conjunto de sílabas, sinalizar que ainda não concluímos uma frase ou, ao contrário, deixar claro que a concluímos etc. O termo que se utiliza em Linguística para se referir a essas modulações no som da fala é *prosódia* – derivado do grego προσῳδία, que significa "acompanhamento musical" ou "canto acompanhado de música".

As propriedades acústicas que são moduladas na fala são o *tempo*, a *frequência fundamental* e a *intensidade*. O intervalo temporal que o falante leva executando os movimentos articulatórios de um dado som é responsável pela modulação do tempo, que é percebido pelo ouvinte como duração. Na canção infantil ilustrada anteriormente, o tempo da vogal *a* em *atirei* é relativamente maior que o da mesma vogal em outros contextos da música. O número de vezes que as pregas vocais vibram durante a produção da fala vai definir a sua frequência fundamental, que é percebida pelo ouvinte como tom ou entoação. Como vimos, na canção, o movimento de descida das notas em "não morreu" é diferente daquele associado a "o gato deu". A altura da nota é, na fala, equivalente à frequência fundamental, e o movimento dessas notas é equivalente à percepção da entoação. Por fim, o esforço físico desprendido na produção de um som vai determinar a sua intensidade, que é, por sua vez, percebida como volume. A Prosódia ocupa-se da investigação desses fenômenos em seus três possíveis domínios: o da produção, o da acústica e o da percepção.

Este livro explora diferentes aspectos da Prosódia da Fala, um campo de investigação que atravessa vários domínios na área da Linguística e nas interfaces da Linguística com outras áreas do conhecimento. O objetivo é apresentar, de maneira didática, conceitos fundamentais e métodos da pesquisa em Prosódia, explicitando a sua importância para a compreensão dos mais variados fenômenos da fala.

Acento

Pablo Arantes

O que é acento?

No cotidiano, dizemos que um certo aspecto do mundo está acentuado quando ele se destaca e chama mais a atenção do que outros elementos do seu entorno imediato. Essa noção pode ser aplicada a diferentes dimensões sensoriais, como a percepção visual e sonora, por exemplo. Um ipê-amarelo florido destaca-se do fundo mais indistinto da vegetação circundante, e uma determinada nota em uma melodia pode sobressair-se em relação às que a antecederam e às que lhe seguem. Na teoria linguística, o termo "acento" é usado com um significado parecido e faz referência a instâncias nas quais uma ou mais palavras se destacam das demais em um enunciado ou, no âmbito de uma palavra, uma sílaba parece ser mais saliente do que as demais.

Uma vez que "acento" tem um uso polissêmico mesmo no contexto mais técnico dos estudos linguísticos, é preciso delimitá-lo. Tratarei mais especificamente do fenômeno conhecido como *acento lexical* ou *acento de palavra* que, na tradição anglo-saxã, são equivalentes a *lexical stress* ou *word stress*.

A literatura fonológica de tradição estruturalista aponta três características linguísticas relevantes para o acento lexical (Martinet, 1975; Trubetzkoy, 1969). A primeira é chamada de culminatividade, uma restrição que estabelece que cada palavra deve ter apenas um acento principal. Aponta-se também que o acento pode ter um papel auxiliar na segmentação da fala ao ajudar o ouvinte a identificar a fronteira entre palavras, quando ele tem posição fixa na palavra. Em línguas como o português brasileiro (PB, abreviadamente), nas quais o acento pode acontecer em diferentes posições, essa troca pode ser aproveitada para gerar contrastes lexicais, como nos exemplos clássicos *sábia*, *sabia* e *sabiá*.

No PB, diz-se que o acento acontece em uma janela formada pelas últimas três sílabas das palavras, que definem três tipos acentuais: proparoxítono, paroxítono e oxítono, conforme a sílaba acentuada recaia sobre a antepenúltima, penúltima e última sílaba, respectivamente.

O que se estuda a respeito do acento?

Um estudo sobre a distribuição dos três tipos em textos escritos (Cintra, 1997) mostra que o tipo paroxítono é o mais comum (63%), seguido do tipo oxítono (18%) e proparoxítono (7%).[1]

A literatura sugere que a duração é o principal parâmetro acústico usado para sinalizar a posição da sílaba tônica, que é mais alongada do que as átonas (Fernandes, 1976; Massini, 1991; Moraes, 1987). Estudos experimentais mostram que as vogais postônicas sofrem um processo de redução em grau mais drástico do que as pretônicas, de modo que essas tendem a ser mais breves e mais centralizadas do ponto de vista articulatório do que aquelas (Aquino, 1997; Barbosa, 2012). Do ponto de vista da frequência fundamental (f_0 abreviadamente), observa-se um movimento no contorno alinhado à sílaba tônica, descrito como padrão circunflexo, composto, como sugere o nome, de um início ascendente, que se dá na vogal tônica, sucedido por uma descida na sílaba postônica seguinte, caso ela exista.

Como estudar o acento?

É possível tomar vários caminhos teóricos e metodológicos para investigar o fenômeno do acento. Um desses caminhos, por exemplo, seria adotar uma perspectiva mais fonológica, voltada para as propriedades funcionais do acento e as possibilidades de representação formal dessas propriedades. O ponto de vista que adoto neste capítulo é mais próximo a uma abordagem fonética, cuja atenção se volta para a produção e percepção das formas linguísticas em busca de encontrar aspectos sistemáticos e possivelmente invariantes nos padrões objetivamente observados em dados empíricos, tanto em dados de produção quanto de percepção. Em relação ao fenômeno do acento, um dos papéis da pesquisa em Fonética Linguística é a investigação a respeito da maneira como o mecanismo de produção da fala implementa a estrutura linguística, isto é, como produz articulações, com seus consequentes resultados acústicos, que sejam suficientemente distintos para serem percebidos pelos interlocutores como representantes das unidades linguísticas cuja produção foi planejada pelo falante. Pesquisas dessa natureza implicam determinar quais são os *correlatos* físicos, acústicos ou articulatórios, de um determinado contraste empregado por uma língua. No caso de elementos prosódicos – ou suprassegmentais, em uma nomenclatura mais tradicional (Lehiste, 1970) –, como é o caso do acento lexical, as principais dimensões fonéticas envolvidas são a duração, a f_0 e a intensidade. A investigação a respeito de correlatos prosódicos leva em conta alguns princípios, que explicarei a seguir.

O primeiro princípio é o reconhecimento da natureza sintagmática dos contrastes prosódicos. A proeminência de um determinado elemento da cadeia é estabelecida pela comparação *in praesentia* com elementos que o antecedem e o sucedem. O caráter tônico da sílaba tônica *mi* da palavra "camisa", por exemplo, é estabelecido pela comparação da força das três sílabas que aparecem em sucessão no eixo sintagmático. É útil comparar essa situação com aquela em que se dão as oposições fonêmicas segmentais, que acontecem no eixo paradigmático. Imaginemos que a tarefa seja a percepção da palavra "pé". Estabelecer a identidade do primeiro som, [p], implica comparar os traços acústicos efetivamente produzidos com toda a série de consoantes possíveis no início de uma palavra. Trata-se, aqui, de uma comparação *in absentia*, isto é, o elemento presente (o sinal acústico) é comparado com a série de elementos a que ele pode corresponder, como [p], [b], [m] etc.

O segundo princípio relevante é a noção segundo a qual os contrastes são relativos e sua determinação deve levar em conta fenômenos como duração, intensidade e f_0 intrínsecas. Voltando ao exemplo da palavra "camisa", isso significa que estabelecer a maior proeminência da sílaba "mi" não depende de essa sílaba ultrapassar um certo limiar de duração ou intensidade, por exemplo, a partir do qual uma determinada vogal ou sílaba fosse automaticamente julgada como mais proeminente, mas, sim, que o valor dos parâmetros seja maior relativamente ao das sílabas que são suas vizinhas. A investigação do papel de diferentes parâmetros acústicos como correlatos para o acento lexical implica evidenciar o possível efeito do tipo acentual de uma unidade linguística (tonicidade comparada com atonicidade, por exemplo) sobre a manifestação de um determinado parâmetro. Ocorre que a prosódia não é o único fator que determina as características físicas de um fone: todo fone efetivamente produzido tem, necessariamente, uma duração, uma intensidade e, se for vozeado, terá valôres de f_0. Esses valores são definidos, entre outras coisas, pelo tipo de articulação e de efeitos aerodinâmicos necessários para sua produção. Portanto, os valores de diferentes parâmetros que mensuramos em um fone qualquer são a resultante da necessidade de expressar simultaneamente fatores segmentais e prosódicos. Desse modo, um efeito de alongamento causado pela tonicidade sobre a duração das sílabas, por exemplo, modificará a duração de base, ou típica, de cada um dos fones que compõem a sílaba. Em virtude dessas duas considerações, recomenda-se a adoção de métodos e procedimentos de normalização dos valores dos parâmetros acústicos, que são desenhados para ressaltar as mudanças relativas em um determinado parâmetro e minimizar a influência dos valores intrínsecos, que discutiremos na próxima seção, seja da duração, seja intensidade ou f_0.

O terceiro princípio não é de natureza propriamente linguística, mas, sim, metodológica. Muito embora a intuição linguística do analista seja relevante para o reconhecimento da funcionalidade de fenômenos como o acento, a prática mais moderna em Fonética Experimental é usar instrumentos como a análise estatística, tanto descritiva quanto inferencial, para julgar a relevância de padrões de parâmetros acústicos como correlatos de contrastes acentuais. Isso significa que a observação ou mensuração de casos singulares ou a introspecção do analista podem ter um valor heurístico, isto é, sugerir linhas de investigação, mas não são consideradas fontes definitivas para a confirmação de hipóteses. O leitor pode consultar Arantes (2020) para uma discussão sobre esse tema a partir do exemplo de uma análise de dados de duração na fala.

Por conta dos princípios que acabamos de delinear, um estudo experimental dos correlatos acústicos do acento implica a montagem de um *corpus* de palavras a serem lidas por informantes ou trechos de fala espontânea em *corpora* que contemplam esse estilo de elocução (Raso e Mello, 2012). A escolha das palavras que farão parte do *corpus* dependerá dos interesses específicos de um pesquisador a respeito da implementação fonética do acento. O objetivo final do processo de coleta de dados é chegar a valores que definam contornos para os diferentes parâmetros acústicos. Suponha que uma das palavras que são objeto de estudo seja "camisa" e que a duração das sílabas e a intensidade das vogais estejam sendo medidas. Neste caso, os três valores de duração, ordenados pela ordem em que as sílabas (ou vogais) ocorrem na palavra, definem o contorno de duração ou de intensidade dessa palavra. Como dissemos no parágrafo anterior, a ideia é contar com um certo número de repetições da mesma palavra (ou de palavras com a mesma estrutura – trissílabas paroxítonas, no exemplo) e calcular estatísticas, como a média, por exemplo, para determinar o padrão definido pelo contorno. No caso da palavra "camisa", espera-se que a sílaba tônica "mi" tenha uma média maior do que a das demais sílabas e, secundariamente, que a da sílaba pretônica "ca" seja um pouco maior do que a da postônica "sa". A última distinção não é a mais relevante, o importante é a que a tônica tenha o maior valor entre as três e defina, assim, um "pico" local no contorno de duração. Uma lógica parecida se aplica à interpretação dos valores de intensidade.

No caso da f_0, embora seja comum fazer medições pontuais, comumente nas vogais (no ponto médio, por exemplo), há técnicas nas quais um número maior de medidas é levado em conta, incluindo aqueles que correspondem a porções não vocálicas vozeadas na palavra de interesse e toda a série de medidas formará o contorno de f_0 a ser analisado.

Poderia me dar um exemplo?

Apresentarei a seguir exemplos de como a questão do acento lexical é comumente estudada no contexto da Fonética Acústica. Por uma questão de espaço, limitarei a apresentação aos três principais correlatos acústicos, a duração, a f_0 e a intensidade. Para cada um deles haverá a discussão sobre os principais aspectos técnicos a serem levados em consideração na análise de cada um dos parâmetros e como interpretar os resultados no contexto da investigação a respeito do acento.

Duração

Conforme dissemos na seção anterior, a duração intrínseca é um dos fatores a serem levados em conta quando se estuda o papel da duração como correlato do acento lexical. O fato de os fones apresentarem duração intrínseca deriva de maneira relativamente simples de razões articulatórias e aerodinâmicas. No caso das vogais, há uma relação entre grau de abertura mandibular/altura da língua e duração: vogais baixas, como [a], tendem a manifestar, conservadas outras condições, duração maior do que vogais altas, como [i] e [u], porque o movimento de abaixar o conjunto língua/mandíbula o suficiente para atingir a postura necessária para produzir um [a] é mais longo e, portanto, mais demorado do que aquele necessário para o fechamento observado em [i] ou [u]. O mesmo princípio vale para consonantes: o movimento balístico da ponta da língua que produz um [ɾ] é mais rápido do que a articulação mais precisa necessária para conseguir um [s]. De forma geral, fricativas são mais longas do que plosivas, que são mais longas do que as soantes (nasais, laterais e o tepe); dentro da mesma classe, as consoantes desvozeadas tendem a ser mais longas do que as vozeadas. Em virtude apenas da duração intrínseca, em uma palavra como "chafariz", por exemplo, é bastante possível que a primeira sílaba seja mais longa do que a última, mesmo que esta seja a tônica e a outra, não.

Uma maneira de neutralizar o efeito da duração intrínseca seria recorrer a palavras que tivessem a mesma composição segmental em todas as suas sílabas, como o caso, visto anteriormente, do trio *sábia-sabia-sabiá*. Nesse caso, as diferenças relativas de duração observadas no contorno de duração poderiam ser creditadas a fatores prosódicos, já que a composição segmental seria mantida idêntica. Apesar de simples, a solução é inconveniente porque é muito difícil encontrar um número razoável de palavras com essas características, especialmente quando se vai além dos vocábulos dissilábicos. Uma solução que libera o pesquisador de buscar palavras com combinações segmentais específicas é o uso da normalização da duração bruta (medida em amostras de fala por meio de ferramentas computacionais, como o programa Praat) por meio da transformação *z-score* estendido, um procedimento derivado da análise estatística que foi posteriormente adaptado para auxiliar na implementação de modelos de duração para sistemas de síntese de fala (Barbosa, 2006; Campbell, 1993). A série de valores que forma o contorno duracional de uma palavra pode ser normalizada por meio da aplicação da fórmula (1) a cada valor do contorno. Cada unidade a ser normalizada (uma sílaba, por exemplo) é composta de um número n de fones e a variável *dur* representa a duração da sílaba, que neste caso é a soma das durações dos fones que a compõem. As variáveis μ_i e *var$_i$* indicam, respectivamente, a média e a variância de cada um dos n fones que compõem cada unidade. Os valores de referência μ e *var* refletem a duração e a variabilidade intrínsecas dos fones de uma determinada língua e precisam ser determinados empiricamente.

(1)

$$z = \frac{dur - \sum_{i=1}^{n} \mu_i}{\sqrt{\sum_{i=1}^{n} var_i}}$$

Barbosa (2006) apresenta valores de média e desvio padrão típicos dos fones vocálicos e consonantais do PB, que podem ser usados para a aplicação da fórmula. Após a normalização, os valores de duração passam a ser expressos em unidades de *z-score* e podem ter valores positivos ou negativos. Um valor positivo em *z-score* indica que a unidade em questão está alongada relativamente aos valores de referência dos fones que compõem aquela unidade. Valores negativos indicam o inverso, isto é, um encurtamento relativo em relação aos valores de referência. Uma implementação do procedimento de normalização da duração por *z-score* como um *script* para o programa Praat é apresentada por Arantes (2021a).

A Figura 1 mostra dados reais de duração medidos em dez repetições da palavra "batatada", inserida em uma frase-veículo simples e lidas por um falante nativo. A fórmula 1 foi usada para transformar a duração bruta (em unidades de tempo real, expresso em milissegundos) em duração normalizada. Na figura, o eixo horizontal mostra as sílabas na ordem de sua ocorrência na palavra e o eixo vertical, a duração bruta (gráfico superior) ou normalizada (gráfico inferior). As durações das sílabas individuais são representadas pelos círculos preenchidos alinhados a cada sílaba e a média de duração para cada posição é mostrada pelos quatro quadrados brancos. A linha que liga as durações médias sugere o formato do contorno médio. O formato do contorno corrobora algumas expectativas prévias: a sílaba tônica é a mais alongada de todas e seu valor define um pico local no contorno. A figura mostra também a presença de variabilidade nos dados, ressaltando a importância de analisar conjuntos de dados, e não observações individuais, além de reforçar a necessidade do uso de alguma técnica estatística para avaliar a relevância ou consistência das diferenças observadas. A figura mostra, ainda, que o formato geral do contorno se mantém quando a normalização é aplicada. O efeito da normalização nesse exemplo não é crucial porque a vogal é a mesma em todas as sílabas e todas as consoantes são da mesma classe, com duração e variabilidade intrínsecas parecidas. Apesar disso, a normalização sugere que a primeira sílaba, "ba", tem uma duração ligeiramente mais alongada do que a pretônica seguinte, "ta", indicando a possibilidade da marcação de uma proeminência de início de palavra.

Figura 1 – Contornos de duração da palavra "batatada" em duração bruta e normalizada

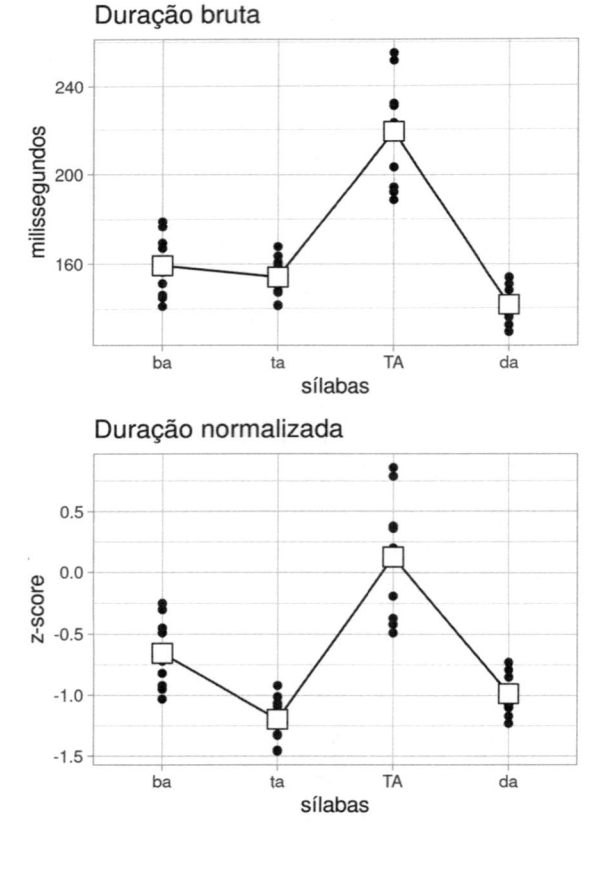

Um segundo fator a ser levado em conta na análise de duração é a unidade linguística a ser medida. Historicamente, a vogal foi considerada o elemento portador do acento, em especial antes da incorporação da noção de sílaba às representações fonológicas (Chomsky e Halle, 1968). Apesar disso, a sílaba canônica (ou fonológica) é a unidade mais medida nos estudos experimentais (Fry, 1979; Lehiste, 1970). A sílaba fonológica inclui os segmentos presentes no ataque e na rima das sílabas. Uma terceira possibilidade é medir a duração de todo o material fônico produzido entre dois ataques vocálicos consecutivos na cadeia da fala. Essa unidade é chamada em parte da literatura de sílaba fonética ou unidade vogal-a-vogal (ou unidade vv) e registros da medição de unidades com essas características remontam aos anos de 1930 (Classe, 1939). A justificativa mais moderna para essa medição é o achado de estudos empíricos que mostram que os efeitos de alongamento prosódico (em especial aqueles cujo escopo é a frase e não apenas a palavra lexical) aplicam-se, sobretudo, à vogal sobre a qual recai o evento prosódico em questão e às consoantes que se seguem até o limite do ataque vocálico seguinte, independentemente da afiliação silábica (Barbosa e Madureira, 1999; Pettorino et al., 2013). As consoantes que antecedem a vogal alongada, mesmo que estejam ligadas à mesma sílaba, não sofrem esse mesmo efeito. Em uma palavra como *fósforo*, a unidade vv que contém a sílaba tônica é -*ósf*-. Em função do que dissemos antes, espera-se que a consoante inicial *f* não sofra o mesmo grau de alongamento que os segmentos em -*ósf*-.

Os estudos experimentais iniciais sobre o papel da duração como correlato acústico do acento em português brasileiro seguiram a tradição de usar a sílaba fonológica como unidade linguística de observação. Os achados desses trabalhos corroboram as tendências observadas para outras línguas com sistemas de acento semelhantes ao do PB: maior alongamento da tônica em relação às átonas circundantes. Trabalhos posteriores (Arantes, 2010) empregaram a unidade vv como unidade de medida e encontraram resultados que vão na mesma direção, isto é, indicam que a unidade vv que inclui a vogal tônica tende a ser mais alongada do que as átonas em sua vizinhança e confirmam que isso acontece quer a palavra porte o acento frasal (saliente no nível da frase) ou não.

Análise da frequência fundamental

A análise do contorno de f_0 no contexto da pesquisa sobre acento lexical busca identificar os padrões de movimento que podem estar correlacionados à marcação da sílaba tônica. Assim como no caso da duração, é preciso estar atento a variações na f_0 que são motivadas por outros fatores que não informam a respeito do acento. No caso da f_0, elas são chamadas de variação micromelódica e são flutuações locais na curva de f_0 causadas por questões mecânicas e aerodinâmicas ligadas à produção do vozeamento, como aumentos relativamente bruscos na fronteira entre consoantes e vogais, especialmente no caso de plosivas, fricativas e africadas desvozeadas. A variação micromelódica pode ter um papel na percepção do vozeamento e da natureza da consoante que precede vogais, mas não são relevantes para a percepção de movimentos mais lentos de f_0 que se desenrolam ao longo de um enunciado (Xu e Xu, 2021). Em parte, esses efeitos podem ser minimizados pela aplicação de técnicas de suavização da f_0, como a disponível no programa Praat (função *Smooth*). É interessante também recorrer à técnica da normalização temporal, para permitir que contornos com duração e composição segmental diferentes possam ser analisados conjuntamente. Uma apresentação didática dessas duas técnicas pode ser vista em Arantes (2015), bem como um *script* para o Praat, que implementa um algoritmo de normalização temporal (Arantes, 2021c). A Figura 2 mostra contornos suavizados e posteriormente normalizados temporalmente de uma palavra oxítona (jogador) e de uma paroxítona (jornalista). Essas palavras foram inseridas em frases-veículo em posição de início de enunciado, precedidas por artigo definido e cinco repetições da frase foram lidas por um falante nativo do PB. Portanto, cada contorno na figura representa a média de cinco contornos individuais. Para fazer a normalização temporal, cada contorno foi dividido em unidades vv, indicadas pela barra vertical, incluindo a vogal do artigo inicial (|o j|og|ad|or| e |o j|orn|al|ist|a_|) e em cada unidade foram amostrados cinco valores de f_0 igualmente espaçados no tempo. O contorno das palavras oxítonas é mais curto porque elas não têm sílaba postônica.

Figura 2 – Contornos suavizados e normalizados temporalmente
de palavras oxítonas e paroxítonas

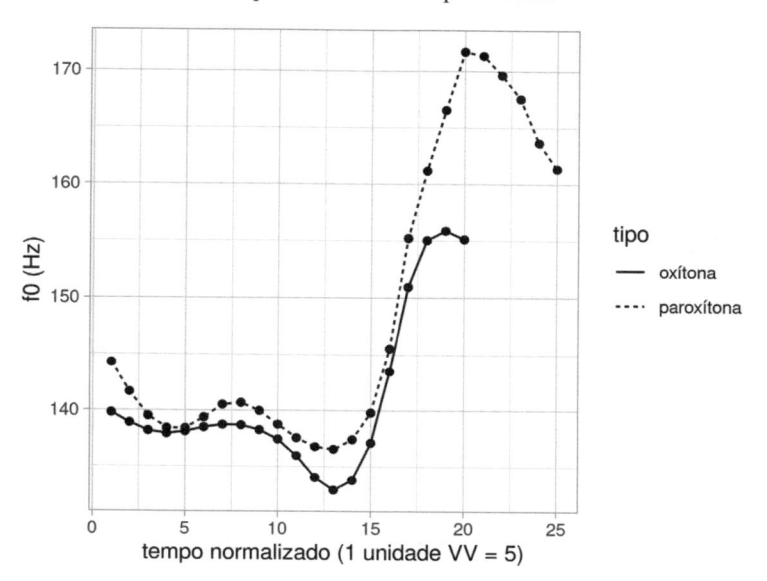

A análise visual dos contornos dos dois tipos acentuais indica que a mudança mais relevante nos dois contornos é o movimento ascendente de f_0 que acontece entre as amostras 15 e 20, intervalo que corresponde à unidade vv que contém a vogal da sílaba tônica. A magnitude desse movimento ascendente é de aproximadamente 3 semitons para a oxítona e 4 semitons para a paroxítona, ou crescimentos relativos em torno de 20% e 26%, respectivamente, em relação ao ponto mais baixo que antecede a subida nos dois contornos. Movimentos com essa magnitude têm uma grande chance de serem percebidos como salientes pelos ouvintes (Martins e Ferreira Netto, 2017). Nota-se que há diferenças entre os contornos dos dois tipos acentuais antes da subida, mas são variações de baixa amplitude perceptualmente irrelevantes. Nos dois contornos, entretanto, é possível observar que há um movimento descendente que precede o movimento ascendente alinhado à tônica, que se inicia em torno da amostra 8 e segue aproximadamente até a amostra 13. Uma hipótese que se pode fazer é que esse movimento descendente prévio é implementado para criar uma base mais baixa a partir da qual a subida que segue pode ter uma magnitude elevada sem a necessidade de forçar o falante a atingir um valor máximo de f_0 que esteja fora da região mais central de sua tessitura ou amplitude tonal habitual. Outra diferença relevante entre os dois contornos é o que acontece após a sílaba tônica. No caso do padrão acentual oxítono, o movimento ascendente atinge o pico em torno da posição 19 e, em seguida, já inicia uma trajetória descendente. No caso do padrão paroxítono, o pico do movimento é atingido na posição 20, isto é, no início da vogal postônica e a partir desse ponto estabelece uma trajetória descendente. Embora a Figura 2 não mostre um exemplo de padrão proparoxítono, a experiência prévia indica que a fase descendente do movimento circunflexo costuma acontecer na postônica medial e não avançar na postônica final, de modo que o formato geral do padrão circunflexo não muda conforme se acrescenta uma postônica a mais.

Uma vez elaborada uma descrição sistemática e abrangente dos padrões fonéticos ligados ao papel da f_0 na implementação do acento, é possível passar para uma etapa que está um passo acima na escala de abstração: propor uma análise dos contornos por meio de uma notação entoacional. Consultar o capítulo "Notação entoacional" neste volume para uma apresentação de um panorama das opções de notação usadas na pesquisa entoacional.

Intensidade e ênfase espectral

Duas questões técnicas são relevantes na mensuração da intensidade no contexto do estudo do acento. A primeira é a existência da intensidade intrínseca. Fatores semelhantes aos que geram a duração intrínseca colaboram para a existência desse fenômeno: o grau de abertura mandibular e a altura da língua. Vogais baixas tendem a apresentar, outros fatores mantidos constantes, maior intensidade do que vogais altas. A formação de uma cavidade faríngea mais alargada em vogais altas, que gera um efeito de atenuação do sinal laríngeo, também é apontada como fator para uma intensidade intrínseca menor no caso dessas vogais (Möbius, 2003; Rossi, 1971).

Uma segunda questão diz respeito às condições de registro acústico da fala por meio de microfone. O valor da intensidade é muito dependente da distância entre o microfone e os lábios do falante. Se a distância não for mantida constante durante a gravação, não é possível, posteriormente, separar as variações motivadas linguisticamente daquelas causadas pela simples variação na distância. Uma solução para esse problema é o uso de microfones cujo captador é mantido a uma distância fixa da boca do falante por meio de uma haste flexível ligada a uma armação apoiada na cabeça do falante. Um recurso que minimiza tanto a questão da intensidade intrínseca quanto da distância boca-microfone é o uso de um procedimento que mede a intensidade relativa ou ênfase espectral. Procedimentos desse tipo justificam-se com base em observações experimentais que mostram que vogais em posições prosodicamente proeminentes, como as tônicas, tendem a ser produzidas com mais esforço vocal quando comparadas às vogais em posições fracas, como as átonas. O esforço vocal aumentado, traduzido como maior tensão da musculatura laríngea, resulta, do ponto de vista acústico, em uma distribuição da energia ao longo do espectro que é caracterizado pela presença de mais energia em faixas de mais alta frequência (Sluijter e Van Heuven, 1996; Sluijter, Van Heuven e Pacilly, 1997). Diz-se, portanto, que, em posições prosodicamente fortes, como é o caso de muitas sílabas tônicas, as faixas mais altas de frequência do espectro das vogais ganham ênfase em relação às faixas baixas. Uma das implementações mais simples dessa medida foi proposta por Traunmuller e Eriksson (2000), que definem a ênfase espectral como a diferença entre a intensidade acústica do sinal integral, isto é, sem nenhuma filtragem, e a intensidade do sinal submetido a um filtro passa-baixas com um limite de banda superior dado por $1,5 \cdot f_0$, em que f_0 é a média da frequência fundamental na vogal sendo analisada. O resultado da diferença indica quanto da intensidade global do sinal pode ser atribuída à faixa de frequência alta. Valores positivos indicam que a faixa alta tem uma contribuição positiva para o sinal global. Espera-se, portanto, que as vogais em posições prosodicamente fortes tenham valores maiores do que as demais. Posteriormente, Heldner (2003) sugere modificar o algoritmo original de forma que a ênfase seja calculada em janelas de análise que avançam ao longo do sinal acústico e que, em cada janela, o limite superior do filtro seja definido dinamicamente, acompanhando as mudanças da f_0 no trecho analisado. Arantes (2021b) implementou esse algoritmo como um *script* para o programa de análise acústica Praat.

A Figura 3 mostra valores médios de ênfase espectral para as vogais de três palavras paroxítonas com quatro sílabas (*deputado*, *delegado* e *jornalista*). Cada média foi calculada a partir de cinco repetições de cada palavra. A observação do contorno de ênfase espectral ao longo das quatro posições sintagmáticas indica que a vogal tônica, na terceira posição, tem o maior nível médio de ênfase. As demais vogais têm níveis semelhantes de ênfase. Esse resultado corrobora a expectativa segundo a qual as vogais em posições prosodicamente fortes têm níveis relativos maiores de ênfase. Não observamos níveis diferentes entre pré e postônicas, muito embora uma diferença nesse sentido possa eventualmente aparecer em amostras maiores.

Figura 3 – Contorno de ênfase espectral de palavras paroxítonas com quatro sílabas

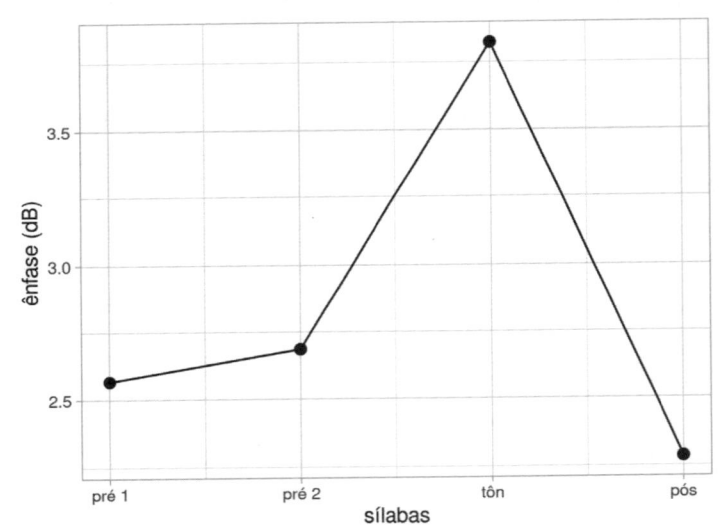

Quais são as grandes linhas de investigação?

A investigação experimental a respeito da fala toma dois caminhos complementares principais, a perspectiva da produção e da percepção. Neste capítulo, discutimos, sobretudo, aspectos da produção sob a perspectiva da Fonética Acústica. Esta é, possivelmente, a linha de investigação com mais tradição e produção em termos de trabalhos, alguns dos principais citados ao longo do texto. Ainda do ponto de vista da produção, há a possibilidade de investigação dos aspectos articulatórios da implementação do acento, como o trabalho de De Jong (1995), que argumenta em favor da hipótese de que o acento é uma instância local de hiperarticulação. Esse raciocínio se conecta com a chamada teoria H&H (Lindblom, 1990), segundo a qual a produção da fala varia entre os polos da hiper e hipoarticulação como resultado da negociação entre restrições que orientam a produção e a percepção da fala. Trabalhos de natureza articulatória são menos numerosos, em parte pela dificuldade de acesso a equipamentos para mensuração da articulação, em geral mais caros e de manutenção mais complexa quando comparados aos usados na pesquisa em acústica. Na perspectiva da percepção, a investigação a respeito do acento procura, por um lado, estabelecer os correlatos perceptuais do acento, isto é, como os mecanismos de percepção da fala interpretam a variação dos parâmetros presentes no sinal acústico (eventualmente combinados com pistas articulatórias) para estabelecer a localização do acento em palavras. Por outro, há também a preocupação com o estudo a respeito da interação entre os correlatos perceptuais e elementos contextuais para a percepção do acento. Os métodos experimentais predominantemente usados nessa linha de investigação são emprestados da Psicologia Experimental ou da Psicolinguística.

Nota

[1] Porcentagem relativa a formas acentuadas, que contam ainda com 12% de monossílabos tônicos, segundo os critérios estabelecidos por Cintra (1997).

O que eu poderia ler para saber mais?

A respeito do estudo dos correlatos acústicos, a lista de possíveis referências a recomendar é bastante longa, refletindo a tradição do campo, que remonta a meados do século xx. Dois livros clássicos que podem ser indicados como introdução ao campo são Lehiste (1970) e Fry (1979), que apresentam panoramas a respeito da área e compilam resultados estabelecidos no campo. A respeito do português brasileiro, muitas são as referências que estabeleceram os resultados mais relevantes: Fernandes (1976), Moraes (1987, 1998), Massini (1991). Análises mais recentes a respeito do português brasileiro que usam as técnicas de análise discutidas na seção "Poderia me dar um exemplo?" são Arantes (2010), Arantes et al. (2012) e Barbosa et al. (2013). O manual de Barbosa e Madureira (2015) é recomendado como uma referência primeira para a Fonética Acústica e para o entendimento a respeito dos parâmetros acústicos usados na pesquisa sobre acento. Introduções didáticas de excelente qualidade didática ao estudo da fala em língua inglesa que tratam da questão do acento, tanto do ponto de vista da produção quanto da percepção, são Pickett (1999) e Byrd e Mintz (2010). A respeito da Fonética Articulatória, uma referência introdutória bastante abrangente sobre técnicas modernas é Gick et al. (2013). Llisterri (2020) faz um levantamento de trabalhos publicados que tematizam o acento lexical e apresenta um panorama detalhado das diferentes opções metodológicas adotadas pelos pesquisadores no campo, como tipo do material de fala estudado, tamanho da amostra de falantes, desenhos experimentais, entre outros aspectos relevantes.

Referências

AQUINO, Patricia A. de. *O papel das vogais reduzidas pós-tônicas na construção de um sistema de síntese concatenativa para o português do Brasil*. Campinas, 1997. Dissertação (mestrado em Linguística) – Instituto de Estudos da Linguagem, Universidade Estadual de Campinas.

ARANTES, P. *Integrando produção e percepção de proeminências secundárias numa abordagem dinâmica do ritmo da fala*. Campinas, 2010. Tese (Doutorado em Linguística) – Universidade Estadual de Campinas.

ARANTES, P. *Estatística*. *Verbetes* LBASS. [S. l.: s. n.], 2020. Disponível em: <http://www.letras.UFMG.br/LBASS/>. Acesso em: 23 dez. 2020.

_____. *parantes/duration_suite: Initial release*. [S. l.]. In: Zenodo, 2021a. Disponível em: <https://zenodo.org/record/5522291>. Acesso em: 22 set. 2021.

_____. *parantes/spectral-emphasis: Initial release*. [S. l.]. In: Zenodo, 2021b. Disponível em: <https://zenodo.org/record/5521914>. Acesso em: 22 set. 2021.

_____. *parantes/time-normalized-f0: Version 2.0 of time-normalized-f0 Praat script*. [S. l.]. In: Zenodo, 2021c. Disponível em: <https://zenodo.org/record/4489748>. Acesso em: 22 set. 2021.

_____. Time-Normalization of Fundamental Frequency Contours: A Hands-on Tutorial. In: Meireles, A. R. (org.). *Courses on Speech Prosody*. Newcastle upon Tyne: Cambridge Scholars Publishing, 2015, p. 98-123.

ARANTES, P.; CUNHA LIMA, M. L.; BARBOSA, P. A. Some Prosodic Correlates of Referential Status in Brazilian Portuguese. *Revista Diadorim*, v. 12, p. 1-25, 2012.

BARBOSA, P. A. *Incursões em torno do ritmo da fala*. Campinas: Pontes, 2006.

_____. Do grau de não perifericidade da vogal /a/ pós-tônica final. *Revista Diadorim*, v. 12, 2012, p. 91-107.

BARBOSA, P. A.; ERIKSSON, Anders; ÅKESSON, Joel. On the Robustness of Some Acoustic Parameters for Signaling Word Stress across Styles in Brazilian Portuguese. Interspeech. Lyon, France, 2013. *Anais...* Lyon, France: [s. n.], 2013, p. 25-9.

BARBOSA, P. A.; MADUREIRA, S. Toward a Hierarchical Model of Rhythm Production: Evidence from Phrase Stress Domains in Brazilian Portuguese. San Francisco, 1999. *Anais...* San Francisco: [s. n.], 1999, p. 297-300.

_____. *Manual de fonética acústica experimental*: aplicações a dados do português. São Paulo: Cortez, 2015.

BYRD, Dani; MINTZ, Toben H. *Discovering Speech, Words, and Mind*. Malden: Wiley-Blackwell, 2010.

CAMPBELL, Wilhelm Nicholas. *Multi-Level Speech Timing Control*. Sussex, 1993. Tese (doutorado) – University of Sussex.

CHOMSKY, Noam; HALLE, Morris. *The Sound Pattern of English*. Cambridge, Mass.: MIT Press, 1968.

CINTRA, Geraldo. Distribuição de padrões acentuais no vocábulo em português. *Confluência*, v. 5, n. 3, 1997, p. 82-93.

CLASSE, A. *The Rhythm of English Prose*. Oxford: Blackwell, 1939.

DE JONG, Kenneth J. The Supraglottal Articulation of Prominence in English: Linguistic Stress as Localized Hyperarticulation. *The Journal of the Acoustical Society of America*, v. 97, n. 1, 1995, p. 491-504. Disponível em: <http://asa.scitation.org/doi/10.1121/1.412275>. Acesso em: 21 set. 2021.

FERNANDES, Norma Hochgreb. *Contribuição para uma análise da acentuação e intonação do português*. São Paulo, 1976. Dissertação (mestrado em Linguística) – Universidade de São Paulo.

FRY, Dennis Butler. *The Physics of Speech*. Cambridge: Cambridge Univ. Press, 1979.

GICK, Bryan; WILSON, Ian; DERRICK, Donald. *Articulatory Phonetics*. Malden: Wiley-Blackwell, 2013.

HELDNER, Mattias. On the Reliability of Overall Intensity and Spectral Emphasis as Acoustic Correlates of Focal Accents in Swedish. *Journal of Phonetics*, v. 31, 2003, p. 39-62.

LEHISTE, Ilse. *Suprasegmentals*. Cambridge: MIT Press, 1970.

LINDBLOM, B. Explaining Phonetic Variation: A Sketch of the H&H Theory. In: HARDCASTLE, William J.; MARCHAL, Alain (org.). *Speech Production and Speech Modelling*. Dordrecht: Springer Netherlands, 1990, p. 403-39. Disponível em: <http://link.springer.com/10.1007/978-94-009-2037-8_16>. Acesso em: 21 set. 2021.

LLISTERRI, Joaquim. *Algunos problemas metodológicos en el estudio de la producción y de la percepción del acento léxico*. [S. l.: s. n.], 2020. Disponível em: <http://liceu.uab.cat/joaquim/phonetics/UFSCar_20/UFSCar_20.html>. Acesso em: 22 set. 2021.

MARTINET, André. *Elementos de linguística geral*. 6. ed. Rio de Janeiro: Martins Fontes, 1975.

MARTINS, M. V. M.; FERREIRA NETTO, W. Os limiares de diferenciação tonal do português brasileiro. *Revista do GEL*, v. 14, n. 2, 2017, p. 157-82.

MASSINI, Gladis. *A duração no estudo do acento e ritmo do português*. Campinas, 1991. Dissertação (mestrado em Linguística) – Instituto de Estudos da Linguagem, Universidade Estadual de Campinas.

MÖBIUS, Bernd. Gestalt Psychology Meets Phonetics: An Early Experimental Study of Intrinsic F0 and Intensity. 15th International Conference of Phonetic Sciences. Barcelona, 2003. *Anais...* Barcelona: [s. n.], 2003, p. 2.677-80.

MORAES, J. A. Corrélats acoustiques de l'accent de mot en portugais brésilien. 11th International Congress of Phonetic Sciences. Tallinn, Estonia, 1987. *Anais...* Tallinn, Estonia: [s. n.], 1987. p. 313-6.

MORAES, J. A. Intonation in Brazilian Portuguese. In: HIRST, Daniel (org.) *Intonation Systems*: A Survey of Twenty Languages. Cambridge: Cambridge University Press, 1998. p. 179-94.

PETTORINO, Massimo et al. *VtoV*: A Perceptual Cue for Rhythm Identification. Prosody-Discourse Interface Conference 2013, [S. l.: s. n.], 2013, p. 101-6.

PICKETT, J. M. *The Acoustics of Speech Communication:* Fundamentals, Speech Perception Theory, and Technology. Boston: Allyn and Bacon, 1999.

RASO, Tommaso; MELLO, Heliana (org.). *C-Oral-Brasil I:* corpus de referência do português brasileiro falado informal. Belo Horizonte: Editora UFMG, 2012.

ROSSI, M. L'Intensité spécifique des voyelles. *Phonetica*, v. 24, 1971, p. 129-61.

SLUIJTER, Agaath M. C.; VAN HEUVEN, Vincent J. Spectral Balance as an Acoustic Correlate of Linguistic Stress. *The Journal of the Acoustical Society of America*, v. 100, n. 4, 1996, p. 2.471-85.

SLUIJTER, Agaath M. C.; VAN HEUVEN, Vincent J.; PACILLY, Jos J. A. Spectral Balance as a Cue in the Perception of Linguistic Stress. *The Journal of the Acoustical Society of America*, v. 101, n. 1, 1997, p. 503-13.

TRAUNMÜLLER, Hartmut; ERIKSSON, Anders. Acoustic Effects of Variation in Vocal Effort by Men, Women, and Children. *The Journal of the Acoustical Society of America*, v. 107, n. 6, 2000, p. 3.438-51.

TRUBETZKOY, Nikolai Sergeevich. *Principles of Phonology*. Berkeley: University of California Press, 1969.

XU, Yi; XU, Anqi. Consonantal F0 Perturbation in American English Involves Multiple Mechanisms. *The Journal of the Acoustical Society of America*, v. 149, n. 4, abr. 2021, p. 2.877-95. Disponível em: <https://asa.scitation.org/doi/10.1121/10.0004239>. Acesso em: 22 set. 2021.

Notação entoacional

Luciana Lucente

O que é notação entoacional?

A entoação é definida pela alternância dos valores altos e baixos da frequência fundamental (f_0) ao longo da cadeia da fala e, juntamente com a duração e a intensidade, é um dos elementos que compõem o que chamamos de prosódia da fala. A percepção da variação nos valores da f_0 é o que conhecemos por *pitch*. A capacidade de controle na produção e a percepção da alternância entre tons graves e agudos possibilitam aos falantes a compreensão de diferentes modalidades de enunciados, como assertivos e interrogativos, por exemplo, e de intenções pragmático-comunicativas, como pedidos, ordens e ironia.

Considerando a definição de entoação, é possível definir o que é a notação entoacional. A notação entoacional, de forma ampla, pode ser definida como um recurso utilizado para transcrever diferenças tonais ao longo de enunciados. Porém, de forma mais estreita, a notação entoacional pode ser um recurso utilizado para a descrição fonética e para a representação fonológica dos contornos entoacionais.

A notação entoacional utiliza sistemas que seguem regras de notação específicas para descrição e representação dos padrões entoacionais das línguas. O primeiro sistema de notação entoacional amplamente conhecido foi o sistema ToBI (Silverman et al., 1992; Beckman e Hirschberg, 1994; Pitrelli et al., 1994), acrônimo de *Tones and Break Indices*. Esse sistema, como afirmam Beckman, Hirschberg e Shattuck-Hufnagel (2005), tem suas bases em um longo histórico de pesquisas em entoação e prosódia e teve como antecedente imediato o trabalho de Pierrehumbert (1980) sobre a decomposição do contorno entoacional em grupos distintos de tons altos e baixos.

O sistema ToBI sintetizou tais propostas em um sistema de representação para a entoação do inglês que pudesse representar, por meio da combinação dos rótulos L (*low*) e H (*high*), as alturas da f_0 relativas às proeminências, ou *pitch accents*,[1] associadas a itens lexicais, assim como uma hierarquia de fronteiras de enunciados.

Proposto inicialmente para a notação entoacional do inglês americano, o sistema ToBI teve posteriormente sua aplicação estendida para notação entoacional de línguas como japonês, alemão, holandês e italiano, que pode ser vista em Jun (2005), assim como na notação de variantes do português[2] (Frota et al., 2015).

Para a notação entoacional do português brasileiro (PB), uma adaptação do sistema ToBI foi proposta e inicialmente batizada de ToBiPI (*Tones of Brazilian Portuguese Intonation*) (Lucente, 2008). Contudo, o desenvolvimento do sistema sofreu alterações metodológicas e teóricas ao longo de sua formulação que acabaram por afastar sua notação do formato proposto pelo sistema ToBI, dando origem ao sistema hoje conhecido por sistema DaTo (Lucente, 2008; 2012; 2017), acrônimo de *Dynamic Tones*. Dessa proposta inicial, o sistema DaTo manteve a representação tonal a partir da combinação das letras L e H.

As notações propostas pelos sistemas mencionados são essencialmente manuais e partem da percepção auditiva de proeminências e fronteiras associada à inspeção visual da curva entoacional com o auxílio de programas computacionais de análise de fala, como o Praat.[3] No entanto, esses sistemas podem ser automatizados, mesmo que parcialmente.

Os sistemas ToBI e DaTo serão abordados neste capítulo para discutir a notação entoacional, sua aplicação e teoria. Será tomado como referência para as discussões que se seguirão o sistema ToBI proposto originalmente para o inglês americano.[4] Essa escolha se deve ao fato de as propostas de implementação da estrutura ToBI para outras línguas apresentarem alterações em relação à proposta original.

O que se estuda a respeito da notação entoacional?

A notação entoacional é um instrumento de análise da Fonética e da Fonologia, que estudam a entoação em seus aspectos fonético e fonológico.

Quando nos referimos à fonética da entoação estamos falando sobre a descrição dos processos físicos de produção, modulação e percepção da f_0.

A f_0 é produzida nas pregas vocais pela ação da musculatura da laringe. Essa musculatura proporciona tensão às pregas vocais, fazendo que estas funcionem como uma válvula a ser ultrapassada pela passagem do ar. A passagem do ar com alta pressão pela glote é responsável pela vibração das pregas vocais.

As pregas vocais desempenham duas funções entoacionais paralelas: (i) a de produzir variações locais nos valores da f_0 por meio de ajustes de tensão e (ii) a de determinar o padrão entoacional geral nos enunciados por meio do controle da pressão subglotal. Por exemplo, ao produzirmos um enunciado falado, ocorre inicialmente o aumento da f_0 como resultado do aumento de pressão subglotal e, como essa pressão vai diminuindo ao longo do tempo, pois a coluna de ar vinda dos pulmões diminui, a f_0 diminui globalmente ao longo do enunciado, mesmo que localmente, com o aumento da tensão das pregas vocais, haja aumento da f_0 para marcação de ênfase.

Da perspectiva da percepção, esse mecanismo modula a curva melódica em termos de *pitchs* graves e agudos, e a representação fonológica dessa variação discreta nos permite o reconhecimento de diferentes padrões entoacionais relacionados a funções comunicativas da fala, como modalidades distintas de enunciados (ver Figuras 1 e 2).

Figura 1 – Padrão entoacional de enunciado assertivo em PB:
subida da curva no início e descida lenta até a posição final, mais baixa que a inicial

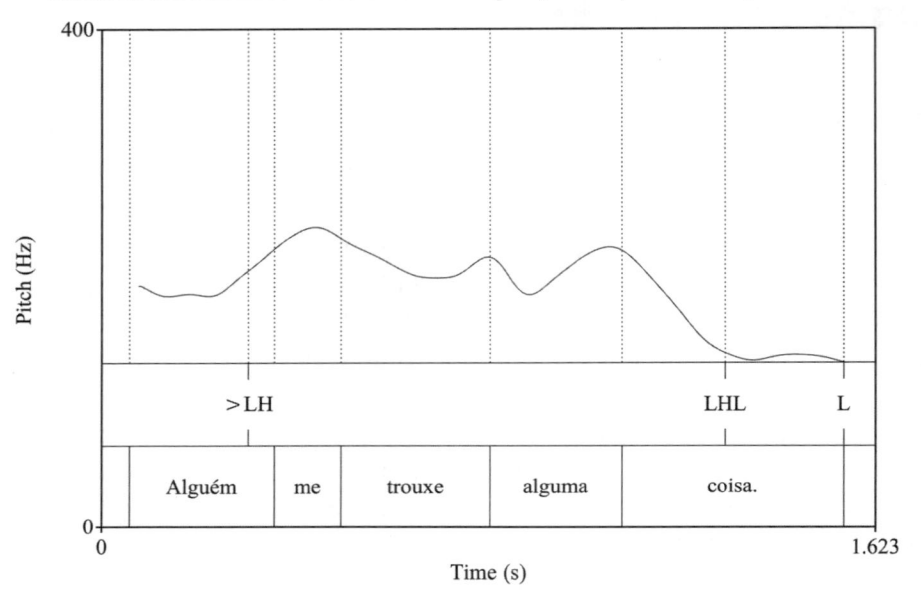

Figura 2 – Padrão entoacional de enunciado interrogativo direto em PB:
maior subida inicial da curva em relação ao enunciado declarativo,
seguido de descida e término em posição alta

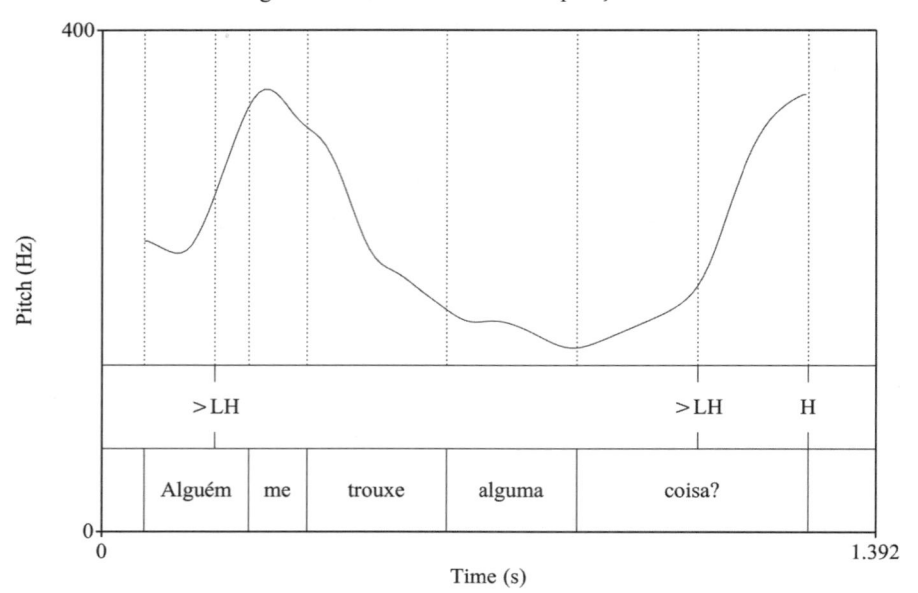

A tentativa de descrição dos movimentos da curva da f_0 e da percepção do *pitch* nos levam à fonologia da entoação, que não se concebe com o mesmo nível de independência da fonética como ocorre na Fonologia Segmental. A Fonologia Entoacional, portanto, carrega em sua representação correlatos fonéticos e perceptuais da entoação, fazendo deste o nível de análise linguística mais diretamente ligado à notação entoacional.

Pode-se dizer que a abordagem fonológica da entoação começou a se formalizar com os trabalhos de Liberman (1975) e Pierrehumbert (1980) e deu origem ao que se conhece hoje por Fonologia Métrica-Autossegmental (MA). A Fonologia MA se fundamenta nos princípios da: i) linearidade da estrutura tonal; ii) distinção entre proeminência (*pitch accent*) e acento lexical (*stress*); iii) análise dos *pitch accents* em relação à altura dos tons; e iv) na relação entre características locais e tendências gerais. Essa Fonologia também propõe a caracterização na estrutura tonal de elementos categoricamente distintos, e o mapeamento dos parâmetros acústicos contínuos a partir de representações fonológicas (Ladd, 1996).

Partindo desse princípio, a teoria MA representa fonologicamente os contornos entoacionais como sequências de eventos entoacionais discretos, assumindo claramente a distinção entre eventos e transições que ocorrem na estrutura tonal, reconhecendo, assim, partes da estrutura como linguisticamente importantes e outras como apenas transições preenchedoras entre eventos localizados. Dessa forma, os eventos considerados importantes do ponto de vista linguístico para a teoria são os *pitch accents*. O sistema ToBI segue em sua composição os princípios da teoria MA.

O sistema DaTo se baseia em um programa dinâmico de análise prosódica (Xu, 2005, 2006; Barbosa, 2006) e se concentra na convergência de aspectos fonéticos da curva entoacional, como velocidade de mudança de altura da f_0, gama de variação tonal e duração, desempenhando uma tarefa linguística por meio dos contornos entoacionais dinâmicos (Lucente, 2012).

O conceito de contorno dinâmico se baseia na proposta de Xu (2005; 2006), que ao assumir a f_0 como codificadora das funções comunicativas se define como uma unidade tonal que contém elementos comunicativos expressos em uma trajetória ideal da curva entoacional, especificada por um alvo a ser atingido e associada a uma unidade segmental linguística. Segundo essa concepção, um contorno dinâmico não é independente dos contornos que o precedem ou sucedem, pois a função de cada contorno é resultado de uma implementação fonética concebida a partir da altura em que se finaliza o contorno anterior.

Podemos dizer, portanto, que a notação entoacional, independentemente de seu ponto de vista teórico, se dedica à interpretação fonológica dos eventos tonais a partir da observação dos aspectos fonéticos perceptíveis na superfície da f_0 como i) as proeminências ou *pitch accents*; ii) a gama de variação tonal, ou *pitch range*, associada à proeminência; iii) o alinhamento da curva entoacional com o componente segmental da fala; e iv) as fronteiras entoacionais.

Como estudar a notação entoacional?

Os fenômenos fonéticos listados na seção anterior são fonologicamente representados de formas distintas nas notações ToBI e DaTo. Como cada um desses sistemas de notação entoacional possui um paradigma específico de interpretação e descrição dos fenômenos entoacionais, isso se reflete na composição e no funcionamento dos sistemas de notação.

O sistema ToBI, por se basear nos princípios formais da Fonologia MA, concentra sua notação em camadas contendo informação sobre: i) altura e localização dos *pitch accents,* acentos frasais (*phrase accents*) e tons de fronteira (*boundary tones*) na primeira camada de notação; ii) transcrição e segmentação lexical dos enunciados na segunda camada; iii) marcação hierárquica dos tipos de fronteiras referente aos acentos frasais, fronteiras entoacionais e lexicais na terceira camada; e iv) em observações pertinentes à notação na quarta camada, chamada *miscelaneous tier*.

A notação que determina os *pitch accents* é representada na notação ToBI por rótulos monotonais, como L* e H*, ou bitonais, formados pela soma de dois tons, como L+H*, e atribuídos a itens lexicais nos enunciados. Esses rótulos na notação indicam a percepção de um *pitch accent*, sua altura e a posição de alinhamento com a sílaba tônica, indicada por "*" (asterisco ou estrela). Portanto, o rótulo bitonal L*+H representa um *pitch accent* agudo, resultado do movimento ascendente da curva entoacional indicado pela soma dos tons L+H, e com alinhamento do tom baixo a uma sílaba tônica.

O sistema ToBI possui uma marcação específica para os acentos frasais, que por conta de indicar prominência referente à duração dos segmentos, e não à percepção do *pitch*, acabam por ser associados a determinados tipos de fronteiras entoacionais. Os rótulos para sua notação são L- e H-. A relevância da marcação dos acentos frasais foi bastante debatida posteriormente (Grice, Ladd e Arvaniti, 2000), havendo línguas que não adotaram sua notação em suas versões do sistema ToBI.

A representação dos tons de fronteira em ToBI é monotonal, indicada por L% e H%. Quando ocorre a associação entre tons de fronteira e acentos frasais as possibilidades de notação são: L-L%, H-L%, L-H% ou H-H%.

A classificação dos tipos de fronteiras, feita na terceira camada de notação, alinha a marcação dos tipos de fronteiras (*Break Indices*) às fronteiras lexicais e prosódicas, obedecendo a uma escala hierárquica de 0 a 4 que determina os graus de juntura entre as palavras, sendo 0 a máxima juntura e 4 a mínima, indicando pausa.

Nas Tabelas 1 e 2 a seguir (traduzidas e adaptadas de Beckman, Hirschber e Shattuck-Hufnagel, 2005: 23) estão descritas detalhadamente as funções dos rótulos de notação ToBI, separados por tons (*Tones = To*) e tipos de fronteira (*Break Indices = BI*).

Tabela 1 – Rótulos de notação da camada de tons do sistema ToBI

Inventário de rótulo de notação de Tons (*Tones*) do Sistema ToBI	
Pitch accents	
L*	* indica posição da sílaba tônica
H*(!H*)	! indica *downstep*
L*+H (L*+!H)	
L+H* (L+!H*)	
H+!H*	
Phrase accents	
L-	obrigatório para BI = 3 e 4 associado ao *boundary tone* quando BI = 4
H- (!H-)	obrigatório para BI = 3 e 4
Boundary Tones	
L% (L-L%, H-L%, !H-L%)	obrigatório para BI = 4
H% (L-H%, H-H%, !H-H%)	obrigatório para BI = 4

Tabela 2 – Índices de notação de fronteiras sistema ToBI

Inventário de notação de tipos de fronteira (*Break Indices*)	
0	muito próxima, juntura entre palavras
1	final comum de palavra interna no enunciado
2	fronteira percebida como tipo 1, mas com marcador tonal, ou alongamento, suscetível de ser marcada como tipo 3 ou 4 sem necessidade de *phrase accent* ou *boundary tone*
3	pausa intermediária, com presença de *phrase accent*
4	pausa em final de sintagma entoacional, com presença de *phrase accent* e *boundary tone*

O sistema DaTo, ao se alinhar a uma perspectiva dinâmica e funcional, concentra sua notação em: i) contornos dinâmicos e fronteiras na primeira camada; ii) segmentação e transcrição fonética dos enunciados em unidades vogal-a-vogal (vv) na segunda camada; iii) transcrição ortográfica e segmentação em itens lexicais; e iv) detecção automática dos acentos frasais na quarta camada de notação.

Esse sistema tem uma representação dos contornos entoacionais bastante simples, utilizando apenas as letras L e H e suas composições, e os sinais ">" e "v" como diacríticos, formando um conjunto de rótulos divididos em movimentos ascendentes e descendentes, e níveis de fronteira.

Os rótulos que representam os contornos dinâmicos são compostos de dois ou três itens que descrevem os movimentos da curva entoacional, como por exemplo LH e HLH, cujo item mais à direita indica a altura da curva em relação à vogal da sílaba tônica. Por exemplo, LH indica um contorno ascendente, com o pico da curva alinhado à vogal tônica; o acréscimo do diacrítico ">" ao rótulo, como em >LH, indica um alinhamento atrasado da curva com a sílaba tônica, fazendo que o pico da curva seja atingido na sílaba postônica. Na mesma camada são indicados os níveis de fronteira, representados apenas por L e H. O inventário de rótulos de notação do sistema DaTo, conforme Lucente (2012; 2017) pode ser observado na Tabela 3.

Tabela 3 – Inventário de rótulos de notação do sistema DaTo

Rótulos de notação do sistema DaTo		
Contornos dinâmicos		
LH	*rising*	- Contorno ascendente, com pico (H) alinhado à vogal tônica
>LH	*late rising*	- Contorno ascendente, com vogal tônica alinha à subida da f_0 e pico alinhado à sílaba postônica
vLH	*compressed rising*	- Contorno ascendente, com posição baixa (L) formando um vale alinhado à vogal tônica
HLH	*falling-rising*	- Contorno ascendente com dois picos na mesma palavra: o primeiro pico alinhado à primeira sílaba da palavra e o segundo pico com vogal tônica alinha à subida da f_0, como em >LH
HL	*falling*	- Contorno descendente, com posição baixa alinhada à vogal tônica
>HL	*late falling*	- Contorno descendente, com vogal tônica alinhada ao movimento de descida da f_0 e posição baixa alinhada à sílaba postônica
LHL	*rising-falling*	- Contorno descendente prolongado; *downstep*
Contornos de nível		
L	*low*	- Nível de fronteira baixo
H	*high*	- Nível de fronteira alto

A segunda camada de notação do sistema DaTo com a segmentação dos enunciados em unidades vv merece um pouco mais de atenção a respeito da importância dessa segmentação para o estudo do ritmo da fala e da transcrição fonética utilizada.

Essa forma de segmentação, que delimita uma unidade do início de uma vogal até o início da próxima vogal, possui a vantagem de dinamizar a transcrição do sistema na medida em que a detecção das transições entre consoante e vogal, delimitadas por essa técnica de segmentação, auxilia na observação de fenômenos de ordem física que podem estar relacionados à produção, percepção e determinação do ritmo[5] (Barbosa, 2006).

Por meio dessa segmentação é possível a detecção automática dos grupos acentuais que aparecem na quarta camada da notação, pois devido a sua estabilidade duracional, as unidades vv oferecem um efeito de compensação e uma extensão homogênea sobre a duração dos segmentos, podendo ser usadas como blocos de construção para delimitação de grupos acentuais (Barbosa, 2006).

Os grupos acentuais são delimitados pelos acentos frasais. A detecção automática desses grupos é feita pelo *script SG Detector* (Barbosa, 2006). Esse *script* detecta os acentos frasais pelo cálculo do desvio padrão das médias de duração das unidades vv normalizadas (Barbosa, 2006: 169). Dessa forma o programa detecta os acentos frasais onde estão os pontos de maior duração das vogais.

A delimitação dos grupos acentuais através da detecção dos acentos frasais possibilita a localização e marcação automática das fronteiras entoacionais. Essa segmentação em grupos acentuais oferece à notação entoacional também informação sobre aspectos rítmicos.

A transcrição fonética dos segmentos que compõem as unidades vv, é feita de acordo com os modelos Ortofon (Albano et al., 1999) ou Sampa (*Speech Assessment Methods Phonetic Alphabet*),[6] não de acordo com o IPA. Tais modelos de transcrição fonética utilizam representações ortográficas e numéricas, e, dessa forma, podem ser empregados na transcrição fonética de dados que venham a ter um tratamento computacional, seja na síntese da fala ou, no caso do sistema DaTo, ser uma transcrição reconhecida por um *script* no programa Praat.

Por fim, a terceira camada do sistema é reservada para a segmentação em palavras utilizando uma transcrição ortográfica.

Retomando a descrição sobre a camada de segmentação, existe a possibilidade de utilização dos rótulos DaTo independentemente da segmentação vv. É possível associar a notação à segmentação dos enunciados em sílabas, vogais e consoantes, sílabas tônicas, ou qualquer outra segmentação que sirva aos objetivos do pesquisador. No entanto, sem a segmentação vv e a transcrição Ortofon ou Sampa, a detecção das fronteiras de grupos acentuais não pode ser feita automaticamente, o que não ofereceria à notação informações prosódicas rítmicas e fonéticas segmentais.

Poderia me dar um exemplo?

Antes de apresentar exemplos mais detalhados das notações, é importante destacar que os sistemas manuais de notação exigem um treinamento mínimo para a aprendizagem e domínio das técnicas das notações. Portanto, os exemplos apresentados não são suficientes para que o leitor domine um sistema de notação entoacional, e apenas demonstram o funcionamento dos sistemas em um enunciado específico.

Os exemplos a seguir, das notações ToBI e DaTo, ilustram a aplicação de cada sistema ao mesmo enunciado declarativo de fala espontânea "As teorias são basicamente uma forma de ver o mundo",[7] e procuram evidenciar as convergências e divergências das duas notações.

A Figura 3 mostra a notação ToBI em suas quatro camadas. Na primeira camada, vemos a marcação dos *picth accents* H*, L*+H, H+!H* e dos acentos frasais H- e !H-. O acento frasal !H- é seguido por uma pausa silenciosa, marcada com índice de segmentação 4, portanto é marcado !H-L%, juntamente com o tom de fronteira.

A segunda camada mostra a segmentação em palavras transcritas ortograficamente. A terceira camada, a dos índices de fronteira, ilustra com o índice 1 palavras pronunciadas com fronteiras comuns no interior do enunciado, já o índice 0 indica uma juntura entre palavras, que no exemplo indica a ocorrência de elisão entre o verbo "ver" e o artigo "o", provocada pelo /R/ em coda: [veɾum'ũⁿdʊ]. O índice 3 se alinha a uma fronteira intermediária, marcada na notação pelo acento frasal H-. Por fim, o índice 4 indica a fronteira entoacional final. A marcação dos índices 3 e 4 sempre acompanha a notação de acentos frasais na primeira camada; no entanto, quando temos uma fronteira do tipo 4, a marcação do tom de fronteira junto ao acento frasal é obrigatória.

A quarta e última camada, que é reservada a observações pertinentes à notação, neste exemplo, permaneceu em branco.

Figura 3 – Exemplo da notação do sistema ToBI, em quatro camadas, aplicada ao enunciado declarativo "As teorias são basicamente uma forma de ver o mundo"

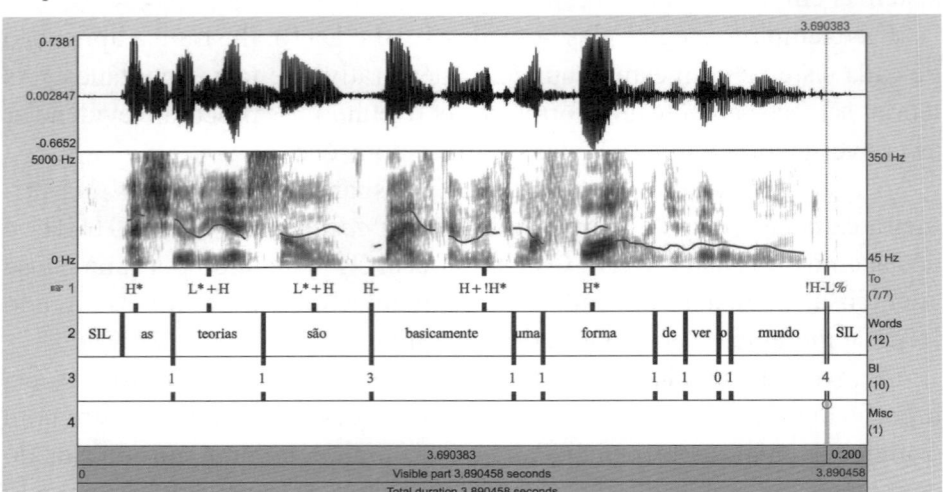

O exemplo da notação DaTo para o mesmo enunciado pode ser observado na Figura 4, também em quatro camadas.

A primeira camada do sistema DaTo é reservada para a notação entoacional em si, com a marcação dos contornos dinâmicos >LH, HLH e LHL, e os níveis H, na fronteira intermediária, e L na fronteira final. Lembrando que no sistema DaTo, os rótulos compostos de uma única letra L ou H indicam tanto fronteiras intermediárias quanto finais.

Na segunda camada está a segmentação em unidades VV transcritas foneticamente com o Ortofon, a terceira camada apresenta transcrição ortográfica da segmentação do enunciado em palavras, e a última camada indica a presença de três grupos acentuais, delimitados pela marcação automática dos acentos frasais, que não aparecem na notação da primeira camada.

Figura 4 – Exemplo da notação do sistema DaTo, em quatro camadas, aplicada ao enunciado declarativo "As teorias são basicamente uma forma de ver o mundo"

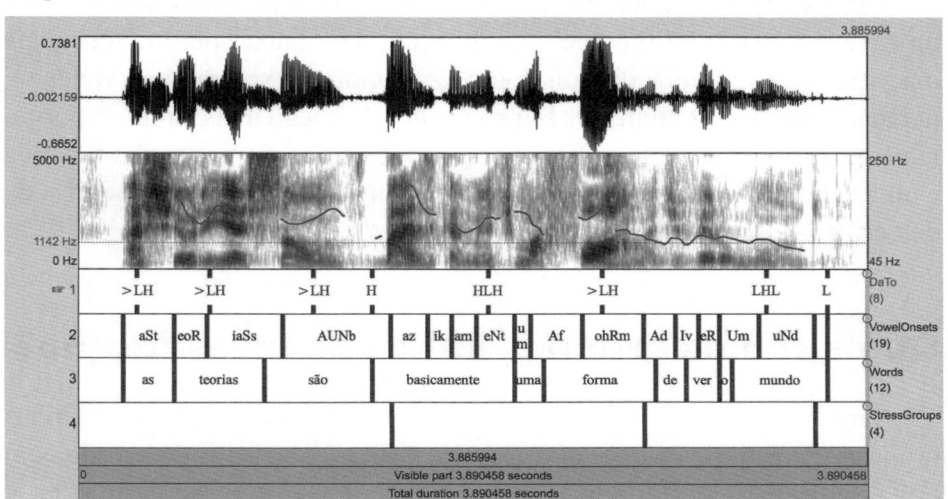

Sobre a marcação automática dos acentos frasais, é possível observar a coincidência destes com as unidades vv de maior duração na palavra "são", e nos segmentos contendo as vogais tônicas de "forma" e "mundo".

Uma comparação entre as duas notações mostra que há uma marcação coincidente das proeminências ao longo do enunciado, com o sistema ToBI utilizando rótulos de combinações bitonais ou individuais para marcar os *picth accents* e os acentos frasais, enquanto o sistema DaTo opta por marcar os contornos dinâmicos representando os movimentos da curva entoacional e indica o nível das fronteiras, deixando a marcação dos acentos frasais para a última camada.

É possível observar ainda que o sistema DaTo marca um acento frasal a mais em sua notação, detectado automaticamente pela duração da sílaba tônica de "forma", e a marcação no contorno LHL no DaTo, que indica *downstep*, é resolvida em ToBI pela indicação do *downstep* no acento frasal !H-.

Esses exemplos foram selecionados pois oferecem a possibilidade de observar as duas notações e discutir um pouco as vantagens de cada uma. O sistema ToBI oferece uma notação mais linear, porém com mais diacríticos e elementos da Fonologia Entoacional a serem observados na notação manual. O sistema DaTo propõe uma notação mais simples, porém mais baseada em princípios fonéticos, propondo uma transcrição fonética e uma segmentação em unidades vv para a automatização mais precisa da detecção dos acentos frasais.

Quais são as grandes linhas de investigação?

A notação entoacional e seus sistemas de notação não possuem linhas próprias de investigação, pois, apesar de serem elaborados de acordo com linhas teóricas específicas, não são uma área de investigação linguística, e sim ferramentas que auxiliam a análise entoacional. No entanto, a notação entoacional está presente em diversos trabalhos que estudam a relação da entoação com outros aspectos da descrição linguística, e é essa possibilidade de utilização dos sistemas que será abordada.

Existe uma grande quantidade de trabalhos que relacionam determinados padrões entoacionais a funções discursivas e pragmáticas. Desde a implementação do sistema ToBI, os trabalhos como o de Ward e Hirschberg (1985) utilizam a notação na observação de implicaturas conversacionais. O trabalho de Moraes e Colamarco (2007) utiliza a notação ToBI na análise entoacional de pedidos e perguntas. Em Lucente (2020), é observada a relação do contorno vLH da notação DaTo na indicação de eventos relacionados a aspectos temporais.

Na interface entre Fonética e Psicolinguística, trabalhos sobre percepção de entoação utilizam notação entoacional para classificação do tipo de estímulo entoacional que está sendo analisado. Experimentos com manipulação de contornos entoacionais estão descritos em Lucente e Barbosa (2010) e Lucente (2012), e serviram de base para a distinção entre diferentes tipos de contornos e suas funções, como por exemplo LH e >LH.

Trabalhos que aliam entoação e sintaxe também são bastante comuns, e para o PB destaco os trabalhos de Fernandes-Svartman (2010) utilizando a notação P-ToBI na análise sobre foco e posição sintática, orações clivadas e entoação, e movimento-p e estrutura entoacional. Sobre estrutura informacional, Teixeira de Sousa (2015) utiliza a notação DaTo na análise da estrutura informacional do PB.

Notas

1 Pode ser chamado de acento de *pitch*, porém vou utilizar a expressão em inglês, pois é mais frequente na literatura da área, mesmo em textos em português.

2 Variantes brasileira, europeia e africana.

3 O programa pode ser obtido em: <https://www.fon.hum.uva.nl/praat/>. Acesso em: 14 mar. 2022.

4 Beckman, Hirschberg e Shattuck-Hufnagel (2005) se referem a essa proposta como *MAE_ToBI* (*Mainstream American English ToBI*) e classificam as demais notações como *ToBI – framework systems*. Usarei o termo "sistema ToBI" (no singular) equivalente ao MAE_ToBI.

5 Há evidências de que a transição consoante-vogal seja mais perceptível pelo ouvido humano, agindo na organização da fala com um atrator rítmico.

6 Ver manual em: <https://www.phon.ucl.ac.uk/home/sampa/index.html>. Acesso em: 14 mar. 2022.

7 Extraído do *corpus* VoCE (Lucente, 2012).

O que eu poderia ler para saber mais?

Sobre notação entoacional e Fonologia Entoacional ligadas ao sistema ToBI, existe uma extensa literatura em língua inglesa. Para quem deseja entender mais profundamente os pressupostos do sistema e a Fonologia Entoacional é interessante a leitura de *The Phonology and Phonetics of English Intonation*, a tese de Janet Pierrehumbert (1980), *Intonational Phonology*, de Robert Ladd (1996) e *The Phonology of Tone and Intonation*, de Carlos Gussenhoven (2004).

O livro *Prosodic Typology: The Phonology of Intonation and Phrasing*, de Sun-Ah Jun (2005), é um compilado de capítulos sobre a Fonologia Métrica-Autossegmental e sobre uso e adaptação da notação ToBI em diversas línguas.

Para o aprendizado e treinamento da transcrição ToBI existem tutoriais como o *Guidelines for ToBI Labelling* de Beckman e Elam (1997).

Sobre a notação ToBI nas variedades do português, o P-ToBI, é essencial a leitura de *P-ToBI: Tools for the Transcription of Portuguese Prosody*, de Frota et al. (2015), e a consulta ao tutorial do sistema.

A respeito do sistema da DaTo e seus aspectos teóricos a sugestão são os trabalhos de Lucente (2008; 2012). Sobre aspectos práticos do sistema são recomendados o capítulo "Introdução à análise entoacional", do livro *Prosódia da fala*, de Freitag e Lucente (2017), e o artigo "Sistema DaTo de notação entoacional do português brasileiro: teoria e funcionamento" de Lucente e Barbosa (2009).

O tutorial de aprendizagem do sistema DaTo pode ser acessado em <http://www.letras.UFMG.br/profs/lucianalucente/>. O tutorial conta com o apoio de uma série de vídeos explicativos sobre a notação no canal do sistema DaTo no Youtube (https://www.youtube.com/channel/UC0qGHs-fbQEWAz_pVkHudDIA).

Referências

ALBANO, Eleonora C. et al. Um conversor ortográfico-fônico e uma notação prosódica mínima para síntese de fala em língua portuguesa. In: SCARPA, Ester M. (org). *Estudos de prosódia do Brasil*. Campinas: Editora da Unicamp, 1999, pp. 85-109.

BARBOSA, Plínio Almeida. *Incursões em torno do ritmo da fala*. Campinas: Pontes, 2006.

BECKMAN, Mary E.; ELAM, Gayle. A. Guidelines for ToBI Labelling. Version 3.0. [S. l.: s. n.], 1997. Disponível em: <https://www.ling.ohio-state.edu/research/phonetics/E_ToBI/>. Acesso em: fev. 2022.

BECKMAN, Mary E.; HIRSCHBERG, Julia; SHATTUCK-HUFNAGEL, Stephanie. The Original ToBi System and the Evolution of the ToBi Framework. In: JUN, Sun-Ah (org.). *Prosodic Typology:* The Phonology of Intonation and Phrasing. Oxford: Oxford Univesity Press, 2005, pp. 9-54.

BECKMAN, Mary E.; HIRSCHBERG, Julia. The ToBI Annotation Conventions. [S. l.: s. n.], 1994. Disponível em: <http://www.ling.ohio-state.edu/~tobi/anie_tobi/annotation_ conventions.html>. Acesso em: fev. 2022.

FERNANDES-SVARTMAN, Flaviane. O sujeito pré-verbal focalizado em português: prosódia e posição sintática. *Estudos da Língua(gem)*, v. 8, 2010, pp. 145-69.

FROTA, Sonia et al. P-ToBI: Tools for the Transcription of Portuguese Prosody. Lisboa: Laboratório de Fonética, CLUL/FLUL, 2015. Disponível em: <http://labfon.letras.ulisboa.pt/InAPoP/P-ToBI/>. Acesso em: fev. 2022.

GRICE, Martine; LADD, D. Robert; ARVANITI, Amalia. On the Place of Phrase Accents in Intonational Phonology. *Phonology*, v. 17, 2000, pp. 143-85.

GUSSENHOVEN, Carlos. *The Phonology of Tone and Intonation*. Cambridge: Cambridge University Press, 2004.

JUN, Sun-Ah. *Prosodic Typology:* The Phonology of Intonation and Phrasing. Oxford: Oxford University Press, 2005.

LADD, D. Robert. *Intonational Phonology*. Cambridge: Cambridge University Press, 1996.

LIBERMAN, Mark Y. *The Intonational System of English*. Cambridge, 1975. Ph.D. Thesis – MIT.

LUCENTE, Luciana. *DaTo: Um sistema de notação entoacional do português brasileiro baseado em princípios dinâmicos. Ênfase no foco e na fala espontânea*. Campinas, 2008. Dissertação (mestrado em Linguística) – Instituto de Estudos da Linguagem, Unicamp.

_____. *Aspectos dinâmicos da fala e da entoação do português brasileiro*. Campinas, 2012. Tese (doutorado em Linguística) – Instituto de Estudos da Linguagem, Unicamp.

_____. Introdução à análise entoacional. In: FREITAG, R. M. K.; LUCENTE, L. (orgs.). *Prosódia da fala:* pesquisa e ensino. São Paulo: Blucher, 2017, pp. 7-26.

_____. Função comunicativa e alinhamento de contorno entoacional descendente. *Anais do I Congresso Brasileiro de Prosódia*. Belo Horizonte, v. 1, 2020, pp. 31-4.

_____. Tutorial de aprendizagem e utilização do Sistema DaTo. 2021. Disponível em <http://www.letras.ufmg.br/profs/lucianalucente/>. Acesso em: 5 fev. 2022.

LUCENTE, Luciana; BARBOSA, Plínio Almeida. Sistema DaTo de notação entoacional do português brasileiro: teoria e funcionamento. *Caderno de Pesquisas em Linguística*, v. 4, 2009, pp. 44-66.

_____. The Role of Alignment and Height in the Perception of LH Contours. *Proceedings of the 5th International Conference on Speech Prosody*. Chicago, 2010. Disponível em: <http://www.isca-speech.org/archive>. Acesso em: fev. 2022.

MORAES, João Antônio; COLAMARCO, Manuela. Você está pedindo ou perguntando? Uma análise entonacional de pedidos e perguntas no português do Brasil. *Revista de Estudos da Linguagem,* v. 15, n. 2, 2007, pp. 113-26.

PIERREHUMBERT, Janet. *The Phonology and Phonetics of English Intonation.* Cambridge, 1980. Ph.D. Dissertation – MIT.

PITRELLI, John. F; BECKMAN, Mary. E.; HIRSCHBERG, Julia. Evaluation of Prosodic Transcription Labelling Reliability in the ToBI Framework. *Proceedings of the 1994 International Conference on Spoken Language Processing*. Yokohama, 1994, pp. 123-6.

SILVERMAN, Kim et al. *Proceedings of the Second International Conference on Spoken Language.* Alberta, 1992, pp. 13-6.

TEIXEIRA DE SOUSA, Lílian. Entoação e estrutura informacional no português brasileiro. *Linguística*, Rio de Janeiro, v. 11, 2015, p. 142-59.

WARD, Greg; HIRSCHBERG, Julia. Implicating Uncertainty: The Pragmatics of Fall-rise Intonation. *Language* 64 (4), 1985, pp. 747-76.

XU, Yi. Speech Melody as Articulatorily Implemented Communicative Functions. *Speech Communication*, n. 46, 2005, pp. 220-51.

_____. Speech Prosody as Articulated Communicative Functions. *Proceedings of Speech Prosody*. Dresden, 2006, pp. 218-21.

Entoação

João Antônio de Moraes
Albert Rilliard

O que é entoação?

A entoação pode ser definida como as modulações melódicas da fala que vão desempenhar uma série de funções num nível superior ao da palavra.

Assim como o acento vocabular e o tom lexical, a entoação é um fenômeno prosódico, mas, enquanto o acento e o tom devem ser especificados no inventário léxico da língua que está sendo descrita – isto é, de alguma maneira, constar de seu dicionário –, a entoação só é atribuída no nível pós-lexical, quando os vocábulos se associam para formar as frases.

As línguas do mundo podem ser, em princípio, tonais (como o mandarim, tailandês, ioruba) ou acentuais (português, inglês, russo), mas todas apresentam alguma forma de entoação (e uma preferência rítmica), configurando, assim, essas categorias um universal linguístico.

Embora frequentemente se associe entoação ao *como* se fala, por oposição a *o que* se fala – expresso pela sequência de fonemas –, podemos perceber que a entoação é muito mais do que isso. A leitura de um texto sem pontuação alguma resultaria praticamente incompreensível, pois é ela que marca, na língua escrita, ainda que de maneira bastante precária, duas das funções mais importantes da entoação: a segmentação do texto em porções menores (parágrafos, enunciados, orações, sintagmas etc.), servindo-se, sobretudo, dos sinais ditos pausais (. , ; : _) e a veiculação de diferentes modalidades de frase, com o concurso de sinais melódicos (. ? ! ...), que vão indicar determinadas inflexões tonais.

De um ponto de vista físico, as modulações melódicas que nosso ouvido percebe ao longo da frase, e que caracterizam a entoação, correspondem primariamente às variações do parâmetro acústico chamado frequência fundamental (f_0) que, por sua vez, decorrem diretamente de um ponto de vista fisiológico, da frequência de vibração das pregas vocais (PV). O número de vezes que as PV vibram, isto é, que alternadamente se abrem e se fecham em um determinado espaço de tempo ao deixar o ar passar por elas, é que vai determinar a percepção de um nível tonal (ou *pitch*) mais agudo (maior número de vibrações) ou mais grave (menos vibrações).

Diversas unidades foram propostas para se mensurar essas modulações da melodia da fala, sendo as mais comuns Hertz (Hz) e semitons musicais (ST). A primeira é uma escala "absoluta", sendo que 1 Hz corresponde a 1 vibração por segundo. Se, por exemplo, na última sílaba tônica de uma frase o falante passou de 100 Hz para 126 Hz, significa que sua voz ficou mais aguda nesse momento, sendo essa frequentemente uma marca de que se trata de uma pergunta do tipo sim/não. Já a escala em semitons, usada tanto na fala quanto na música, é uma escala logarítmica que procura reproduzir a maneira como o ouvido humano percebe os intervalos musicais entre dois sons; nela cada semitom tem uma frequência que está cerca de 6% acima do semitom imediatamente anterior. A escala em semitons é especialmente útil quando se comparam vozes de registros distintos (vozes masculinas e femininas, por exemplo), pois é uma maneira prática de normalizar suas diferenças intrínsecas. No exemplo anterior, ao passar de 100 Hz para 126 Hz, o falante está subindo quatro semitons (um intervalo de terça maior, como se fosse de dó para mi, por exemplo).

Ao lado das modulações melódicas, variações dos outros dois parâmetros prosódicos, a saber, da intensidade, medidas em decibéis (dB) e, sobretudo, da duração, medidas em segundos (ou milissegundos) – que caracterizam a prosódia, como um campo de estudos mais abrangente do que a entoação propriamente dita – também podem participar da expressão de funções que são tradicionalmente atribuídas à entoação.

A natureza do sentido entonacional é um tema controverso que há décadas vem suscitando debates. A visão dominante entende que os contornos entonacionais constituem um tipo de morfema, uma vez que as modulações melódicas carreiam um sentido próprio, que se superpõe ao sentido léxico-gramatical da frase e configuram um "léxico entonacional".

Esse sentido entonacional, entretanto, é difícil de precisar; e tende a ser visto como vago, do tipo "completude" *vs.* "incompletude", por exemplo, e que vai assumir um sentido mais preciso ao se combinar com uma determinada frase. Ou seja, sua interpretação final depende de uma inferência pragmática que leva em conta o contexto específico de onde se encontra (Gussenhoven 1983, Wakefield 2020).

A reflexão sobre o sentido entonacional traz à baila uma questão correlata, que é a da relação entre forma melódica e função. Haveria um isomorfismo, isto é, uma correspondência de um para um entre determinado contorno e um determinado sentido (por vago que seja) ou, ao contrário, o que parece mais plausível, uma mesma forma melódica pode corresponder a mais de um sentido, caracterizando uma espécie de "polissemia" entonacional? Por exemplo, o contorno "dupla subida", no qual a f_0 atinge seu nível mais alto sobre a primeira tônica do enunciado, cai suavemente a seguir e torna a subir sobre a última tônica, é comum a (i) algumas perguntas totais (sim/não), (ii) pedidos, (iii) manifestação de opinião na primeira pessoa, e mesmo à (iv) marcação de estruturas topicalizadas com pronome cópia, como ilustrado a seguir (em maiúsculas as sílabas onde incidem os dois picos melódicos):

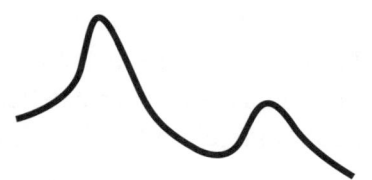

(1)   EnconTROU com meu irMÃO?
(2)   DesTRANca a gaVEta?
(3)   Eu aDOro andar de biciCLEta!...
(4)   O soBRInho do José Antônio, (ele me parece muito competente.)

Não é tarefa trivial encontrar um sentido entonacional comum a essas estruturas. De maneira geral, não se considera que a entoação afete diretamente o conteúdo semântico da frase, isto é, o valor de verdade da proposição expressa no enunciado. Por isso, o sentido entonacional é visto como mais pragmático do que propriamente semântico, uma vez que, em grande medida, a entoação vai primordialmente atribuir força ilocutória ao enunciado.[1]

São exceções a essa premissa distinções semânticas respaldadas em diferentes fraseamentos prosódicos, que são diferentes "cortes" ou segmentações no fluxo da fala operados pela prosódia, em frases potencialmente ambíguas (ver adiante exemplos 5 e 6), ou no uso de quantificadores sensíveis ao foco, como o "só" (exemplos 7 e 8).

O que se estuda a respeito da entoação?

Embora numerosas sejam as funções específicas atribuídas à entoação (Fónagy (2003) chega a listar e comentar 18 delas), podemos agrupá-las em 4 categorias: segmentadora, informacional, ilocutória e expressiva.

Função segmentadora

No nível sintático, a entoação desempenha as funções de *segmentar e hierarquizar* o *continuum* sonoro em unidades menores, de níveis e naturezas diversos: sintagmas, orações, enunciados, tópicos (com o sentido de "parágrafos" da língua escrita), turnos conversacionais.

Essa função, vinculada ao *fraseamento prosódico* (*prosodic phrasing*) do enunciado, se manifesta por rupturas do fluxo da fala (Serra, 2016). Essas "descontinuidades" evidenciam ou reforçam as relações estabelecidas entre os constituintes da frase e são habitualmente classificadas segundo seu grau de importância em não terminais, assinaladas aqui por /, e terminais, representadas por // (exemplos 5 e 6), segundo se associem a uma expectativa de continuidade do que vem sendo dito, ou de sua conclusão, respectivamente.

Tais rupturas podem se manifestar tanto por modulações melódicas propriamente ditas, caracterizadas por mudança pontuais de direção das f_0 (ascendentes ou descendentes) – os chamados "tons de fronteira" na teoria métrica-autossegmental (MA); por alongamentos das vogais que precedem as ditas fronteiras, pela presença de pausas, ou, ainda, mais frequentemente, pela combinação de alguns (ou todos) desses fatores. Em virtude de poder se manifestar por parâmetros temporais como alongamentos e pausas, o fraseamento pode ser visto como um fenômeno rítmico (ver o capítulo "A fala e seus ritmos", neste volume).

Em casos de ambiguidade de base sintática, o fraseamento pode indicar o sentido a ser atribuído ao enunciado.

(5) O policial atirou no ladrão / do carro //
(6) O policial atirou / no ladrão do carro //

Nesses enunciados, as diferentes segmentações prosódicas propostas poderão indicar se *carro* é um complemento circunstancial – o local de onde o policial atirou (em 5) – ou o objeto de um roubo, qualificando *ladrão* em (6).

Mais curioso é o papel da entoação em certo tipo de frase ambígua em que, a uma oração principal na negativa, segue-se uma adverbial causal como em *Eu não fui a sua casa /porque tinha de ir ao banco*.

A interpretação desse tipo de frase no quando dita com a entoação mais frequente e neutra, em que a subida melódica se localiza ao fim da oração principal (sobre *casa*, Figura 1), é a de que a partícula negativa incide sobre o verbo da oração principal. O falante de fato não foi à casa do ouvinte, e o motivo de não o ter feito é explicitado em seguida na adverbial: *porque tinha de ir ao banco*.

Contudo, se a partícula *"**não**"* for destacada pela prosódia, isto é, se for dita num tom mais alto, isso passa a sinalizar uma descontinuidade sintática, posto que já não modificará o verbo da oração principal, a ela adjacente, mas passará a ter como escopo a oração adverbial, sendo então equivalente à informação veiculada por um outro arranjo na ordem de palavras: o falante foi à casa do ouvinte, mas não porque tinha de ir ao banco (que era perto da casa, por exemplo), e sim por outro motivo. Comportamento similar ocorre em outras línguas, como o francês, inglês, holandês etc.

Figura 1 – Superposição dos contornos melódicos da frase *Eu não fui a sua casa porque tinha de ir ao banco*, com a partícula *não* modificando o verbo "ir" (linha preta contínua) ou modificando a oração adverbial *porque estava chovendo* (linha cinza pontilhada)

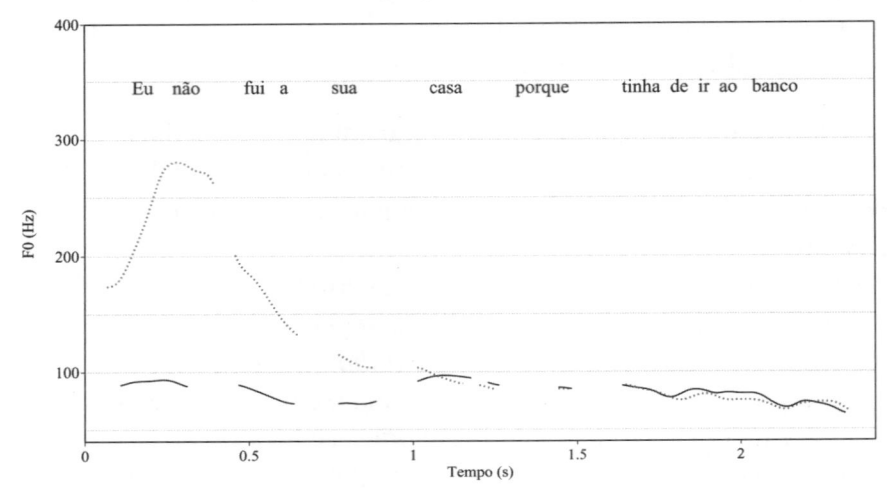

Função informacional

Juntamente com a ordem das palavras e o uso de partículas gramaticais, a entoação é um dos mecanismos usados pelas línguas para veicular a estrutura informacional do enunciado (ver o capítulo "Prosódia e estrutura informacional", neste volume). Também chamada de focalizadora ou cognitiva, essa função da entoação pode ser entendida seja como pragmática – a maneira como o falante codifica a informação que está transmitindo em termos de dado/novo, por exemplo –, seja como uma função sintática, pois muitas vezes o mesmo sentido pragmático pode ser obtido por uma mudança na ordem das palavras, tipicamente da competência da sintaxe.

Assim, ao atribuir um determinado padrão prosódico a um enunciado, o falante pode indicar que considera uma parte da informação que está transmitindo menos relevante, seja por ser de conhecimento geral, seja por ter sido já dada anteriormente, ou ainda por ser mais facilmente inferível, e apresentar outra parte do seu enunciado como contendo uma contribuição nova, mais importante, que constituiria seu foco informacional. De maneira geral, a informação nova receberá uma maior proeminência, a ser foneticamente implementada de diferentes maneiras segundo as línguas, e sua porção menos importante, que contém informação secundária será, por sua vez, atenuada prosodicamente, sendo a ela atribuído contorno em geral em um nível mais baixo e com menos variação melódica, dito em um "tempo" mais acelerado, e com menos intensidade, fenômeno por vezes referido na literatura, sobretudo quando ocorre na porção final do enunciado, como "desacentuação" (Moraes, 2006; Carnaval, 2021).

Especialmente comum nas línguas é a focalização conhecida como contrastiva, ou corretiva, quando o falante tipicamente reage a uma informação que acaba de ouvir, contestando-a e marcando prosodicamente o item que corrige o que ele considerou falso. Na Figura 2, podemos ver o contorno melódico da frase *O professor de literatura vai aplicar a prova final*, em que o foco contrastivo recai sobre o sintagma *vai aplicar* (se contrapondo a *vai cancelar*, por exemplo, dito pelo interlocutor).

Figura 2 – Curva melódica da frase *O professor de literatura vai aplicar a prova final* pronunciado como foco contrastivo em ***vai aplicar*** (retirado de Carnaval, M., 2021)

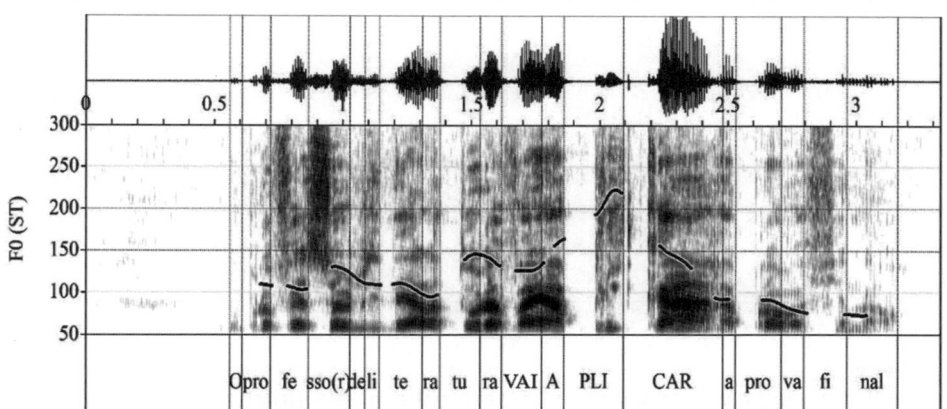

Na manifestação do foco contrastivo, um aumento da intensidade e, sobretudo, da duração atua de maneira a reforçar o constituinte focalizado (Carnaval, 2021; Carnaval et al., no prelo).

Como dito anteriormente, em frases com partículas foco-sensíveis (quantificadores, advérbios, modais suscetíveis de atrair o foco), distinções no escopo do foco podem levar a distinções no sentido referencial, descritivo do enunciado, como nos exemplos (7) e (8).

(7)   Eu só pintei o PORTÃO da casa.
(8)   Eu só pintei o portão da CASA.

Em (7) o falante poderia estar respondendo a uma pergunta como *Você pintou a casa toda?*, e o foco em PORTÃO significa que ele não pintou mais nada da casa, e que logo é falso que tenha pintado a janela, por exemplo. Já (8) seria a reação a uma pergunta como *Você pintou todos os portões?*, e o foco em CASA denota que o falante não pintou outros portões, mas que não é (necessariamente) falso ele ter pintado também a janela da casa, por exemplo (Figura 3). Note-se que a ordem das palavras poderia ser usada para exprimir essa diferença semântica veiculada pela prosódia: *Eu pintei só o portão da casa* vs. *Eu pintei o portão só da casa*.

Figura 3 – Superposição dos contornos melódicos da frase *Eu só pintei o portão da casa* com foco contrastivo em ***casa*** (linha preta contínua) e em ***portão*** (linha cinza pontilhada)

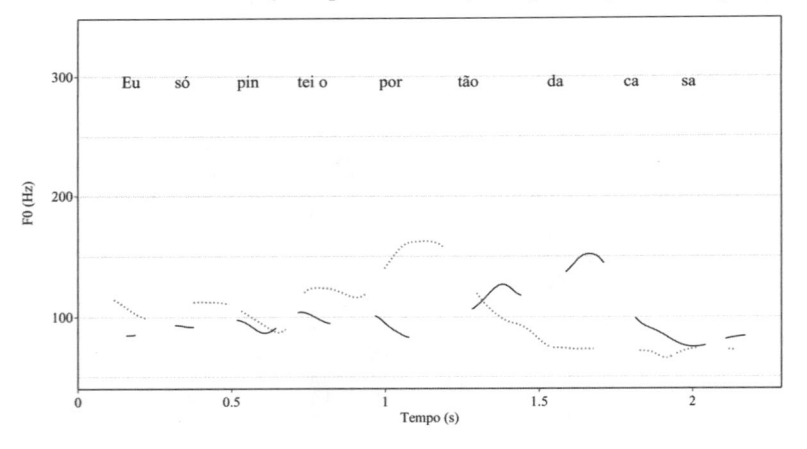

Não apenas nas asserções, mas também em outros atos ilocutórios, e notadamente na interrogação, a entoação pode estruturar a informação sendo transmitida, focalizando porções do enunciado (Moraes et al., 2015; Carnaval et al., 2018; Carnaval, 2021).

Função ilocutória

Também por vezes referida como função modal, semântica, ou ainda "gramatical", a função ilocutória diz respeito à caracterização de atos de fala, ou atos ilocutórios, sendo essa uma das mais notórias funções da entoação. Em numerosas línguas, como o português, a distinção entre um enunciado assertivo e um interrogativo (e seus subtipos) pode ser feita ou é mesmo exclusivamente feita pelo contorno melódico do enunciado. Na Figura 4, podem-se observar os contornos melódicos da frase *Ele esteve lá ontem*, dita como asserção e como interrogação (questão total). Pode-se notar que a principal distinção ocorre sobre a tônica final, que apresenta uma modulação ascendente, atingindo um nível relativamente alto na interrogação e, ao contrário, uma forma descendente, atingindo um nível baixo ao final da asserção.

Figura 4 – Superposição dos contornos melódicos da frase *Ele esteve lá ontem* dita como asserção (linha preta contínua) e questão total (linha cinza pontilhada)

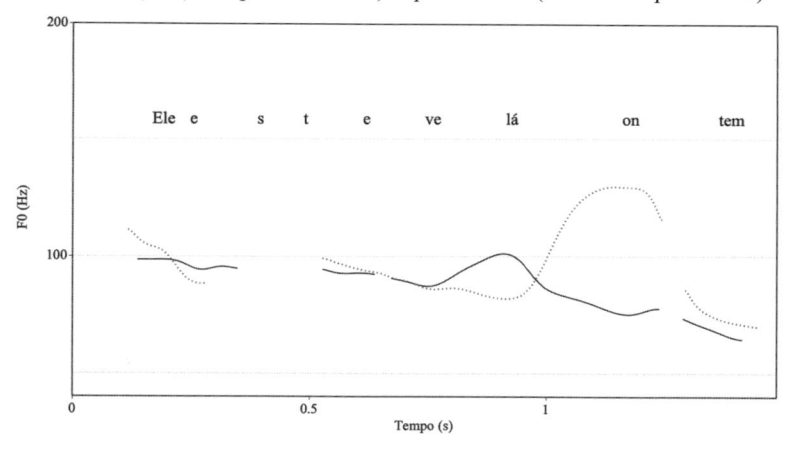

Além da caracterização entonacional de enunciados assertivos e inter-rogativos, muitos outros atos de fala, como ordem, pedido, sugestão, alerta, chamamento, exclamação etc. podem, em muitas línguas, ser expressos por um contorno melódico particular, sendo o sistema entonacional do português especialmente rico nesse aspecto.

A Figura 5 ilustra padrões prosódicos da ordem, do pedido e da sugestão. Vê-se aí que o pedido se caracteriza por uma dupla subida, na primeira e na última tônica, enquanto a ordem tem uma forma descendente, começando num nível médio, e a sugestão tem pretônica e tônica finais mais altas que as demais.

Figura 5 – Contorno melódico da frase *Destranca a gaveta* dita como ordem (linha preta contínua), pedido (linha cinza pontilhada) e sugestão (linha cinza tracejada)

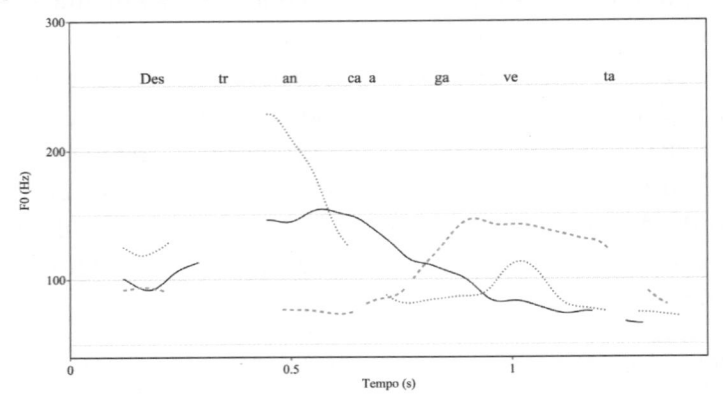

Função expressiva

Às três funções vistas até aqui, consideradas mais centrais e linguísticas, se soma a função expressiva, rótulo que abarca vasta gama de fenômenos que inclui a manifestação de emoções (raiva, alegria, medo etc., ver Figura 6), atitudes proposicionais (dúvida, descrédito, ironia etc.) e atitudes sociais (polidez, autoridade etc.) (Colamarco e Moraes, 2008, Moraes e Rilliard, 2014, 2016). Por ser, em larga medida, motivada, isto é, baseada em códigos biológicos (Ohala, 1995; Gussenhoven, 2002, 2016), apresenta um elevado grau de universalidade, sendo vista como paralinguística.

Figura 6 – Contornos melódicos de frases de seis sílabas expressando as emoções alegria, raiva, medo, tristeza e o contorno neutro (linhas de nuances diferentes), ditas como asserção (gráfico da esquerda), interrogação (centro) e ordem (direita) (adaptado de Moraes e Rilliard, 2016)

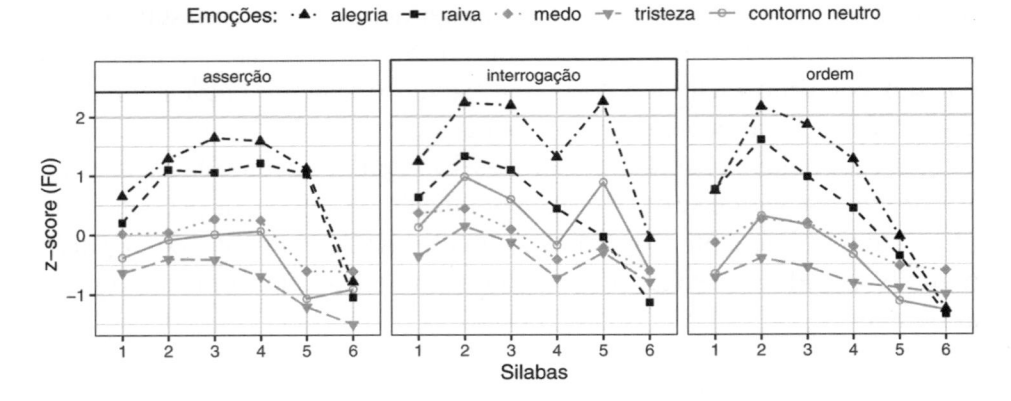

Além disso, a entoação configura importante mecanismo para nos revelar a identidade linguística e/ou dialetal (sotaques regionais, etários, sociais) do falante, bem como caracterizar diferentes estilos de fala (*baby talk*,[2] pregação religiosa, discurso político, locução esportiva etc.). Essa função, que por vezes é incluída no âmbito da função expressiva, é também referida como indexical, identificadora ou identitária da entoação.

Como estudar a entoação?

Embora durante muitas décadas as modulações entonacionais tenham sido estabelecidas e descritas com o apoio apenas do ouvido e, mesmo com essa limitação, muitas vezes de maneira muito acurada vejam-se os trabalhos pioneiros da Escola Britânica, por exemplo (Sweet, 1892; Jones, 1909; Palmer, 1922; Armstrong e Ward, 1926), atualmente, com a facilidade de obterem-se com programas de análise acústica da fala como Winpitch ou Praat curvas melódicas muito precisas, não seria concebível descrever contornos melódicos sem recorrer a essas ferramentas. Mesmo nas abordagens vistas como mais fonológicas ou abstratas, como as da teoria MA, não se dispensa a presença das curvas melódicas obtidas com a análise acústica.

Apoiados na inspeção visual das curvas e nos valores numéricos de f_0, intensidade e duração fornecidos pelo programa, pode-se então mensurar e tecer comentários descritivos sobre seus aspectos mais relevantes.

Ao se obterem as curvas de f_0 com o Praat, devemos preferi-las com suavização de seus contornos à sua versão "bruta", uma funcionalidade oferecida pelo programa, pois assim se eliminam as variações de pequena monta, chamadas microprosódicas, causadas pela própria natureza dos segmentos que se combinam para formar as palavras e que não são relevantes para a descrição do contorno melódico.

Pode-se também, de maneira mais radical, simplificar ainda mais a curva de f_0, processo a que se chama *estilização*, substituindo-a, por exemplo, por segmentos de reta – e, através de procedimento de tentativa e erro, ir testando seus efeitos perceptivos, recurso muito útil para se tentar chegar a uma forma mais simples, mais abstrata e que mais explicitamente evidencie aspectos fonológicos do padrão entonacional que se deseja descrever. Na Figura 7 podem-se ver a superposição das curvas da f_0 bruta (linha preta contínua) e estilizada por segmentos de reta (linha cinza pontilhada) do enunciado *Destranca a gaveta*, dito como pedido, percebidas como idênticas do ponto de vista auditivo. Observe-se que na curva estilizada são eliminadas pequenas variações da curva bruta, sem relevância perceptiva.

Figura 7 – Superposição da curva de f_0 bruta (linha preta contínua) e estilizada (cinza pontilhada) da frase *Destranca a gaveta*, dita como pedido

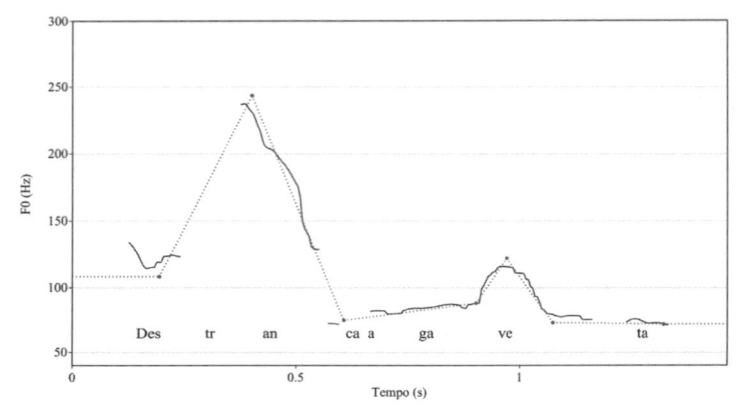

Por fim, uma maneira, ainda não bastante utilizada mas muito eficaz para se observar e descrever o comportamento médio de um contorno e se chegar a um padrão mais facilmente generalizável é a superposição de várias curvas individuais de mesmo valor produzidas, por exemplo, por informantes diferentes ou oriundas de repetições de mesmo informante, para assim verificar a latitude de sua variação e mesmo poder estabelecer concretamente uma curva média (Figura 8, painel da esquerda).

Figura 8 – Painel da esquerda, superposição das repetições (linhas cinza) dos contornos de f_0 de vocativos de 3 sílabas como *Roberto* ditos por um mesmo informante, com a curva média em preto (retirado de Soares, 2020); painel da direita, superposição dos contornos da frase *Como você sabe* dita como asserção (linha preta tracejada), exclamação (linha cinza tracejada), questão total eco (linha preta contínua) e questão parcial (linha cinza pontilhada), dados ajustados pelo modelo GAMM (retirado de Miranda et al., 2020)

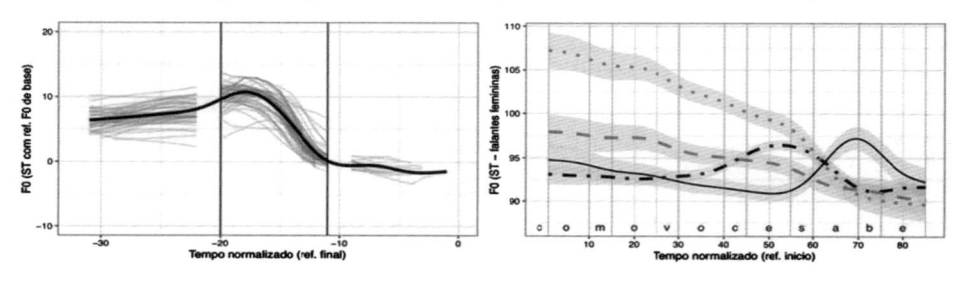

Pode-se ainda modelar estatisticamente a variação observada nessas diferentes curvas melódicas de mesmo valor, de tal sorte que se visualize uma faixa de variação ao redor do contorno médio (um "corredor", que corresponde ao erro padrão), como se pode ver no painel da direita da Figura 8. Aí estão superpostos quatro padrões melódicos da frase *Como você sabe*, dita com os sentidos de (i) "Sei disso da mesma maneira que você sabe." (asserção), (ii) "Como você é culto!" (exclamação), (iii) "Foi isso que me perguntou: como você sabe?" (questão eco)[3] e (iv) "De que maneira você sabe?" (questão parcial).

Poderia me dar um exemplo?

Ao se descrever o contorno melódico de um determinado enunciado, costuma-se dar uma visão geral da curva entonacional, classificando-a como globalmente ascendente ou descendente (Moraes, 2008), para em seguida precisar com mais detalhes, isto é, pontualmente, seu comportamento melódico. Especialmente relevantes são as sílabas percebidas como proeminentes ou acentuadas no nível da frase. Essas sílabas são geralmente tônicas no nível lexical, e é nelas que se concentram as informações melódicas mais importantes. Os aspectos mais relevantes a serem determinados são, *grosso modo*, os pontos em que há inflexões na direção da curva, sua natureza (ascendente ou descendente) e os níveis tonais atingidos, isto é, a amplitude da modulação melódica (seu *range* ou *span*). O comportamento melódico da última tônica do enunciado é especialmente pertinente para o estabelecimento do valor funcional do contorno, que por esse motivo desfruta de um estatuto especial, sendo essa posição designada como "nuclear".

Na descrição da entoação é importante fazer referência ao alinhamento da curva melódica ao texto, o que vai posteriormente possibilitar que o contorno seja relacionado a outras frases, de extensões e/ou estruturas acentuais distintas. Para tal, é muito útil segmentar o *continuum* da fala no nível da sílaba (ou mesmo do fone) (Figura 9 (D)), pois muitas vezes o detalhe fonético fino de alinhamento é pertinente para diferenciar contornos com sentidos diversos (Moraes e Colamarco, 2007). Para isso, usa-se, no Praat, o recurso de camadas de anotação, que é um objeto próprio do programa, e que recebe o nome de *Text Grid*.

Figura 9 – Contorno melódico da frase interrogativa *O marido da Renata derrubou suco de laranja?* Em (A) vê-se o sinal acústico (oscilograma); em (B), a curva melódica suavizada, superposta ao espectrograma da frase; em (C), a notação MA (ToBI); e, em (D), a segmentação da frase em sílabas (retirada de Carnaval, M. et al., 2018)

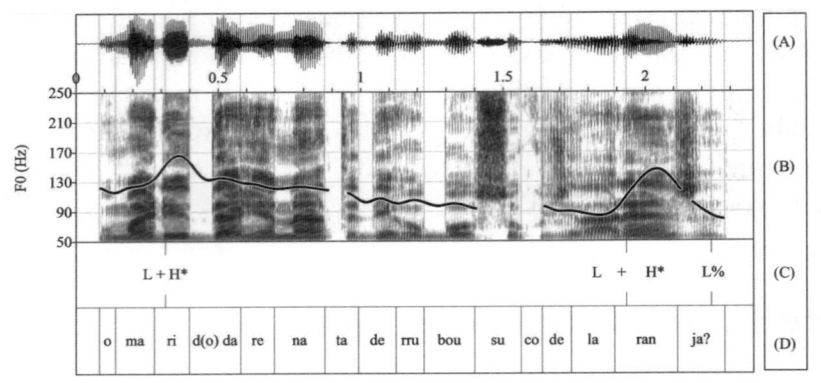

Na Figura 9 pode-se observar em (B) o contorno melódico da frase interrogativa *O marido da Renata derrubou suco de laranja?*. Graças ao comportamento de sua tônica final, considera-se esse um contorno ascendente, ainda que sobre a postônica o nível tonal torne a ser baixo.

O contorno apresenta duas subidas melódicas pontuais bastante expressivas, localizadas, respectivamente, sobre a primeira tônica (maRIdo) e sobre a última (laRAnja), que assumem, localmente, uma forma também ascendente, isto é, com os picos de f_0 alinhados com a porção final dessas sílabas.

Entre essas duas sílabas, percebidas como proeminentes, observa-se aqui a contínua queda da f_0, chamada "linha de declinação" (Moraes, 1999), com relativamente pouca variação melódica.

Ainda em (B), superposto ao contorno melódico suavizado, vê-se o espectrograma da frase, recurso especialmente útil para a segmentação precisa de suas sílabas, apresentada em (D). Em (C), podemos ver a localização dos dois acentos tonais L+H* e o tom de juntura L%, atribuídos, de uma perspectiva fonológica, a esse enunciado (ver a próxima seção).

Quais são as grandes linhas de investigação?

Duas são as principais linhas de investigação dos fenômenos entonacionais; uma prioriza sua descrição fonética, concreta, a outra busca estabelecer modelos fonológicos, nos quais os contornos melódicos são tratados com um maior grau de abstração (Ladd e Cutler, 1983). À primeira linha de pesquisa interessam aplicações como o ensino de línguas ou o desenvolvimento de sistemas de síntese e reconhecimento da fala, enquanto à segunda importa sobretudo estabelecer o sistema linguístico-entonacional de determinada língua.

Essas diferentes perspectivas podem ser vistas, em certa medida, como um desdobramento da antiga controvérsia entre a adequação de uma visão mais fonética, como a da Escola Britânica (O'Connor e Arnold, 1961; Crystal, 1969; entre outros) que propunha que a análise da entoação devesse representar configurações melódicas, isto é, padrões mais próximos da evolução real da f_0 sobre determinada porção do enunciado, e a visão mais fonológica da Escola Estruturalista Americana (Pike, 1945; Trager e Smith, 1951), que, ao contrário, fragmentava esses padrões em uma sequência de níveis melódicos estáticos, abstratos, muitas vezes representados por números.

Ainda que os modelos atuais procurem contemplar as duas vertentes, propondo tanto uma "gramática" dos contornos que contrastam entre si quanto regras que definem sua implementação fonética, isto é, regras que convertam os padrões relativamente abstratos postulados no nível funcional à concretude das modulações contínuas de f_0 sobre a camada segmental, podemos, ainda assim, perceber que as diferentes abordagens atuais privilegiam um ou outro desses aspectos.

Assim, trabalhos como os da Escola Holandesa ipo (Hart, Collier e Cohen, 1990) poderiam ser classificados como do primeiro tipo, uma vez que, entre outras características comuns, enfatizam a importância de definir a realização concreta dos contornos, a que chegam através de técnicas de estilização, simplificando sua forma, eliminando sejam os acidentes melódicos não percebidos, sejam os que não impliquem distinções funcionais. Outro traço característico dessa abordagem é o uso sistemático de testes perceptivos para avaliar a possível equivalência funcional entre diferentes padrões observados. Uma extensão desse método é a prática da manipulação explícita dos contornos naturais sobre determinados pontos da curva melódica, com vistas a observar suas consequências nos planos perceptivo e funcional, obtendo-se, assim, informações relevantes sobre os contrastes entonacionais próprios da língua, procedimento conhecido como "análise pela síntese".

Já o modelo Métrico-Autossegmental (MA), desenvolvido a partir do trabalho seminal de Pierrehumbert (1980), ainda que explicite a importância das regras de implementação fonética, tem, na ênfase em procurar estabelecer um inventário fechado dos eventos tonais pertinentes e próprios de cada língua, uma de suas características mais marcantes, em um enfoque em que a premissa fonológica de contraste significativo do ponto de vista linguístico é central.

Com base na especificação minimalista de dois tons apenas, baixo e alto (L e H, respectivamente), são descritas as características entonacionais dos enunciados. Segundo a teoria, esses tons podem aparecer isoladamente ou combinados para configurar tanto acentos tonais, ancorados em sílabas acentuadas do enunciado (indicadas por *), quanto tons de fronteira, que assinalam os limites de frases entonacionais (marcados por %).

Um componente de escalonamento descendente (*downstep*) é proposto; ele incorpora ao modelo a linha de declinação de f_0 – a tendência a uma contínua queda da f_0 ao longo do enunciado (Ladd, 1983, 1984). Um ponto de exclamação diante de um tom H em um acento tonal L+!H*, por exemplo, indica que o movimento melódico ascendente situa-se num nível mais baixo do que o de um L+H* que o preceda.

Na Figura 10 pode-se ver um modelo de declinação para enunciados assertivos do PB (Moraes, 1999), no qual a linha superior liga as sílabas postônicas (linha fina preta), a inferior, as pretônicas (linha grossa preta), e a linha central une as sílabas tônicas (linha cinza). As setas indicam pontos onde ocorrem mudanças locais, em relação à declinação esperada, notadamente no vocábulo na posição final do enunciado.

Figura 10 – Espaço melódico da linha de declinação (adaptado de Moraes, 1999)

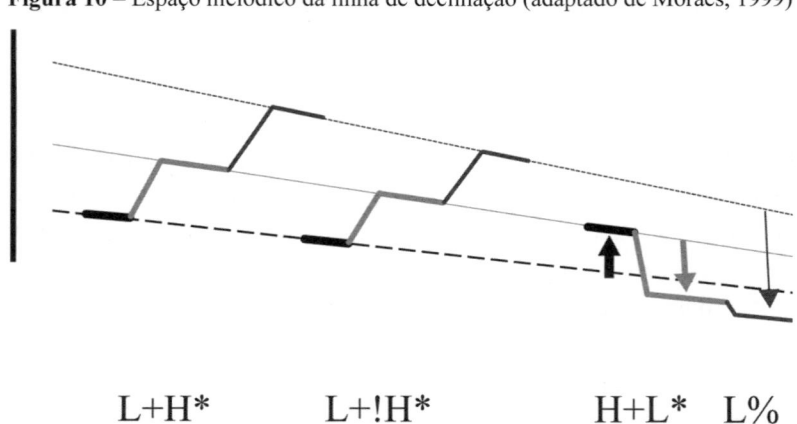

L+H*   L+!H*   H+L*   L%

Por fim, para converter os acentos tonais em curvas contínuas, regras de associação texto-tom e de interpolação melódica entre dois pontos do enunciado são previstas, definindo como os padrões tonais se espraiam ou se comprimem sobre textos de diferentes extensões. Ao longo das duas últimas décadas, a importância do alinhamento preciso entre inflexões melódicas e texto tem sido enfatizada, pois esse alinhamento fino – a posição do pico melódico no início, meio ou fim da sílaba – pode se revestir de valor fonológico.

Com a proposta de apenas dois níveis tonais, L e H, a teoria escapa das críticas de "supergeração" de contornos endereçadas por Bolinger ao modelo clássico de 4 níveis tonais. O risco passa a ser o oposto, a "subgeração" de contornos, isto é, a dificuldade de representar, com apenas dois tons, oposições eventualmente pertinentes entre três níveis melódicos sobre um determinado ponto do enunciado. Com base nas premissas da teoria MA, desenvolveu-se o sistema notacional ToBI (Silverman et al., 1992, Beckman et al., 2005), largamente utilizado atualmente nas descrições entonacionais (ver o capítulo "Notação entoacional", neste volume).

Na Figura 11 se pode comparar a representação que se faria da entoação da frase *Avisa à Marina?* dita como pedido, segundo os quatro modelos mencionados.

Figura 11 – Contorno melódico da frase *Avisa à Marina?* dita como pedido (acima) e sua representação seguindo as premissas e convenções, da esquerda para a direita, da Escola Britânica, do modelo estruturalista norte-americano, da Escola Holandesa (IPO) e da teoria MA (ToBI)

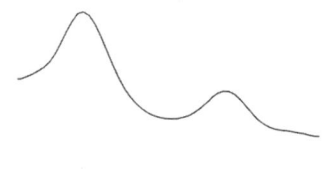

a VI sa ma RI na

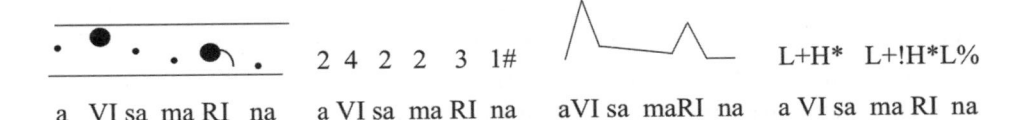

Uma outra dimensão, que perpassa essa das pesquisas de cunho fonético, de um lado, e as de cunho fonológico, de outro, vai distinguir os estudos que se apoiam na fala de laboratório, em que o *corpus* é cuidadosamente planejado de forma a evidenciar de maneira objetiva e econômica o fenômeno em tela, e que constitui de longe sua vertente mais comum, e os estudos que se baseiam em *corpus* de fala espontânea (Serra, 2009; Oliveira et al., 2012; Raso et al., 2017), que certamente deverão merecer uma maior atenção no futuro. O funcionamento da prosódia na conversação, ou na expressão de atitudes e emoções, por exemplo, será mais bem compreendido se abordado desta última forma.

Concluindo esta seção, devemos mencionar uma nova área de estudos prosódicos, inspirada no caráter multimodal da fala, que descreve a entoação de forma integrada aos gestos corporais que acompanham sua produção – notadamente os da face, bem como movimentos de cabeça, ombros e mãos. O estudo desses elementos gestuais tem sido realizado sob o rótulo *Prosódia Visual* (por oposição à *Prosódia Auditiva*, tradicional) e tem se mostrado um campo promissor, evidenciando a relevância desses gestos na produção e percepção dos padrões entonacionais na interação face a face (Krahmer e Swerts, 2009) – para o português, Cruz et al. (2015, 2017), Moraes e Rilliard (2014), Fontes e Madureira (2015), Miranda (2019), Carnaval (2021).

Notas

[1] A noção de força ilocutória pode ser definida como a intenção comunicativa do falante ao produzir um enunciado, e que vai caracterizar o ato ilocutório, ou ato de fala daí resultante como sendo uma pergunta, sugestão, ordem, asserção etc. (Searle, 1969).

[2] Estilo de fala usado tipicamente quando o falante se dirige a bebês, também conhecido por "motherês".

[3] A questão eco é uma pergunta do tipo total (resposta sim/não) caracterizada pelo fato de o falante retomar uma questão anterior para se certificar de foi que isso mesmo que lhe foi perguntado: locutor A: Quando ele foi lá? (questão parcial), locutor B: Quando ele foi lá? (foi isso que você me perguntou?)

O que eu poderia ler para saber mais?

Inúmeros são os trabalhos que abordam o estudo da entoação, publicados em forma de livros autorais, manuais com a contribuição de diversos especialistas ou artigos sobre aspectos específicos, por vezes reunidos em coletâneas (veja-se, por exemplo, a seleção organizada por Bolinger, 1972). Textos clássicos sobre o tema, comprometidos com diferentes visões teóricas, são os de Pike (estruturalismo americano), O'Connor e Arnold (1961), Crystal

(1969), Cruttenden (esses três da Escola Britânica); Bolinger (1985, 1989); Hart, Collier e Cohen (1990) (Escola Holandesa); Pierrehumbert (1980), Gussenhoven (2004) e Ladd (2008) (esses três da perspectiva teórica MA).

Gussenhoven e Chen (2020) organizaram recentemente um abrangente e detalhado manual (*Language Prosody*) com 49 capítulos assinados por especialistas em diversos tópicos da prosódia do vocábulo e da frase.

Muito acessível e didático é o livro *Teorías de la Entonación* organizado por Prieto (2003), com oito capítulos escritos por distintos autores abordando diferentes modelos utilizados no estudo da entoação.

Uma visão panorâmica da descrição da entoação em diversas línguas, inclusive o PB (Moraes, 1998), pode ser encontrada em Hirst e Di Cristo (1998). Especialmente interessante para a discussão do tema é o texto dos organizadores, que abre o volume.

Para aprofundar aspectos relacionados à substância da prosódia, pode-se com proveito consultar o livro clássico de Lehiste (1970). Em Barbosa (2020) temos uma atualizada introdução à prosódia do português.

A Semântica da Entoação tem sido objeto de diversos estudos, entre os quais citaríamos os trabalhos de Gussenhoven (1983, 2002, 2016), Westera et al. (2020), Pierrehumbert e Hirschberg (1990) e Prieto (2015).

Sobre a tipologia das funções entonacionais, podem-se consultar Daneš (1960), Fónagy (2003), Hirschberg (2002).

A função focalizadora da entoação tem recebido uma grande atenção dos prosodistas, como o atestam, para o português, trabalhos como os de Frota (2000), Fernandes (2007), Carnaval (2021), Raso e Cavalcante (capítulo "Prosódia e estrutura informacional", neste volume), em que se pode também encontrar uma bibliografia bastante ampla sobre o tema.

Fónagy (1993) e, para o português, Moraes (2008) e Moraes e Rilliard (2018) descrevem padrões relacionados à função ilocutória da entoação.

O estudo da expressividade conta também com uma vastíssima literatura; vejam-se, por exemplo, sobre emoções e/ou atitudes os trabalhos de Scherer e colaboradores (Scherer, 2000, Scherer e Bänziger, 2004, Scherer e Wallbott, 1994), Mozziconacci (1998, 2002), Fónagy (1983, 2001), Léon (1993), e no português Moraes (2012a, 2012b), Moraes e Rilliard (2014, 2016), Madureira e Fontes (o capítulo "A prosódia da fala expressiva" deste volume).

Enfim, para estudos de prosódia visual, vejam-se os trabalhos de Swerts e colaboradores (Swerts e Kramer, 2005, 2006, 2008, 2010; Kramer e Swerts, 2005, 2008, 2009), Fivela (2018), Crespo-Sendra et al. (2014), Prieto et al.

(2011); para descrições do português, Cruz et al. (2015, 2017), Moraes et al. (2012), Miranda (2019), Miranda et al. (2021), Carnaval (2021).

Por fim, mencionemos que muitos congressos da área das ciências fonéticas dedicam grande parte de suas apresentações e discussões a questões entonacionais. Além do tradicional International Congress of Phonetic Sciences (ICPhS), especialmente relevantes são os encontros internacionais Speech Prosody, que vem sendo realizado a cada dois anos desde 2002, e International Conference on Tone and Intonation (TAI), esse último resultado da fusão, a partir de 2021, dos encontros iniciados ambos em 2004 Tone and Intonation in Europe (TIE) e Tonal Aspects of Language (TAL).

Referências

AMARSTROM, L.; WARD, I. *A Handbook of English Intonation*. Cambridge: Heffer and Sons, 1926.

BARBOSA, P. A. *Prosódia*. São Paulo, Parábola, 2020.

_____. "A fala e seus ritmos", neste volume.

BECKMAN, M.; HIRSCHBERG, J.; SHATTUCK-HUFNAGEL, S. The Original ToBI System and the Evolution of the ToBI Framework. In: JUN, S.-A. (ed.). *Prosodic Typology:* The Phonology of Intonation and Phrasing. Oxford: Oxford University Press, 2005.

BOLINGER, D. (ed.). *Intonation*. Harmondsworth: Penguin, 1972.

_____. *Intonation and its Parts:* Melody in Spoken English. Stanford: Stanford University Press, 1985.

_____. *Intonation and its Uses:* Melody in Grammar and Discourse. Stanford: Stanford University Press, 1989.

CARNAVAL, M. *Focalização no português do Brasil:* um estudo multimodal. Rio de Janeiro, 2021. Tese (doutorado) – UFRJ.

CARNAVAL, M.; MORAES, J.; RILLIARD, A. marcação de foco estreito e o acento secundário em interrogativas totais no português do Brasil. *Working Papers em Linguística*, 19 (2), 2018, pp. 136-67.

_____. Os domínios da focalização: um estudo experimental. *Gragoatá* 58 (no prelo).

COLAMARCO, M.; MORAES, J. Emotion Expression in Speech Acts in Brazilian Portuguese: Production and Perception. In: BARBOSA, P.; MADUREIRA, S.; REIS, C. (eds.). *Proceedings of Speech Prosody*. Campinas, 2008, pp. 717-20.

CRESPO-SENDRA, V. et al. Perceiving Incredulity: The Role of Intonation and Facial Gestures. *Journal of Pragmatics* 47, 2014, 1-13.

CRUTTENDEN, A. *Intonation*. Cambridge: Cambridge University Press, 1986.

CRUZ, M.; SWERTS, M.; FROTA, S. Variation in Tone and Gesture within Language. *Proceedings of the 18th International Congress of Phonetic Sciences*, 2015.

_____. The Role of Intonation and Visual Cues in the Perception of Sentence Types: Evidence from European Portuguese Varieties. *Laboratory Phonology*, 8 (1) (23), 2017, pp. 1-24.

CRYSTAL, D. *Prosodic Systems and Intonation in English*. Cambridge: Cambridge University Press, 1969.

DANEŠ, F. Sentence Intonation from a Functional Point of View. *Word*, 16 (1), 1960, pp. 34-54.

FERNANDES, F. *Ordem, focalização e preenchimento em português*: sintaxe e prosódia. Campinas, 2007. Tese (doutorado em Linguística) – IEL, Unicamp.

FIVELA, B. Multimodal Analyses of Audio-visual Information: Some Methods and Issues in Prosody Research. In: FELDHAUSEN, I.; FLIESSBACH, J.; DEL MAR VANRELL, M. (eds.). *Methods in Prosody:* A Romance Language Perspective. Berlin: Language Science Press, 2018, pp. 83-122.

FÓNAGY, I. *La vive voix*: essais de psycho-phonétique. Paris: Payot, 1983.

_____. As funções modais da entoação. *Cadernos de Estudos Linguísticos*, 25, Unicamp, 1993, pp. 25-65.

_____. *Languages within Languages*: An Evolutive Approach. Amsterdam: John Benjamins, 2001.

_____. Fonctions de l'intonation: essai de synthèse. *Flambeau 29*, 2003, pp. 1-20.

FONTES, M.; MADUREIRA, S. Gestural Prosody and the Expression of Emotions: A Perceptual and Acoustic Experiment. *Proceedings of the 18th International Congress of Phonetic Sciences*, Glasgow: University of Glasgow, v. 1, 2015, pp. 1-5.

FROTA, S. *Prosody and Focus in European Portuguese. Phonological Phrasing and Intonation.* New York: Garland Publishing, 2000.

GUSSENHOVEN, C. *A Semantic Analysis of the Nuclear Tones of English.* Indiana: Indiana University Linguistics Club, 1983.

_____. Intonation and Interpretation: Phonetics and Phonology. *Proceedings of Speech Prosody 2002*, Aix-en-Provence, 2002, pp. 47-57.

_____. *The Phonology of Tone and Intonation.* Cambridge: Cambridge University Press, 2004.

_____.. Foundations of Intonational Meaning: Anatomical and Physiological Factors. *Topics in Cognitive Science 8*, 2016, pp. 425-34.

GUSSENHOVEN, C.; CHEN, A. (eds.). *The Oxford Handbook of Language Prosody.* Oxford: Oxford University Press, 2020.

HART, J.'T.; COLLIER, R.; COHEN, A. *A Perceptual Study of Intonation:* An Experimental-phonetic Approach to Speech Melody. Cambridge: Cambridge University Press, 1990.

HIRSCHBERG, J. Communication and Prosody: Functional Aspects of Prosody. *Speech Communication*, 36 (1-2), 2002, pp. 31-43.

HIRST, D.; DI CRISTO, A. A Survey of Intonation Systems. In: _____. (eds.). *Intonation Systems:* A Survey of Twenty Languages. Cambridge: Cambridge University Press, 1998, pp. 1-44.

JONES, D. *Intonation Curves.* Leipzig: Teubner, 1909.

KRAHMER, E.; SWERTS, M. How Children and Adults Produce and Perceive Uncertainty in Audiovisual Speech. *Language and Speech*, 48(1), 2005, pp. 29-54.

_____. The Interplay between the Auditory and Visual Modality for End-of-Utterance Detection. *Journal of the Acoustical Society of America*, 123(1), 2008, pp. 354-65.

_____. Audiovisual Prosody: Introduction to the Special Issue. *Language and Speech*, 52(2-3), 2009, pp. 129-33.

LADD, D. R. Peak Features and Overall Slope. In: CUTLER, A.; LADD, D. R. (eds.). *Prosody:* Models and Measurements. Berlin: Springer Verlag, 1983, pp. 39-52.

_____. Declination: A Review and Some Hypotheses. *Phonology Yearbook 1*, 1984, pp. 53-74.

_____. *Intonational Phonology.* 2. ed. Cambridge: Cambridge University Press, 2008.

LADD, D. R.; CUTLER, A. Models and Measurements in the Study of Prosody. In: CUTLER, A.; LADD, D. R. (eds.). *Prosody:* Models and Measurements. Berlin: Springer Verlag, 1983, pp. 1-10.

LEHISTE, I. *Suprasegmentals.* Cambridge: MIT Press, 1970.

LÉON, P. *Précis de phonostylistique:* parole et expressivité. Paris: Nathan, 1993.

LUCENTE, L. Notação entoacional, neste volume.

MADUREIRA, S.; FONTES, M. A. S. "A prosódia da fala expressiva", neste volume.

MIRANDA, L. Estudo fonético-perceptivo da entoação de enunciados assertivos, interrogativos e exclamativos no português do Brasil: Uma análise multimodal. Rio de Janeiro, 2019. Tese (doutorado) – UFRJ.

MIRANDA, L.; MORAES, J.; RILLIARD, A. Statistical Modeling of Prosodic Contours of Four Speech Acts in Brazilian Portuguese. *Proceedings of Speech Prosody 2020*, Tokio, 2020, pp. 404-8.

MIRANDA, L. et al. The Role of the Auditory and Visual Modalities in the Perceptual Identification of Brazilian Portuguese Statements and Echo Questions. *Language and Speech*, 64 (1), 2021, pp. 3-23.

MORAES, J. A. Intonation in Brazilian Portuguese. In: HIRST, D.; DI CRISTO, A. (eds.). *Intonation Systems:* A Survey of Twenty Languages. Cambridge: Cambridge University Press, 1998, pp. 179-94.

_____. F0 Declination in Brazilian Portuguese in Read and Spontaneous Speech. *Proceedings of the 14th International Congress of Phonetic Sciences.* San Francisco, 1-7 August 1999, pp. 2.323-6.

_____. Variações em torno de tema e rema. *Cadernos do Congresso Nacional de Linguística e Filologia*, v. IX, n. 17, 2006, pp. 279-89.

_____. The Pitch Accents in Brazilian Portuguese: Analysis by Synthesis. *Proceedings of Speech Prosody 2008*, Campinas, 2008, pp. 389-98.

_____. From a Prosodic Point of View: Remarks on Attitudinal Meaning. In: MELLO, H.; PANUNZI, A.; RASO, T. (eds.). *Pragmatics and Prosody: Illocution, Modality, Attitude, Information Patterning and Speech Annotation.* Firenze: Firenze University Press, 2012a, pp. 19-37.

_____. Ilocution and Intonation. In: MELLO, H.; PETTORINO, M.; RASO, T. (eds.). *Speech and Corpora. Proceedings of the 7th GSCP International Conference.* Firenze University Press, 2012b, pp. 43-50.

MORAES, J.; CARNAVAL, M.; COELHO, A. A manifestação prosódica do foco em interrogativas totais no português do Brasil e sua percepção. *ReVEL* (ed. especial), v. 13, n. 10, 2015, pp. 170-94.

MORAES, J.; COLAMARCO, M. Você está pedindo ou perguntando? Uma análise entoacional de pedidos e perguntas no português do Brasil. *Revista de Estudos da Linguagem* 15 (2), 2007, pp. 113-26.

MORAES, J.; MIRANDA, L.; RILLIARD, A. Facial Gestures in the Expression of Prosodic Attitudes of Brazilian Portuguese. In: MELLO, H.; PETTORINO, M.; RASO, T. (eds.). *Speech and Corpora. Proceedings of the 7th GSCP International Conference*, 2012, pp. 57-161.

MORAES, J. A.; RILLIARD, A. Illocution, Attitudes and Prosody: A Multimodal Analysis. In: RASO, T.; MELLO, H. (eds.). *Spoken Corpora and Linguistic Studies*. Amsterdam: John Benjamins, 2014, pp. 233-70.

_____. Prosody and Emotion in Brazilian Portuguese. In: ARMSTRONG, M. E.; HENRIKSEN, N.; VANRELL, M. (eds.). *Intonational Grammar in Ibero-Romance:* Approaches across Linguistic Subfields. Amsterdam: John Benjamins, 2016, pp. 135-52.

_____. Describing the Intonation of Speech Acts in Brazilian Portuguese: Methodological Aspects. In: FELDHAUSEN, I.; FLIESSBACH, J.; VANRELL, M. (eds.). *Methods in Prosody:* A Romance Language Perspective. Berlin: Language Science Press, 2018, pp. 229-62.

MOZZICONACCI, S. *Speech Variability and Emotion: Production and Perception*. Eindhoven, 1998. PhD thesis – Technical University Eindhoven.

_____. Prosody and Emotions. *Proceedings of Speech Prosody 2002*, Aix-en-Provence, 2002.

O'CONNOR, J. D., ARNOLD, G. F. *Intonation of Colloquial English*. London: Longmans, 1961.

OHALA, J. The Frequency Code underlies the Sound-Symbolic Use of Voice Pitch. In: HINTON, L.; NICHOLS, J.; OHALA, J. (eds.) *Sound Symbolism*. Cambridge: Cambridge University Press, 1995, pp. 325-47.

OLIVEIRA JR., M.; CRUZ, R.; SILVA, E. A relação entre a prosódia e a estrutura de narrativas espontâneas: um estudo perceptual. *Diadorim* 12, 2012, pp. 38-53.

PALMER, H. *English Intonation with Systemic Exercises*. Cambridge: Heffer & Sons, 1922.

PIERREHUMBERT, J. B. *The Phonology and Phonetics of English Intonation*. Cambridge, 1980. (PhD dissertation) – MIT.

PIERREHUMBERT, J.; HIRSCHBERG, J. The Meaning of Intonational Contours in the Interpretation of Discourse. In: COHEN, P. R.; MORGAN, J.; POLLACK, M. E. (eds.). *Intentions in Communication*. Cambridge: MIT Press, 1990, pp. 271-311.

PIKE, K. L. *The Intonation of American English*. Ann Arbor: University of Michigan Press, 1945.

PRIETO, P. (ed.). *Teorías de la entonación*. Barcelona: Ariel, 2003.

_____. Intonational meaning. *WIREs Cognitive Science* 6, 2015, pp. 371-81.

PRIETO, P. et al. Crossmodal Prosodic and Gestural Contribution to the Perception of Contrastive Focus. *12th Annual Conference of the International Speech Communication Association*. Florence, 2011, pp. 28-31.

RASO, T.; CAVALCANTE, F. Prosódia e estrutura informacional, neste volume.

RASO, T.; CAVALCANTE, F.; MITTMANN, M. Prosodic Forms of the Topic Information Unit in a Cross-Linguistic Perspective: A First Survey. In: MEO, A.; DOVETTO, F. (eds.). *Proceedings of the SLI-GSCP International Conference*. Rome: Aracne Editrice, 2017, pp. 473-98.

SCHERER, K. Psychological Models of Emotion. In: Borod, J. (ed.). *The Neuropsychology of Emotion*. Oxford, Oxford University Press, 2000, pp. 137-62.

SCHERER, K. R.; BÄNZIGER, T. Emotional Expression in Prosody: A Review and An Agenda for Future Research. *Proceedings of Speech Prosody 2004*, Nara, 2004.

SCHERER, K. R.; WALLBOTT, H. G. Evidence for Universality and Cultural Variation of Differential Emotion Response Patterning. *Journal of Personality and Social Psychology*, 66(2), 1994, pp. 310-28.

SEARLE, J. *Speech Acts*. Cambridge: Cambridge University Press, 1969.

SERRA, C. R. Realização e percepção de fronteiras prosódicas no português do Brasil: fala espontânea e leitura. Rio de Janeiro, 2009. Tese (doutorado) – UFRJ.

_____. A interface prosódia-sintaxe e o fraseamento prosódico no português do Brasil. *Journal of Speech Science* 5, 2016, pp. 47-86.

SILVERMAN, K. et al. TOBI: A Standard for Labeling English Prosody. *Proceedings of the 2nd International Conference on Spoken Language Processing*, Banff, 1992, pp. 867-70.

SOARES, G. A prosódia dos vocativos no português do Brasil. Rio de Janeiro, 2020. Tese (doutorado) – UFRJ.

SWEET, H. *A Primer in Phonetics*. Oxford: Clarendon Press, 1892.

SWERTS, M.; KRAHMER, E. Audiovisual Prosody and Feeling of Knowing. *Journal of Memory and Language*, 53(1), 2005, pp. 81-94.

_____. The Importance of Different facial Areas for Signalling Visual Prominence. *Proceedings of the 9th International Conference on Spoken Language Processing. Interspeech 2006*, Pittsburgh, 2006, pp. 1280-3.

_____. Facial Expressions and Prosodic Prominence: Comparing Modalities and Facial Areas. *Journal of Phonetics* 36 (2), 2008, pp. 219-38.

_____. Visual Prosody of Newsreaders: Effects of Information Structure, Emotional Content and Intended Audience on Facial Expressions. *Journal of Phonetics*, 38(2), 2010, pp. 197-206.

TRAGER, G.; SMITH, H. L. *An Outline of English Structure*: Studies in Linguistics, Occasional Papers 3. Linguistic Society of America, 1951.

WAKEFIELD, J. *Intonational Morphology*. Berlin: Springer, 2020.

WESTERA, M.; GOODHUE, D.; GUSSENHOVEN, C. Meanings of Tones and Tunes. In: GUSSENHOVEN, C.; CHEN, A. (eds.). *The Oxford Handbook of Language Prosody*. Oxford: Oxford University Press, 2020.

A fala e seus ritmos

Plínio Almeida Barbosa

O que é ritmo da fala?

Expressões como "fulano dança no ritmo", "esta canção tem um bom ritmo", "a escrita não é outra coisa senão ritmo" (Virginia Woolf), entre tantas outras que escutamos, permitem-nos entrever que o ritmo faz parte de nossas manifestações culturais e de nosso modo de comunicação. Outra coisa, certamente mais complexa, é tentar definir o que se entende por "ritmo" e, mais especificamente, o que é o "ritmo da fala".

Desde que o termo foi cunhado por Platão para se referir à "forma" segundo a qual um determinado movimento evolui, há um entendimento de que onde há "ritmo" há necessariamente alguma estrutura aliada a algum tipo de repetição. Assim, nos anos 1950, o psicólogo experimental Paul Fraisse definia "ritmo" como "estrutura da repetição" e "repetição da estrutura". Por "estrutura" se entende aqui o contraste entre elementos de um todo em que uma das partes é tida ou apreendida como "forte" e a outra (ou outras) como "fraca". O ritmo se manifestaria então através da repetição ao longo do tempo ou do espaço desse tipo de contraste. Embora se possa ter uma ideia do que seria o ritmo na dança ou na música quando se experimentam seus tempos fortes e fracos se desenrolando no espaço-tempo, na fala, por sua vez, referimos menos a esses aspectos, a não ser em exibições claras de uma performance verbal como no teatro e na declamação pública de versos.

Mas há ritmo também na leitura de prosa em voz alta, nas conversas que temos com nossos amigos, em uma aula dada, em uma entrevista, nas mais corriqueiras situações de comunicação verbal. A fala humana tem ritmo e a consciência desse ritmo aparece rapidamente quando escutamos a fala sintética de sistemas de síntese da fala mais antigos e imediatamente a taxamos de "monótona". O ritmo da fala provém justamente da alternância entre os momentos em que imprimimos maior força ou ênfase em uma palavra ou sílaba e os momentos em que falamos mais ligeiramente, sendo esses mais frequentes que os primeiros. Procedemos, assim, não apenas para não cansarmos demais ao falar (imagine se todas as palavras que disséssemos fossem ditas com ênfase!) como também para chamar a atenção do ouvinte para algo em particular ou para que possa melhor recortar os constituintes dos enunciados que escuta.

Para chamar a atenção do ouvinte, imprimimos um certo grau de força numa unidade (palavra, sílaba) em um contexto imediato que se caracteriza como pano de fundo. Para permitir ao ouvinte recortar os enunciados proferidos por seu interlocutor, realizam-se tempos mais alongados e pausados que têm a função de dividir o que falo em trechos menores, os constituintes prosódicos.

O ritmo da fala também produz efeitos estéticos como na comparação dos dois enunciados lidos em (1), em que o distinto jogo das palavras enfatizadas (aqui sublinhadas) provoca sensações diversas, fazendo com que a personagem Luísa, em (1b), desvie sua atenção dos sentimentos presentes nas palavras que lia (em 1a) para o fato de que era a primeira vez que lia esses sentimentos sob a forma escrita, mas que certamente os ouvira antes de alguém ou do próprio primo.

(1a) Tinha <u>suspirado</u>, tinha beijado o papel <u>devotamente</u>! Era a <u>primeira</u> vez que lhe escreviam aquelas <u>sentimentalidades</u>. (Eça de Queiroz)

(1b) Tinha <u>suspirado</u>, tinha beijado o papel <u>devotamente</u>! Era a <u>primeira</u> vez que lhe <u>escreviam</u> aquelas sentimentalidades.

Já na comparação dos enunciados em (2), o ritmo da fala permite formar agrupamentos de palavras distintos que facilitam ao ouvinte a tarefa de compreender o que se diz, nesse exemplo duas situações opostas sobre algo que foi dito imediatamente em (2b) e algo que não foi dito com a mesma diligência em (2a).

(2a) Não me disse assim que chegou, o pobre homem.

(2b) Não, me disse assim que chegou, o pobre homem.

Nessas alternâncias de palavras ditas fortemente com palavras ditas com menos força em (1) e nessas distintas alternâncias de pausas em (2) reside todo o ritmo da fala. Essa maior força de palavras em relação ao contexto imediato e das diferentes segmentações ao longo da fala se dão através de maior duração e intensidade das palavras, no caso da função de proeminência, isto é, para chamar atenção, enquanto a função de segmentação envolve, sobretudo, o uso de alongamentos de sílabas finais e pausas, que estabelecem uma alternância de intervalos sonoros e silenciosos que recorta o fluxo de fala.

O que se estuda a respeito do ritmo da fala?

O estudo do ritmo da fala permite-nos determinar os elementos (e.g., itens lexicais, sílabas) que foram destacados pelo locutor ao falar, bem como a forma como segmentou sua fala. Elementos em destaque e segmentos de fala delimitados são produtos das funções respectivas de proeminência e segmentação. A prominência é a manifestação acústica de algum tipo de foco na fala, enquanto a função de segmentação forma constituintes prosódicos ou grupos rítmicos que auxiliam a recuperação da estrutura sintática dos enunciados.

Dessa forma, ao estudarmos o ritmo da fala, estudamos aspectos linguísticos importantes como foco e os constituintes na fala. Apesar de ser um modo do dizer na linha do tempo, o ritmo da fala permite a recuperação de uma hierarquia entre grupos rítmicos, uma vez que marcamos o final desses constituintes com diferentes graus de força, indicando, indiretamente, diferentes profundidades de uma estrutura prosódica que revela, pela via da informação morfossintática, uma estrutura sintática.

Assim, no exemplo (3a) dito com uma certa proeminência na última palavra ("bem"), a forma de segmentação mais usual é aquela mostrada em (3b) com o sinal "|".

(3a)   Meu primo canta divinamente bem.
(3b)   Meu primo canta | divinamente bem.

Assim, embora "meu primo canta" seja um constituinte prosódico, ele não é um constituinte sintático, uma vez que, em uma árvore sintática, o verbo "canta" faz parte do predicado, do sintagma verbal "canta divinamente bem". Recuperamos a estrutura sintática da sentença porque conhecemos a morfossintaxe do português e porque a única fronteira prosódica, localizada na parte medial do enunciado, depois de "canta", está próxima da fronteira sintática mais forte, antes da mesma palavra.

A razão para os dois agrupamentos prosódicos assinalados em (3b) é a extensão de seus constituintes, que busca a similaridade em número de sílabas (5 no primeiro constituinte e 6 no segundo).

Quanto à possibilidade de estabelecer uma hierarquia de constituintes prosódicos, observe o exemplo (4a) cuja forma de segmentação mais usual é aquela mostrada em (4b) com o sinal "|" para uma fronteira mais fraca do que aquela assinalada por "||".

(4a) Meu primo campineiro canta bem, mas não o primo pernambucano.

(4b) Meu primo campineiro | canta bem, || mas não o primo pernambucano.

Ao proferir (4b) com um alongamento na tônica de "campineiro" e uma pausa silenciosa logo antes da "mas", o locutor marca a fronteira mais forte entre as duas orações, portanto coincidindo também com a divisão sintática mais forte. A fronteira prosódica mais fraca, depois de "campineiro", estaria assinalando a divisão entre o sintagma nominal "meu primo campineiro" e o sintagma verbal "canta bem", mais uma vez uma divisão sintática.

Observe que os agrupamentos rítmicos ora coincidem, ora divergem dos agrupamentos sintáticos, uma vez que o ritmo da fala é regido por outras demandas ou restrições: as do sistema de produção da fala, que são caracterizadas pela regularidade de constituintes, pela regularidade silábica e pela regularidade da ocorrência de proeminências, bem como as do sistema de percepção da fala, que são caracterizadas pela necessidade de diferenciar elementos para chamar atenção do ouvinte.

Como estudar o ritmo da fala?

O ritmo da fala é estudado a partir da descrição de padrões de duração de sílabas, da formação dos grupos rítmicos, da taxa de elocução em sílabas por segundo (a maior ou menor rapidez com que falamos), bem como de padrões de duração e taxa de produção de pausas silenciosas e preenchidas ao longo dos enunciados produzidos pelos falantes. Esses padrões de variação nos permitem identificar os aspectos de regularidade e diferenciação apontados na seção anterior.

Na Figura 1 pode-se ver como varia a duração de uma unidade do tamanho da sílaba na leitura do trecho "Em seguida apareceu um papagaio real que tinha fama de orador", do livro *A menina do nariz arrebitado*, de Monteiro Lobato, por uma falante carioca. Essa unidade, denominada unidade vv, é uma forma de conceber a sílaba, sendo uma sílaba fonética que começa no início de cada vogal e termina no início da vogal ou semivogal imediatamente seguinte.

Enquanto as barras cinzas indicam as durações brutas das unidades vv em milissegundos, a linha conectada por traços e sinais de "+", assinala essas mesmas durações normalizadas pela técnica estatística do *z-score*, e, por fim, a linha cheia conectada por "o" assinala as durações normalizadas suavizadas por uma média móvel de cinco pontos. Os procedimentos de normalização e de média móvel (suavização) serão explicitados na próxima seção. Por ora, vejamos como um padrão de variação duracional como o da Figura 1 nos permite inferir vários aspectos do ritmo de leitura dessa falante.

O enunciado termina em "orador" e é seguido por outro que começa com a palavra "subiu", pois a falante está lendo um trecho maior da história. É por isso que a última unidade vv, que é delimitada por dois inícios de vogal consecutivos é assinalada como "-or s" [ohs], unidade formada pela vogal [o], pelo "r" de "orador" pronunciado como fricativa glotal surda e pelo [s] inicial de "subiu", no enunciado seguinte. Assim, a pausa silenciosa entre os dois enunciados é assinaladora de uma fronteira forte, a que pode existir entre enunciados, de onde decorre também o conceito de unidade vv, que inclui as pausas silenciosas eventualmente realizadas.

Figura 1 – Durações bruta (barra cinza) em milissegundos, normalizada (linha tracejada) e suavizada (linha cheia) do enunciado "Em seguida apareceu um papagaio real que tinha fama de orador" por falante feminina carioca. A escala se refere à duração bruta

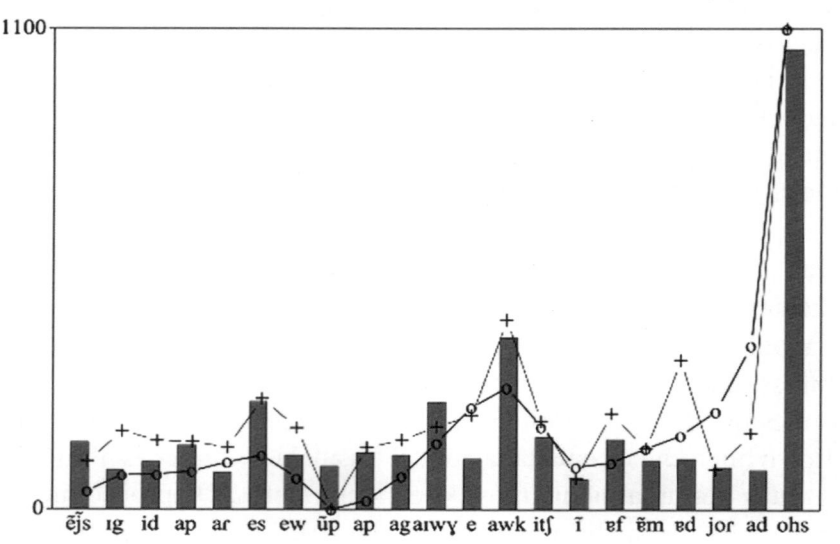

O estudo das pausas em si também revela aspectos do ritmo da fala, pois podem variar em duração e frequência de ocorrência, marcado, inclusive, por mudança nessas variáveis quando estamos falando em outro estilo. Assim, a fala de um professor interessado em explicar bem um assunto aos alunos costuma ter pausas mais frequentes e mais longas do que quando esse mesmo professor fala com sua esposa ao fim do dia, por exemplo.

Observando os picos da linha cheia, os seguintes máximos locais são realizados nas palavras "apareceu" e "real", marcando um constituinte prosódico "em seguida apareceu", que não é constituinte sintático, mas assegura uma divisão mais equitativa em termos de extensão dos grupos rítmicos, delimitados pelos máximos locais, estabelecendo nesse exemplo grupos de oito, sete e nove sílabas respectivamente. Essa é a regularidade em extensão dos constituintes. A regularidade silábica é entendida pela menor diferenciação entre as sílabas não salientes, aquelas que não estão em posição de máximo local, que contribuem majoritariamente para a percepção da taxa de elocução em sílabas por segundo. Essa taxa é um valor muito usado e frequentemente associado à noção de ritmo na fala, embora limitando assim o ritmo a descrições restritas às formas lentas ou rápidas do falar.

Os aspectos de diferenciação da regularidade já estão claros pela exposição anterior e correspondem aos maiores desvios dos valores das durações das unidades vv não salientes, fundamentais para que o ouvinte ou recupere os agrupamentos rítmicos, ou preste atenção numa palavra com maior duração, que são justamente as palavras associadas aos máximos locais do exemplo mostrado aqui.

Poderia me dar um exemplo?

Nesta seção, daremos algumas indicações de como se chegar a uma descrição da organização rítmica de trechos de fala que leva em conta desde unidades do tamanho da sílaba a unidades superiores a ela, bem como inclui uma descrição do uso de pausas silenciosas e preenchidas.

É preciso ter em mente que a duração silábica é o parâmetro mais relevante para assinalar o acento lexical e para destacar uma sílaba em relação ao seu entorno num enunciado proferido, que é a forma como se realiza um acento frasal. Os dois primeiros picos dos *z-scores* suavizados da Figura 1 indicam acentos frasais em "apareceu" (realizado na sílaba que precede a tônica) e em "real" (realizado na tônica). A suavização é uma média-móvel, técnica que ficou bem conhecida durante a pandemia da covid-19, e a normalização por *z-score* é uma espécie de medida relativa da duração cujos detalhes técnicos são dados abaixo. O último pico marca a fronteira do enunciado (que inclui, como vimos, a pausa entre esse enunciado e o próximo, lidos pela locutora de forma conectada). Para se chegar a esse padrão recorre-se a duas técnicas bem conhecidas: (a) normalização via *z-score* e (b) suavização por média móvel. Os detalhes matemáticos quanto a esses cálculos já foram apresentados em mais de um lugar (Barbosa, 2006, 2010), mas cabe aqui dizer de forma sucinta que: (1) a normalização via *z-score* expressa, em unidades de desvio padrão, a duração silábica (unidade vv) como uma distância em relação à média habitual da duração dessa unidade e que (2) a suavização por média móvel de 5 pontos atenua oscilações locais, como se pode ver comparando a linha tracejada com a cheia na Figura 1, salientando as posições relevantes para a percepção da duração silábica do trecho. De fato, há uma correspondência entre 60% e 80% entre as palavras salientes pela via da duração suavizada, reveladas pelas posições de saliência mostradas pela linha cheia, e a percepção das palavras salientes por ouvintes brasileiros (Barbosa, 2010).

Tanto os valores das durações suavizadas em posições que não são máximos locais quanto em posições de máximo local revelam diferentes formas do falar. Quando os valores nos máximos são examinados em sua distribuição, diferentes graus de assinalamento da fronteira emergem, tanto mais forte quanto maior a duração suavizada. É o que mostra a Figura 2 para a leitura (histograma com retângulos vazios) e a narração da história lida (histograma com retângulos hachurados) de um locutor paulista.

Figura 2 – Distribuições das durações normalizadas suavizadas (zsuav) de leitura (retângulos vazios) e narração (retângulos hachurados) de locutor paulista indicando quatro agrupamentos distintos de valores

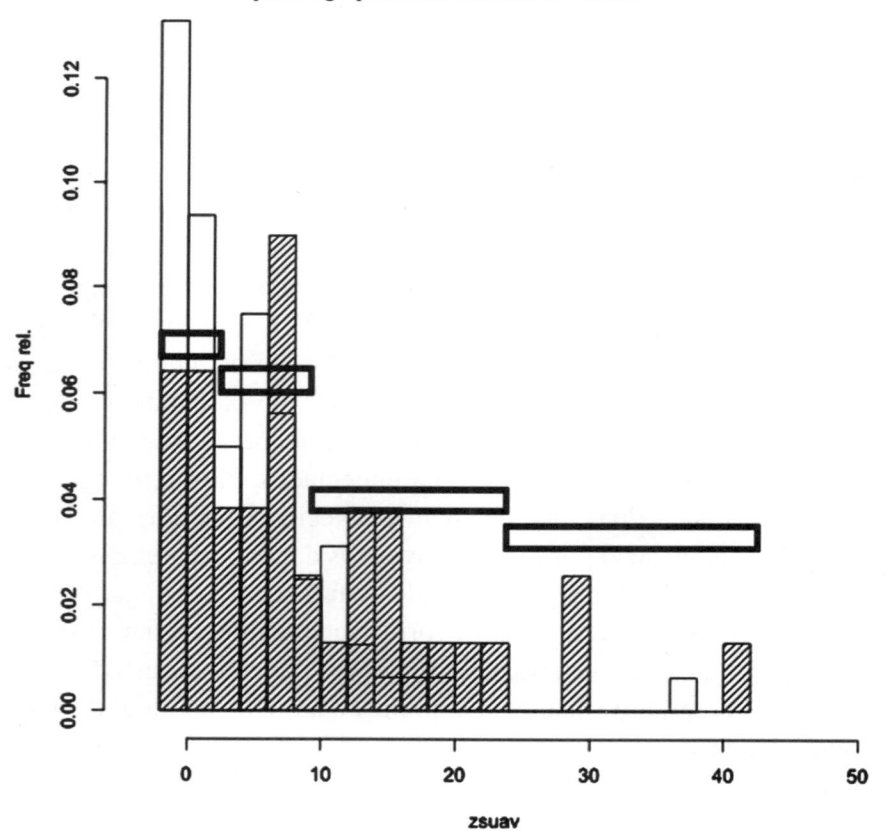

O uso de um procedimento de classificação automática, *k-means*, assumindo quatro grupos nas distribuições de fala lida e narrada permitiu encontrar as amplitudes de variação das durações suavizadas mostradas na figura que indicariam então quatro níveis de fronteira prosódica, sendo os dois grupos à direita correspondendo a fronteiras de enunciados divididos em duas classes relacionadas à mudança temática na narrativa lida ou recontada. Os dois grupos à esquerda são dois níveis distintos de grupos internos ao enunciado.

Esse exemplo ilustra uma hierarquia das fronteiras dos grupos rítmicos, também chamados de grupos acentuais, grupos esses cuja duração e número de sílabas variam em função do estilo de elocução, revelando diferentes organizações rítmicas.

A Figura 3 apresenta diagramas de blocos do número de unidades vv nos grupos rítmicos que apontaram diferenças significativas entre leitura e narração para dois falantes paulistas (AV e FA) entre os três analisados. Suas narrativas contêm grupos rítmicos com número médio inferior de sílabas do que suas leituras com diferenças também na variação desses números entre os grupos rítmicos, sendo mais variável nas narrativas de FA e LC e menos variável que a leitura para AV. Esse aspecto é individual e não ligado ao gênero do falante (AV e LC são mulheres e FA é um homem). O valor médio da extensão dos grupos na leitura é de sete unidades vv, o que corresponde a cerca de três palavras por grupo. Os limites são de cerca de dez unidades vv, cerca de cinco palavras por grupo rítmico. (Num diagrama de bloco, a linha horizontal em negrito assinala o valor da mediana, a altura do bloco, o grau de variação de 25% a 75% dos dados, e os "bigodes" nos extremos das linhas tracejadas verticais, os limites de valores dos dados, excluídos os considerados espúrios, que são os círculos que se veem aqui.)

Figura 3 – Diagramas de blocos do número de unidades VV (nVV) nos grupos rítmicos de três falantes paulistas (AV, FA e LC) em situação de leitura (RE) e narração (NR)

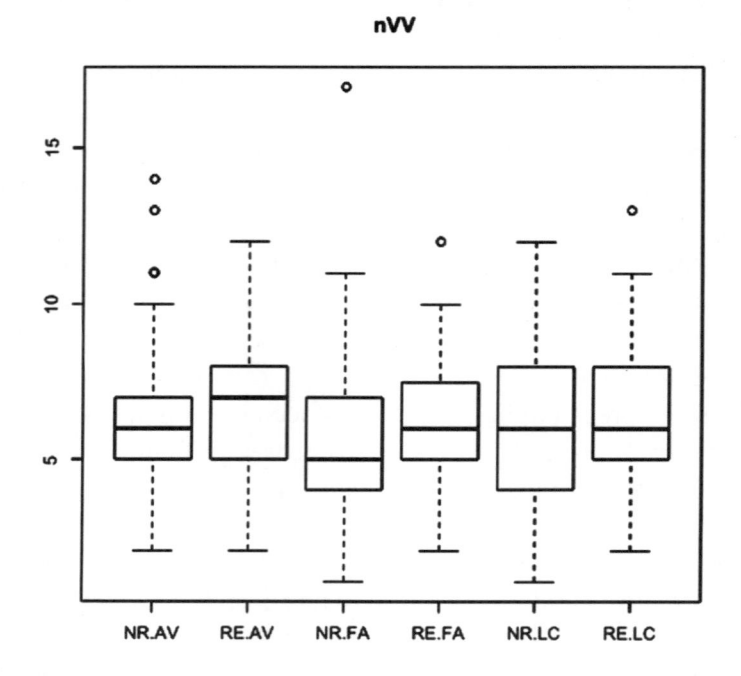

Considerando leitura e narração, a taxa de elocução em leitura varia entre 3,5 e 6 sílabas/s sendo cerca de 0,5 sílaba/s menor nas narrações, o que revela diferentes modos de falar, diferentes ritmos da fala lida *vs.* narrada.

Mesmo as distribuições de pausas são reveladoras de diferentes organizações do falar, como no caso da comparação da forma como leituras de um soneto por diferentes pessoas engajam escolhas variadas de intervalos de produção de pausas e de sua duração, como se vê na Figura 4 a partir de dados do trabalho da profa. Sandra Madureira da PUC-SP.

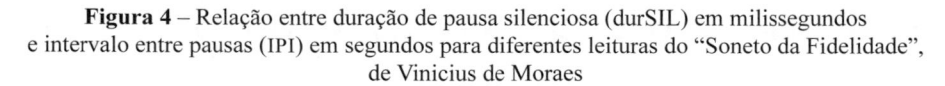

Figura 4 – Relação entre duração de pausa silenciosa (durSIL) em milissegundos e intervalo entre pausas (IPI) em segundos para diferentes leituras do "Soneto da Fidelidade", de Vinicius de Moraes

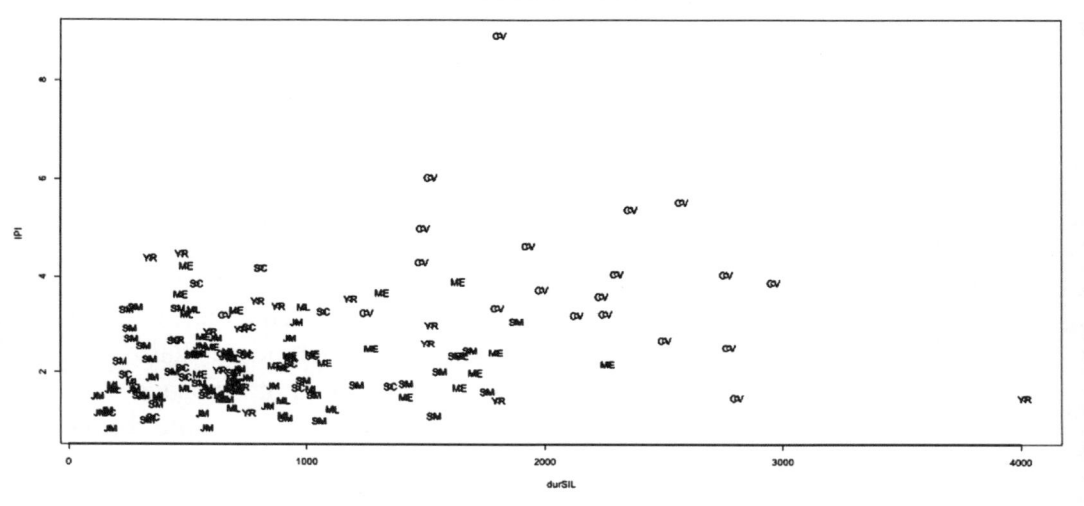

Observe na figura que o locutor YR faz uma pausa de mais de quatro segundos, o que tem um efeito dramático ao final da declamação. Ainda no mesmo sentido do drama, o locutor CV tem as pausas mais longas e que recorrem com menor frequência na declamação, o que não é seguido por JM, no canto inferior esquerdo do gráfico, que se serve de pausas curtas e frequentes.

A extensão das pausas aqui observadas é bem maior do que aquelas observadas em conversas, narrações e leituras não profissionais, por conta do efeito estético que se deseja obter no caso da declamação. Há assim diferentes ritmos possíveis para uma mesma sequência de palavras, provocando efeitos muito diversos que vão depender do estilo de elocução, do contexto conversacional, dos interlocutores e de suas intenções.

Os procedimentos apresentados nesta seção e na anterior podem ser aplicados a estudos de distúrbios de fala que afetam direta ou indiretamente o seu ritmo, incluindo a disartria, a gagueira, as alterações rítmicas decorrentes da Doença de Parkinson, entre outros. Na fala sem distúrbios, o estudo do ritmo dos diferentes estilos de fala, incluindo os estilos profissionais na fala atuada, cantada e jornalística, os seus usos em situações comunicativas como sermões religiosos, narrações de histórias, leituras em feiras literárias, discursos políticos, entre outros.

Quais são as grandes linhas de investigação?

Se nos restringimos ao estudo do ritmo da fala a partir das próprias instâncias da fala, dentro nos métodos de investigação da área de pesquisa denominada de Ciências da Fala (Barbosa, 2020), reconhece-se claramente uma linha experimental inserida na disciplina de Fonética Acústica, mais especificamente na prosódia da fala. Em prosódia da fala, o ritmo e a entoação são componentes paralelamente investigados para descrever e modelar a maneira como dizemos nossos enunciados, e não o que dizemos. Embora exista uma relação entre o que se diz e como se diz, a organização prosódica é relativamente independente tanto da sintaxe quanto da semântica, embora esses aspectos devam ser controlados em todo desenho experimental.

Se traçarmos um percurso histórico, um dos temas mais mencionados nos estudos do ritmo da fala é a classificação, muitas vezes utilizada de forma mutuamente excludente, entre línguas de ritmo acentual e línguas de ritmo silábico, a partir dos estudos de Pike (1945) e Abercrombie (1967), e que continua a gerar muitos trabalhos, apesar das reticências de autores como Roach (1982), Wenk e Wioland (1982), Barbosa (2006, 2007), Cummins (2002), e, mais recentemente, Payne (2021), em uma investigação sobre ritmo nas línguas românicas. Parte da existência de trabalhos que ainda buscam uma tal classificação, ignorando a complexidade da organização rítmica da fala, se deve ao reganho de interesse depois da publicação de Ramus et al. (1999) que redirecionou a descrição para padrões duracionais de vogais e consoantes e não de sílabas. Os limites dessa linha de investigação foram apontados por Grabe e Low (2008), que propuseram alternativas para tentar minimizar a grande variedade duracional de unidades subsilábicas e procurar inferir classes diferentes de organização rítmica para as línguas, ainda com sucessos muito parciais.

Por conta da variabilidade das durações ao nível silábico ou superior, alguns autores buscaram, pela via de modelos de sistemas dinâmicos, investigar elementos menos variáveis que pudessem explicar a variação em superfície, como os modelos fundamentados em osciladores acoplados de Cummins (2002), Barbosa (2006, 2007), Cummins (2009), Inden et al. (2012), Jauk et al. (2011) e Malisz et al. (2016), saindo da restrição à frase isolada e em situação de repetição do primeiro trabalho e da restrição à fala lida do segundo trabalho a uma investigação mais ampla que inclui a fala síncrona, o diálogo e a fala espontânea no caso dos demais. Essa linha de investigação foi suscitada por pesquisadores da área de sistemas dinâmicos com trabalhos seminais para a produção da fala nos anos 1980 (Kelso et al., 1986; Saltzman e Munhall, 1989).

Nesses tipos de modelo, parâmetros menos variáveis controlam a forma como um oscilador silábico e um oscilador acentual ou a forma como os sistemas de produção e percepção se influenciam mutuamente para gerar a variedade duracional das sílabas na superfície a partir de pequenas modificações de valores dos parâmetros de controle do modelo.

O que eu poderia ler para saber mais?

A literatura sobre a investigação experimental do ritmo da fala é bastante vasta, tendo produzido inúmeros textos que vão desde livros dedicados ao assunto como milhares de artigos em periódicos, em conferências e em livros dedicados ao tema.

O livro que escrevi em 2006, *Incursões em torno do ritmo da fala*, apesar de privilegiar o modelamento do ritmo da fala lida, apresenta as principais linhas de investigação sobre o ritmo, incluindo as de cunho fonológico, bem como tem uma vasta bibliografia que pode ser consultada.

O recente *Prosódia* traz um capítulo sobre o ritmo da fala e tem a vantagem de ser escrito para alunos de graduação; por conta disso, apresenta uma linguagem mais acessível. Fora esses textos em português, a literatura se faz ampla em inglês, sendo recomendado ler os textos fundadores dessa área de investigação, como os de Kenneth Pike, David Abercrombie, Ilse Lehiste, George Allen, Sieb Nooteboom, Peter Roach e Klaus Kohler. Há muitos pesquisadores que se dedicam contemporaneamente ao tema, mas recomendo os textos de Piermarco Bertinneto, Dafydd Gibbon, Sophia Malisz e Elinor Payne.

Referências

ABERCROMBIE, D. *Elements of General Phonetics*. Edinburgh: Edinburgh University Press, 1967.

ALLEN, G. D. The Location of Rhythmic Stress Beats in English I & II. *Language and Speech*, 15, 1972, pp. 72-100.

_____. Speech Rhythm: Its Relation to Performance Universals and Articulatory Timing. *Journal of Phonetics*, 3, 1975, pp. 75-86.

BARBOSA, P. A. *Incursões em torno do ritmo da fala*. Pontes: Campinas, 2006.

_____. From Syntax To Acoustic Duration: A Dynamical Model Of Speech Rhythm Production. *Speech Communication*, 49, 2007, pp. 725-42.

_____. Automatic Duration-Related Salience Detection in Brazilian Portuguese Read and Spontaneous Speech. *Proceedings of the Speech Prosody 2010*. 100067: 1-4, 2010, Disponível em: < https://www.isca-speech.org/archive_v0/sp2010/sp10_067.html >. Acesso em: 6 abr. 2022.

_____. Ciências da fala. LBASS. Verbetes. 2020. Disponível em: <http://www.letras.ufmg.br/LBASS/>. Acesso em: 15 mar. 2022.

BERTINETTO, P. M. Reflections on the Dichotomy "Stress" vs. "Syllable-Timing". *Revue de Phonétique Appliquée*, n. 91-92-93, 1989, pp. 99-130.

CUMMINS, F. Entraining Speech with Speech and Metronomes. *Cadernos de Estudos Linguísticos*, n. 43, 2002, pp. 55-70.

_____. Rhythm as Entrainment: The Case of Synchronous Speech. *Journal of Phonetics*, v. 37, n. 1, 2009, pp. 16-28.

GIBBON, D.; GUT, U. Measuring Speech Rhythm. *Proceedings of the 7th European Conference on Speech Communication and Technology*, Aalborg, Dinamarca, 2001, pp. 95-8.

GIBBON, D.; LI, P. Quantifying and Correlating Rhythm Formants in Speech. *Proceedings of Linguistic Patterns in Spontaneous Speech*, Taipei, Academia Sinica, 2019, arXiv:1909.05639.

GRABE, E.; LOW, E. L. Durational Variability in Speech and the Rhythm Class Hypothesis. *Laboratory Phonology 7*. De Gruyter Mouton, 2008, pp. 515-46.

INDEN, B. et al. Rapid Entrainment to Spontaneous Speech: A Comparison of Oscillator Models. *Proceedings of the Annual Meeting of the Cognitive Science Society*, v. 34, n. 34, 2012, pp. 1721-6.

JAUK, I., WACHSMUTH, I.; WAGNER, P. Dynamic Perception-Production Oscillation Model in Human-Machine Communication. *Proceedings of the 13th International Conference on Multimodal Interfaces*. Alicante, Espanha, 2011, pp. 213-6.

KELSO, J. A. S.; SALTZMAN, E. L.; TULLER, B. The Dynamical Perspective on Speech Production: Data and Theory. *Journal of Phonetics*, 1986, v. 14, pp. 29-56.

KOHLER, K. J. Invariability and Variability in Speech Timing: From Utterance to Segment in German. In: PERKELL, J.; KLATT, D. H. (Ed.). *Invariance and Variability in Speech Processes*. Ann Arbor: Erlbaum Hillsdale, 1986, p. 268-98.

LEHISTE, I. *Suprasegmentals*. Cambridge, Massachusetts: MIT Press, 1970.

MALISZ, Z. et al. Perspectives on Speech Timing: Coupled Oscillator Modeling of Polish and Finnish. *Phonetica*, v. 73, n. 3-4, 2016, pp. 229-55.

NOOTEBOOM, S. G. Some Observations on the Temporal Organization and Rhythm of Speech. *Proceedings of the 12th International Congress of Phonetic Sciences*. Aix-en-Provence, France, v. 1, 1991, pp. 228-37.

PAYNE, E. Comparing and Deconstructing Speech Rhythm across Romance Languages. In: GABRIEL, C.; GESS, R.; MEISENBURG, T. (eds.). *Manual of Romance Phonetics and Phonology*. Berlin/New York: De Gruyter, 2021, pp. 264-98.

PIKE, K. L. *The Intonation of American English*. Ann Arbor: University of Michigan Press, 1945.

RAMUS, F.; NESPOR, M.; MEHLER, J. Correlates of Linguistic Rhythm in the Speech Signal. *Cognition*, v. 73, n. 3, 1999, pp. 265-92.

RAPP, K. A. A Study of Syllable Timing. *Speech Transmission Laboratory. Quarterly Progress and Status Report*, n. 1, Estocolmo, 1971, pp. 14-9.

ROACH, P. On the Distinction between "Stress-Timed" and "Syllable-Timed" Languages. In: CRYSTAL, David (Ed.). *Linguistic Controversies:* Essays in Linguistic Theory and Practice. London: Edward Arnold, 1982, p. 73-9.

SALTZMAN, E. L.; MUNHALL, K. G. A Dynamical Approach to Gestural Patterning in Speech Production. *Ecological Psychology*, v. 1, n. 4, 1989, pp. 333-82.

TILSEN, S.; JOHNSON, K. Low-Frequency Fourier Analysis of Speech Rhythm. *Journal of the Acoustical Society of America*, v. 124, n. 2, 2008, EL34-EL39.

WENK, B. J.; WIOLAND, F. Is French Really Syllable-Timed? *Journal of Phonetics*, v. 10, n. 2, 1982, pp. 193-216.

Prosódia e estrutura informacional

Tommaso Raso
Frederico A. Cavalcante

O que é estrutura informacional?

Com uma certa aproximação e tentando abarcar ao mesmo tempo visões diferentes, podemos dizer que o estudo da estrutura informacional (EI) tem como objeto *a maneira com que um certo conteúdo semântico é apresentado para se alcançar determinados objetivos comunicativos*. A EI não lida com o significado semântico em si, mas com a maneira como o significado dos enunciados é veiculada, considerando, a depender também da abordagem, o que os falantes compartilham, a direção que querem dar à troca linguística e a função comunicativa que querem atribuir ao enunciado ou a parte dele em um determinado momento da interação. Isso indica que a EI se situa no âmbito da Pragmática, na interface entre Linguística e Cognição. O papel que é dado à sintaxe e à semântica varia muito dependendo da abordagem.[1]

Os enunciados seguintes parecem ter o mesmo conteúdo semântico, mas também parecem se distinguir quanto ao seu valor informacional:

(1)   Carlos pegou o CARro.
(2)   Foi CARlos quem pegou o carro.
(3)   O CARro, Carlos peGOU.
(4)   CARlos pegou o carro.
(5)   PeGOU o CARro, Carlos.

Do ponto de vista semântico, (1-5) expressam que um agente (Carlos) realizou uma ação (pegar) sobre um paciente (o carro). Mas não parece possível dizer que (1-5) sejam igualmente apropriados nas mesmas circunstâncias e que sejam sinônimos. As sílabas em maiúsculo apresentam uma proeminência prosódica, ou seja, são realizadas em princípio com frequência fundamental mais alta e com duração e intensidade maiores com relação às outras sílabas da sentença/enunciado. Sobre o conceito de acento, veja-se o capítulo "Acento" neste mesmo volume. Contudo, o conceito de proeminência ao qual nos referimos se organiza em volta de uma única tônica no domínio da sentença ou da unidade entonacional. Essa proeminência marca uma função informacionalmente relevante. Como veremos, a maneira como essa relevância funcional é analisada varia com base na abordagem teórica.

Como ponto de partida, e utilizando conjuntamente instrumentos de análise que se referem a visões diferentes, podemos propor as seguintes interpretações para os enunciados acima:

(1) Parece ser mais abrangente e adaptável a diferentes contextos, não sendo marcado para funcionar em um contexto específico. Esse tipo de estrutura é denominado de *foco amplo*.

(2) Pressupõe que seja do conhecimento comum que alguém pegou o carro e afirma que esse alguém foi carlos.

(3) Parece se adaptar a contextos em que a existência do carro é algo compartilhado ou que o âmbito com relação ao qual deve ser interpretada a segunda parte do enunciado diz respeito ao carro, e não a outro conteúdo semântico.

(4) Parece contrastar carlos com outras pessoas que poderiam ter pegado o carro, enquanto o fato de que alguém pegou o carro parece ser já compartilhado.

(5) Parece querer dizer que o que carlos fez foi pegar o carro, e isso é apresentado considerando como pressuposto e compartilhado que teve algo que carlos fez. (4) Seria apropriado para responder a uma pergunta como *quem pegou o carro?*, Enquanto (5) a uma pergunta como *o que o carlos fez?*

No caso dos exemplos (2-5), fala-se em *foco estreito*, quando apenas um constituinte é envolvido, ou em *foco contrastivo* ou *corretivo*, quando se estabelece uma relação de contraste ou correção com conteúdos semânticos pressupostos alternativos àquele focalizado.

Contudo, há muita variabilidade teórica em como deve ser tratado o tema da EI. Podemos, simplificando, organizar essa variabilidade em duas famílias de teorias: uma mais formalista (à qual se adaptam melhor a maioria das observações feitas sobre os exemplos (1-5)) e uma família que parte da observação de fenômenos funcionais para depois investigar a forma que os veicula. Essas famílias de teorias serão tratadas ao longo do capítulo.

O que se estuda a respeito da estrutura informacional?

Estuda-se, como dito, a maneira com a qual a informação é *apresentada* ao destinatário para direcionar a troca comunicativa. O conteúdo do enunciado pode assim ser "empacotado" de diversas maneiras. Cada maneira, independentemente do conteúdo, contribui de um modo diferente para a troca comunicativa.

Com variações significativas e dependentes das diferentes orientações teóricas, a EI organiza o conteúdo do enunciado de maneira a explicitar:

a. qual informação é apresentada como já presente no *common ground* (isto é, os conhecimentos compartilhados entre os falantes) ou pode facilmente ser acomodada dentro dele;

b. qual informação é apresentada como uma novidade para o interlocutor e, portanto, é destinada a enriquecer o *common ground*;

c. qual constituinte possui a função de contrastar com outro constituinte pressuposto ou anteriormente mencionado, ou corrigir algo apresentado anteriormente ou pressuposto no *common ground*;

d. qual é o constituinte sobre o qual será dito algo ou que constitui o âmbito cognitivo ao qual se aplica uma determinada ação linguística (ato de fala) e qual é a ação realizada linguisticamente.

É interessante observar que as diferentes visões sobre a EI, mesmo se distantes umas das outras, se inspiram explicitamente em Chafe. Contudo, cada visão segue um caminho diferente, por dar mais ou menos peso a certas intuições do autor, assumindo assim pontos de partida distintos para a construção de teorias coerentes, ou seja, capazes de fornecer uma possível explicação unitária dos fenômenos observados. Isso, por um lado, faz com que, em uma certa medida, as duas visões observem fenômenos diferentes e possam ser consideradas em parte complementares, mas, por outro lado (e principalmente), as orientações formalistas e funcionalistas partem de visões muito diferentes sobre a linguagem e a sua relação com o contexto, e, nesse sentido, se excluem reciprocamente.

Um grande complicador para quem aborda a questão é que boa parte da terminologia é a mesma, mas as definições de termos como *tópico*, *foco*, *comentário* e outros são muito diferentes. Torna-se, portanto, fundamental entender qual é a definição que cada autor dá a cada termo.

Como estudar a estrutura informacional?

A visão formal da EI é mais compatível com uma visão clássica sobre a cognição, na esteira de Fodor e Chomsky, fundamentada na Lógica Proposicional e conhecida também por conceber o cérebro como um computador. O cerne dessa metáfora é que o cérebro elabora os *inputs* sensoriais de maneira *amodal*, ou seja, sem reter qualquer rastro do canal sensorial por meio do qual o *input* foi adquirido (visual, auditivo etc.). O que conta é a elaboração da informação realizada pela mente, que é vista como um *software*, algo autônomo e não condicionado pelo aparato sensório-motor do nosso corpo (o *hardware*). A visão mais funcionalista, pelo menos em alguns casos, é mais compatível com uma cognição *embodied* (corporificada), em que mente e corpo não são vistos como entidades separadas, mas, sim como um único sistema cuja finalidade é a atividade acional. A percepção é vista como uma ação exploratória feita com modalidades específicas e não como algo que não influencia a elaboração da informação no cérebro e seus *outputs*. Percepção, elaboração e ação não são, portanto, separáveis.

De fato, a primeira visão se baseia no conceito de estrutura proposicional da atividade linguística (a proposição é uma estrutura sobre a qual pode ser expresso um julgamento de verdade) e dá grande peso a componentes sintáticos e semânticos, tais como a estrutura sentencial, o fenômeno do movimento, a estrutura clivada ou a passivização, assim como a predicação e o tipo de relação entre tópico e restante do enunciado; essa relação é vista como uma *aboutness* semântica (veja-se a seção "Quais são as grandes linhas de investigação a respeito da estrutura informacional"), o que nem sempre deixa clara a distinção entre tópico e sujeito. A inspiração em Chafe, nessa vertente, diz respeito a conceitos como *dado* e *novo*, ou seja, o que é compartilhado entre os falantes e o que é introduzido como novidade. Com relação ao estatuto cognitivo que um referente ou uma proposição tem no *common ground* (como é chamado o conjunto dos conhecimentos compartilhados), constrói-se um sistema de alternativas pressupostas. A relação entre a carga informativa de um constituinte e as possibilidades alternativas é associada a uma proeminência prosódica. O foco prosódico (mas também certas estruturas sintáticas) substancialmente comunica que aquele constituinte ou aquela proposição devem ser relacionados ou colocados em contraste com as alternativas que se podem pressupor. No exemplo (4) anterior, o foco prosódico quer levar a entender que a pessoa que pegou o carro não foi João ou José (ou outras alternativas possíveis), mas Carlos. O exemplo (5) pode ser analisado a partir de uma pressuposição como *Carlos fez x*. O foco prosódico serve para marcar o elemento que serve para preencher a variável *x*. A principal referência entre as visões desse tipo, ditas formalistas, é Manfred Krifka. Nesta visão, os dados analisados são geralmente construídos com microcontextos (frequentemente constituídos por pergunta e resposta), depois testados em laboratório para estudar os efeitos prosódicos.

A visão funcionalista é muito diversificada internamente. Nós tomaremos aqui como referência a *Language into Act Theory* (L-AcT), de Emanuela Cresti. Essa visão parte de dois conceitos fundamentais. O primeiro se baseia em Chafe, enquanto o segundo se origina em Austin e sua teoria dos atos de fala. O primeiro conceito diz respeito à importância da segmentação prosódica da fala em unidades entonacionais, o chamado *phrasing*. Esse aspecto não é ausente em teorias formalistas, mas adquire uma importância muito grande na L-AcT e outras teorias funcionalistas. Na L-AcT, de fato, retoma-se o substancial isomorfismo entre unidade entonacional e unidade informacional já presente em Chafe. A unidade entonacional é vista como o veículo formal de uma unidade informacional. Com algumas exceções devidamente explicadas, cada unidade entonacional corresponde a uma unidade informacional, que pode ter diferentes funções.

O segundo conceito diz respeito à natureza essencialmente acional da fala. A fala é segmentada em enunciados. O enunciado se define como *a menor unidade da fala capaz de ser interpretada pragmaticamente em isolamento*. Portanto, cada enunciado necessariamente veicula uma *ilocução* (isto é, uma ação linguística), já que a acionalidade é vista como a essência do valor comunicativo. Contudo, o enunciado pode ser realizado em uma única unidade entonacional (e nesse caso se trata necessariamente da unidade que transmite a ilocução) ou em mais unidades entonacionais. Neste segundo caso, uma unidade veicula a ilocução e as outras veiculam funções informacionais diferentes.

Essas unidades não ilocucionárias, como Chafe já diz, podem ter valor textual, sendo capazes de construir, com a ilocução, o conteúdo semântico e sintático do enunciado, ou podem ter valor interacional. As unidades interacionais corresponderiam ao que outros arcabouços chamam de *marcadores discursivos*: elas não compõem o texto semântico do enunciado, mas regulam a interação comunicativa. O aspecto a ser colocado em evidência é que um enunciado é constituído por uma ilocução, eventualmente acompanhada por unidades com funções não ilocucionárias. A grande novidade deste arcabouço é a integração da teoria austiniana dos atos de fala dentro de uma teoria da EI. A ilocução se torna a principal unidade informacional, a única necessária e suficiente para realizar uma unidade linguística que tenha capacidade comunicativa. As teorias funcionalistas se baseiam geralmente em dados naturais e, frequentemente, na análise de *corpora* de fala espontânea.

Nas teorias formalistas, a informação é normalmente estudada de maneira bipartida ou tripartida: se analisa o que é dado e o que é novo, o que é tópico e o que expressa a predicação no comentário, o que está em foco e o que está pressuposto. Isso não quer dizer que essas três duplas expressam as mesmas categorias. Podemos, por exemplo, ter tópicos focalizados ou sem foco. Inclusive, o tópico pode ser encontrado fora da formulação linguística do enunciado, no contexto pressuposto. Um exemplo retirado de Lambrecht (1994) pode esclarecer melhor. Se tomamos uma sentença como *As crianças foram para a escola*, a analisaremos como comentário se for uma resposta à pergunta *O que aconteceu?*, mas a analisaremos como tópico (as crianças) e comentário (foram para a escola) se for a resposta a uma pergunta como *O que as crianças fizeram?*. Uma terceira possível unidade informacional é o *setting*, ou seja, um elemento circunstancial, que pode ser de natureza temporal, pessoal ou de outra natureza.

Na L-AcT, as funções informacionais das unidades são muitas. As textuais, incluindo a ilocução, são seis, enquanto as interacionais são cerca de seis ou sete. A ilocução (o comentário) é sempre nova: não se trata de uma novidade referencial ou proposicional, como nas teorias formais, mas de uma novidade devido à sua imprevisibilidade acional. O *common ground*, ou seja, as informações compartilhadas não preveem necessariamente a ilocução que será realizada pelo falante, que, portanto, será necessariamente nova para o ouvinte. Além disso, já que o valor comunicativo do enunciado é determinado pela ilocução e já que em *corpora* de fala espontânea mais de 40% das ilocuções não são assertivas, o enunciado não pode ser analisado em termos de contribuição às condições de verdade, mas com base na ação que realiza. Exemplos de ilocuções não assertivas são a ordem, a oferta, a advertência, a expressão de surpresa, o cumprimento e muitas outras. Nestes casos, não é possível avaliar o enunciado em termos de valor de verdade. Analogamente, é muito alta a quantidade de enunciados que não podem ser reduzidos a uma estrutura proposicional. Isso acontece com aqueles casos em que uma estrutura comunicativa autônoma (um enunciado) é preenchida apenas por um sintagma nominal adjetival, ou adverbial. Um caso extremo mas não raro é aquele de enunciados preenchidos apenas por uma interjeição (que pode veicular surpresa, compreensão ou outras funções, como um *Oi* que pode ser o preenchimento linguístico de um ato de cumprimento ou de estranhamento, entre outros). Uma das consequências disso é que a estrutura informacional é sempre realizada linguisticamente, sendo a prosódia um componente constitutivo dela. Não se admite ser possível atribuir uma função informacional a algo inferido a partir do contexto, como no exemplo anterior retirado de Lambrecht.

Poderia me dar um exemplo?

Mostraremos aqui um caso de análise baseada em uma visão krifkiana e um baseado na L-AcT. Começaremos por exemplos extraídos de um trabalho de orientação krifkiana (exemplos 6 e 7) e passaremos depois para um exemplo analisado segundo os princípios da L-AcT (exemplo 8).

Os exemplos (6) e (7), constituídos pela mesma sequência de palavras e extraídos, juntos com as respectivas figuras, de Carnaval (2021), apresentam enunciados com dois possíveis focos, um amplo e um estreito. Como é frequente nesse tipo de abordagem formalista, trata-se de enunciados produzidos em laboratório e submetidos a testes de percepção. As figuras evidenciam as diferenças nas proeminências prosódicas. O exemplo (6) apresenta a realização da sentença assertiva com foco amplo. É possível observar que a principal proeminência recai no constituinte final, entre a pretônica e o início da tônica. O perfil descendente no resto da tônica indica o fato de que se trata de um ato de fala assertivo.

(6)   O professor de literatura vai aplicar a prova fiNAL.

Figura 1 – Forma de onda, curva de f_0, espectrograma e segmentação em sílabas do exemplo (6)

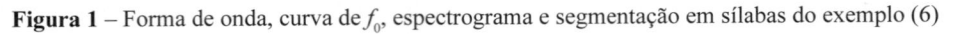
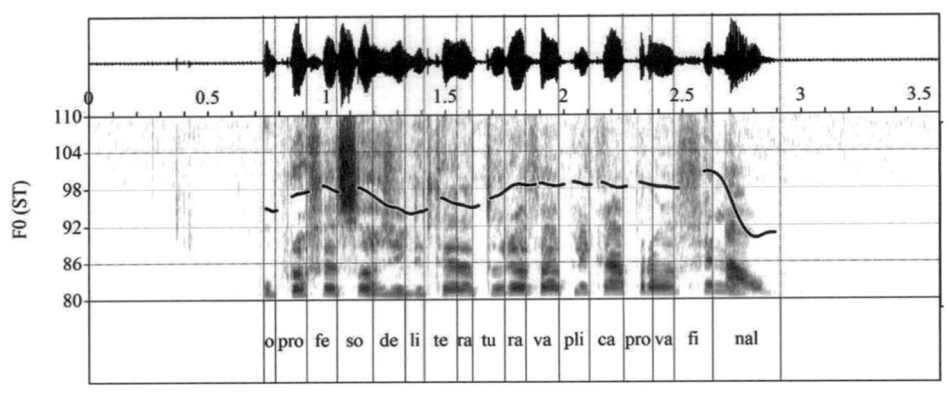

O exemplo (7) mostra a mesma sentença, na mesma modalidade assertiva, mas com foco estreito no constituinte do sintagma verbal representado em caixa alta. Essa estrutura veicula a informação de que o que o professor de literatura vai fazer com a prova final é aplicá-la, e não, por exemplo, adiá-la ou anulá-la ou outras alternativas relacionadas com o constituinte focalizado. De fato, pode-se observar que a proeminência principal recai sobre o sintagma verbal.

(7)   O professor de literatura VAI APLICAR a prova final.

Figura 2 – Forma de onda, curva de f_0, espectrograma e segmentação em sílabas do exemplo (7)

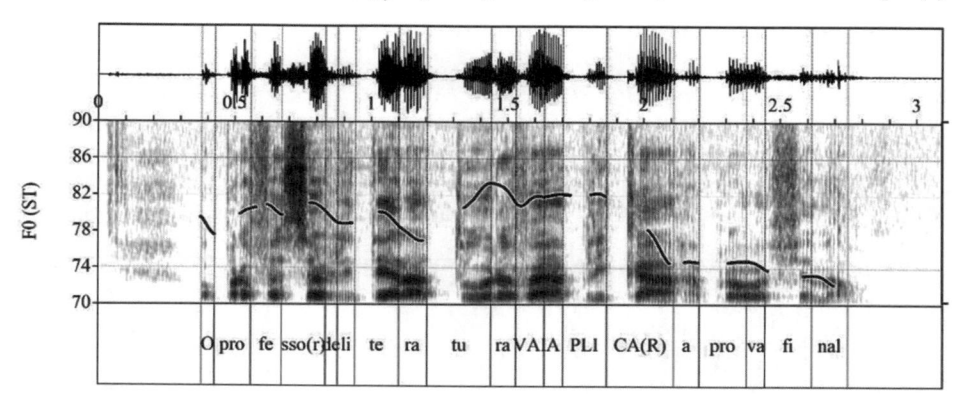

O exemplo (8) é extraído do corpus C-Oral-Brasil (Raso e Mello, 2012)[2] e é acompanhado pelos áudios (1), (1a) e (1b). O áudio (1) permite escutar o enunciado inteiro; o (1a) apresenta somente a unidade de comentário (responsável por veicular a ilocução), em negrito no texto e correspondente ao trecho (8) na Figura 3; o áudio (1b) apresenta o enunciado depois de retirada apenas a unidade de comentário. Ao escutarmos cada um desses áudios, é possível perceber como a unidade de comentário sozinha (que não precisa ser necessariamente a última, como nesse exemplo) é interpretável em isolamento, por carregar a força ilocucionária, enquanto o resto do enunciado não pode ser interpretado pragmaticamente, por não apresentar o componente acional, que é o que torna comunicativo um enunciado.

O exemplo mostra também três unidades de tópico (em itálico no texto). Cada uma delas (a segunda, a quarta e a quinta unidades) apresenta uma das três formas prosódicas possíveis para essa função, como observado em *corpora* de diversas línguas românicas e em inglês (Cavalcante, 2020; Raso et al., 2017), e também mostra diferentes estruturas sintáticas (uma subordinada, uma estrutura sentencial e um sintagma nominal, respectivamente) e três tipos de domínios de identificação: um domínio hipotético, a consequência dessa hipótese e um domínio causal. De fato, uma possível paráfrase seria: *se eu for empregado, e então as pessoas virem que eu sou muito foda, por causa do medo de perder (o posto delas), elas vão me dizar* (ou seja, dificultar as coisas para mim). É interessante observar que as funções consequencial e causal não são transmitidas através de operadores sintático-semânticos, mas através da prosódia e do padrão informacional que compõem o comentário. Não entraremos aqui no mérito das outras unidades.

(8) *BAO: porque / *se eu for empregado* / por exemplo / *alguém vê que eu sou muito foda* / *medo de perder* / o posto deles / es vão [/2] **es vão me dizar né** //

Figura 3 – De cima para baixo: forma de onda, curvas de f_0 e intensidade e número de cada unidade do exemplo (8). Os trechos sinalizados com um hífen correspondem a pausas

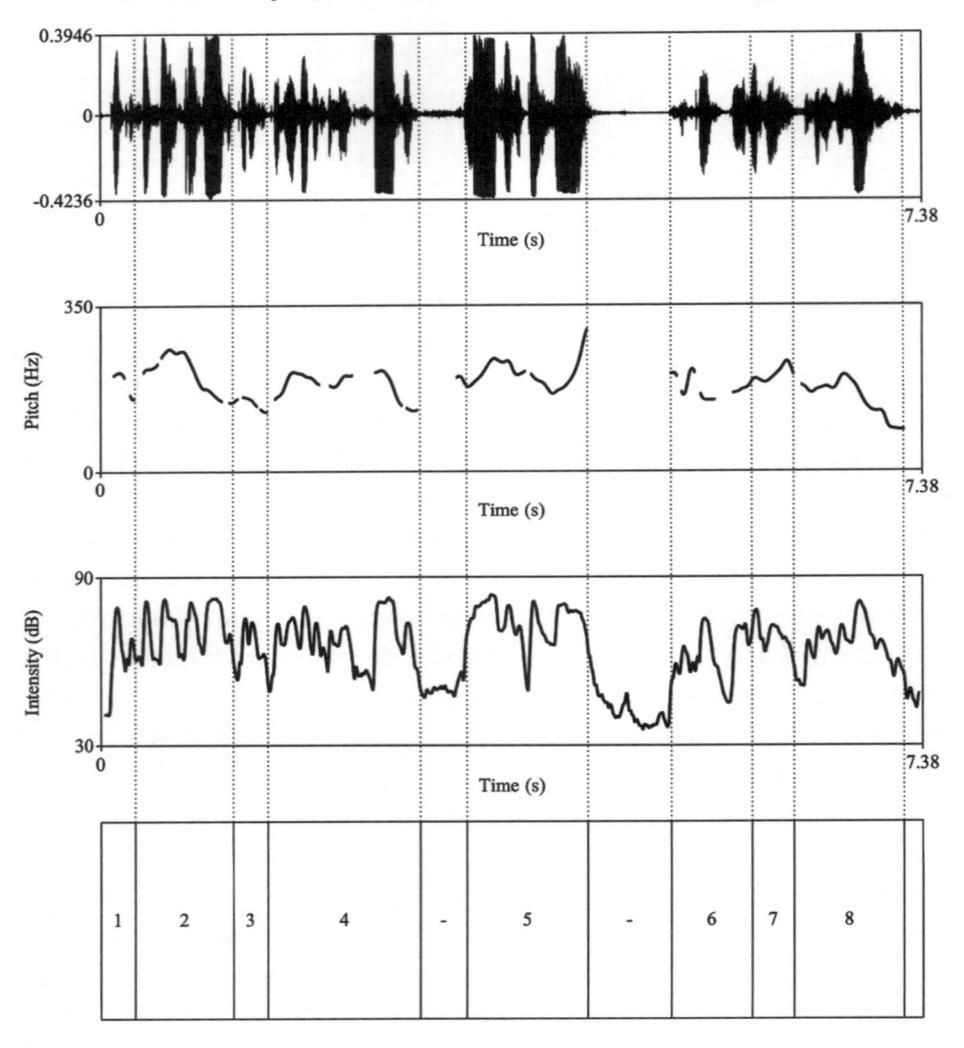

Quais as grandes linhas de investigação?

Aprofundemos agora as definições de alguns termos-chave nas duas vertentes, de modo a entender melhor como elas diferem em seus pressupostos teóricos e na análise da EI.

O foco

Nas teorias formais o termo *foco* indica a presença de alternativas que são relevantes para a interpretação de uma expressão linguística. Assim, em uma sentença como *Carlos caSOU com a Maria,* o foco indica alternativas a *casar* com alguém, como *bater* em alguém, *ligar* para alguém, *encontrar* com alguém, ou muitas outras. Observe-se que as alternativas possuem formato proposicional; aquela que apresenta a proeminência é verdadeira enquanto as possíveis alternativas são falsas.

Na L-AcT, o termo *foco* indica uma proeminência prosódica que veicula a função informacional ou da unidade ilocucionária, isto é, o *comentário*, ou do *tópico*. O foco, portanto, possui escopo sobre a unidade entonacional/ informacional como um todo, atribuindo a função a todo o seu conteúdo semântico, e seus efeitos não recaem apenas sobre o constituinte em que está localizada a proeminência prosódica.

O tópico

Nas teorias formais, o *tópico* é a entidade (normalmente *dada*) que o falante identifica e sobre a qual o comentário fornece uma informação (normalmente *nova*) entendida como predicação. Daqui vem o conceito de *aboutness* semântica que caracteriza o *tópico*. Para Reinhart (1982), o constituinte em *tópico* identifica a entidade ou o conjunto de entidades em relação às quais a informação expressa no comentário deve ser armazenada no *common ground*. Portanto, teremos análises como as seguintes (reportadas em Krifka e Musan, 2012): [*Aristóteles Onassis*]$_{\text{Tópico}}$ [se casou com Jaqueline Kennedy]$_{\text{Comentário}}$; mas, forma passiva: [Jaqueline Kennedy]$_{\text{Tópico}}$ [se casou com Aristóteles Onassis]$_{\text{Comentário}}$.

Para a L-AcT, o *tópico* é o âmbito cognitivo ao qual deve ser atribuída a ação do comentário. O comentário, enquanto realização de uma força ilocucionária, não constitui uma predicação. Podemos ter forças assertivas, diretivas, expressivas, rituais. O que o *tópico* indica é o âmbito cognitivo ao qual elas se aplicam, ocupando uma unidade entonacional própria e sinalizando a sua função e a sua relação padronizada com o comentário através de uma proeminência prosódica que possui formas específicas. Enquanto domínio cognitivo, o tópico não precisa ser uma entidade (ou seja, substancialmente, um sintagma nominal – sn), mas deve ser um domínio semântico de identificação. Esse domínio pode ser de natureza temporal, espacial, circunstancial ou de outra natureza. Não pode, contudo, ser um sn negado ou não específico, porque não constituiria um domínio de identificação.

Nos dois exemplos anteriores, não fica clara a distinção entre sujeito e tópico. Ambos os exemplos seriam analisados na L-AcT como enunciados simples (ou seja, apenas comentários) com uma estrutura sintática diferente, o que constitui um nível de análise diferente daquele da ei. Para analisá-los como tópico-comentário, precisaríamos de uma estrutura em duas unidades entonacionais distintas, do tipo *Aristóteles ONASSIS /* (ele) *se casou com Jaqueline Kennedy //*. A função de *tópico* deveria ser sinalizada pela proeminência na parte direita da primeira unidade, enquanto uma outra proeminência sinalizaria o tipo acional veiculado pelo comentário. Para L-AcT, a relação entre *tópico* e *comentário* não é de *aboutness* semântica, mas, sim, de *aboutness* pragmática, já que o comentário encontra no tópico o próprio âmbito cognitivo de aplicação *acional*. Assim, o *tópico* não precisa ser dado, não precisa se encontrar no *common ground*, como nas teorias formais, mas constitui uma decisão do falante direcionada ao ouvinte sobre o âmbito cognitivo no qual deve ser aplicada a ação que será realizada pelo *comentário*. Isso permite ao tópico o *deslocamento* (*displacement*) do contexto, incluindo o *common ground*, como já observado por Hockett (1958). Quando o tópico não é expresso, não significa que ele é inferível a partir do contexto, mas apenas que o falante avaliou ser oportuno realizar um enunciado (uma ação) sem tópico.

O *frame setting*

Nas teorias formais se acrescenta o conceito de *frame setting*, ou seja, a circunstância que restringe a *aboutness* do *comentário* ou do *foco*. Por exemplo, a uma pergunta do tipo *Como estão as relações entre João e Maria?*, uma possível resposta teria a seguinte análise: [*atualMENte*]$_{Frame}$ [as relações estão BOAS]$_{Foco}$, mas [*até pouco tempo ATRÁS*]$_{Frame}$ [os dois quase não se faLAvam]$_{Foco}$. Um exemplo como esse na L-AcT seria analisado como uma dupla de tópicos e comentários: tanto *atualmente* quanto *até pouco tempo atrás* constituiriam um domínio de identificação do âmbito cognitivo de aplicação da força ilocucionária expressa nas outras duas unidades; de fato eles parecem poder apresentar a proeminência própria do tópico e ocupar uma unidade entonacional diferente.

É evidente, então, que por trás da mesma terminologia se revelam conceitos muito diferentes que levam a análises da EI não compatíveis uma com a outra. Essas duas direções investigativas se refletem também no papel da prosódia e nos modelos prosódicos adotados. As teorias formalistas adotam normalmente o modelo da Fonologia Métrica-Autossegmental (Goldsmith, 1990) e usam a convenção de transcrição entonacional ToBI (Beckmann e Ayers, 1994). As teorias funcionalistas tendem a preferir outros modelos prosódicos, principalmente os oriundos da abordagem IPO ('tHart, Collier e Cohen, 1990). Uma das principais diferenças entre as duas vertentes prosódicas é que a primeira considera importantes os alvos dos movimentos entonacionais, enquanto a segunda considera importantes os movimentos e relativiza o peso dos alvos. Uma consequência disso na L-AcT é a importância do conceito de *forma prosódica*, o qual permite, por um lado, atribuir uma forma a cada tipo de ilocução e, por outro lado, identificar outras unidades informacionais que não são portadoras de proeminências, como acontece nas unidades (1), (3) e (6) do exemplo (8). O conceito de ilocução nas teorias formais é frequentemente substituído pelo conceito de *modalidade de frase* (assertiva, interrogativa, imperativa, exclamativa), que não parece capaz de capturar a grande variedade acional da fala espontânea.

Notas

[1] Os autores agradecem à Fapemig pela ajuda ao projeto de pesquisa.

[2] Mais especificamente, do texto bfamdl02, enunciado 101.

O que eu poderia ler para saber mais?

Para saber mais sobre a cognição clássica, além dos trabalhos clássicos de Fodor (1975, 1983 e 1987), veja-se Piattelli-Palmarini (2008); sobre as diferentes vertentes da cognição *embodied*, veja-se Coello e Fischer (2016) e Legrenzi e Umiltà (2011). Muito claro e acessível é também Zipoli Caiani (2016).

Para aprofundar a visão de Chafe, veja-se o artigo seminal de 1976 e o livro de 1994; este último é a principal inspiração das vertentes funcionalistas.

Para aprofundar a visão de Krifka, veja-se Krifka e Musan (2012), em particular a introdução dos organizadores e o capítulo de Chen sobre a prosódia. Segue a mesma visão o rico volume organizado por Fery e Ishiara (2016), que apresenta uma ampla série de trabalhos sobre diferentes aspectos da EI e suas abordagens metodológicas, partindo da análise de diferentes línguas.

Para a relação entre *phrasing* e EI em uma perspectiva funcionalista, veja-se Izre'el et al. (2020). O volume apresenta diversas abordagens, aplicadas a diferentes línguas, inclusive o português brasileiro, ao mesmo tempo que apresenta análises de dois textos em inglês feitas por todas as visões teóricas representadas no volume, permitindo assim uma comparação entre os pontos de acordo e desacordo.

Para aprofundar a L-AcT, veja-se Cresti (2000), Raso (2012), Moneglia e Raso (2014) e Cavalcante (2020). Sobre o tópico, Cavalcante (2020). Sobre as unidades de natureza interacional, Raso e Vieira (2016) e Raso e Ferrari (2020). Um trabalho muito interessante que discute as diferenças entre a sua própria proposta e as posições formalistas é o de Cresti (2011). Esse texto permite entender melhor as motivações por trás de diferentes definições de termos como *tópico*, *comentário* e *foco*.

Sobre o estudo das ilocuções, veja-se Raso e Rocha (2017 e no prelo), e Moraes e Rilliard (2014). O português brasileiro foi estudado em diversas perspectivas teóricas. Os trabalhos citados já fornecem bibliografia para aprofundar a L-AcT. Entre os trabalhos pautados por uma perspectiva mais formal, veja-se Moraes et al. (2015), Carnaval et al. (2018) e Andrade (2020), que fornece também uma rica bibliografia nesta perspectiva teórica. Um trabalho, de cunho funcionalista, que pode ser considerado um precursor do estudo da EI em português brasileiro é Pontes (1987).

Referências

ANDRADE, A. L. Construções de tópico marcado no português brasileiro. *Cuadernos de la Alfal*, 12, 2, 2020, pp. 100-25.

BECKMAN, M.; AYERS, G. M. *Guidelines for ToBI Labelling. Online MS and Accompanying Files*, 1994. Disponível em: <https://www.ling.ohio-state.edu/research/phonetics/E_ToBI/>. Acesso em: 26 abr. 2022.

CAVALCANTE, F. A. *The Information Unit of Topic: A Crosslinguistic, Statistical Study Based on Spontaneous Speech* Corpora. Belo Horizonte, 2020. Tese (doutorado em Estudos Linguísticos) – Faculdade de Letras, Universidade Federal de Minas Gerais.

CARNAVAL, M. *Focalização no português do Brasil:* um estudo multimodal. Rio de Janeiro, 2021. Tese (doutorado em Letras Vernáculas) – Faculdade de Letras, Universidade Federal do Rio de Janeiro.

CARNAVAL, M.; MORAES, J.; RILLIARD, A. Marcação de foco estreito e o acento secundário em interrogativas totais no português do Brasil. *Working Papers em Linguística*, 19, 2, 2018, pp. 136-67.

CHAFE, W. L. Givenness, Contrastiveness, Definiteness, Subjects, Topics, and Point of View. In: LI, C. N. (org.). *Subject and Topic*. New York: Academic Press, 1976, pp. 25-56.

_____. *Discourse, Consciousness and Time*. Chicago & London: The University of Chicago Press, 1994.

COELLO, Y.; FISCHER, M. H. (orgs.). *Perceptual and Emotional Embodiment*. London/New York: Routledge, 2016.

CRESTI, E. *Corpus di italiano parlato*. Firenze: Accademia della Crusca, 2000.

_____. The Definition of Focus in Language into Act Theory. In: MELLO, H.; PANUNZI, A.; RASO, T (eds.). *Pragmatics and Prosody:* Illocution, Modality, Attitude, Information Patterning and Speech Annotation. Firenze University Press, 2011, pp. 39-82.

FÉRY, C.; ISHIARA, S. (orgs.). *The Oxford Handbook of Information Structure*. Oxford University Press, 2016.

FODOR, J. *The Language of Thought*. New York: Crowell, 1975.

_____. *The Modularity of Mind*. Cambridge: MIT, 1983.

_____. *Psychosemantics*. Cambridge: MIT, 1987.

GOLDSMITH, J. A. *Autosegmental & Metrical Phonology*. Oxford: Blackwell, 1990.

HOCKETT, C. F. *A Course in Modern English*. New York: MacMillan, 1958.

IZRE'EL, S. et al. (orgs.). *In Search of Basic Units of Spoken Language*. Amsterdam: John Benjamins, 2020.

KRIFKA, M.; MUSAN, R. (orgs.). *The Expression of Information Structure*. Berlin: De Gruyter Mouton, 2012.

LAMBRECHT, K. *Information Structure and Sentence Form:* Topic, Focus, and the Mental Representations of Discourse Referents. Cambridge University Press, 1994.

LEGRENZI, P.; UMILTÀ, C. *Neuromania*. Oxford University Press, 2011.

MONEGLIA, M.; RASO, T. Notes on the Language into Act Theory. In: RASO, T.; MELLO, H. (orgs.). Corpora *and Linguistic Studies*. Amsterdam: John Benjamins, 2014, pp. 468-95.

MORAES, J.; CARNAVAL, M.; COELHO, A. B. B. A manifestação prosódica do foco em interrogativas totais no português do Brasil e sua percepção. *ReVEL*, 10, 2015, pp. 170-94.

MORAES, J.; RILLIARD, A. Illocution, Attitude and Prosody: A Multimodal Analysis. In: RASO, T.; MELLO H. *Spoken Corpora and Linguistic Studies*. Amsterdam: John Benjamins, 2014, pp. 233-69.

PIATTELLI-PALMARINI, M. *Le scienze cognitive classiche*. Torino: Einaudi, 2008.

PONTES, E. *O tópico no português do Brasil*. Campinas: Pontes, 1987.

RASO, T. O C-Oral-Brasil e a teoria da língua em ato. In: RASO, T.; MELLO, H. (orgs.). *C-Oral-Brasil I: corpus de referência de português brasileiro falado informal*. Belo Horizonte: UFMG, 2012, pp. 91-123.

RASO, T.; CAVALCANTE, F.; MITTMANN, M. Prosodic Forms of the Topic Information Unit in a Cross-Linguistic Perspective: A First Survey. Em: DE MEO, A.; DOVETTO, F. (orgs.). *Proceedings of the SLI-GSCP International Conference*, Roma: Aracne, 2017, pp. 473-98.

RASO, T.; FERRARI, L. A. Uso dei segnali discorsivi in corpora di parlato spontaneo italiano e brasiliano. In: FERRONI, R.; BIRELLO, M. (orgs.). *La competenza discorsiva a lezione di lingua straniera*. Roma: Aracne, 2020.

RASO, T.; MELLO, H. (orgs.). *C-Oral-Brasil I:* corpus de referência de português brasileiro falado informal. Belo Horizonte: UFMG, 2012.

RASO, T.; ROCHA, B. "Illocution and Attitude: On the Complex Interaction between Prosody and Pragmatic Parameters". *JOSS Journal of Speech Science*, 5, 2017, pp. 5-27.

RASO, T.; VIEIRA, M. A Description of Dialogic Units/Discourse Markers in Spontaneous Speech *Corpora* Based on Phonetic Parameters. *Chimera: Romance Corpora and Linguistic Studies*, 3, 2016, pp. 221-49.
_____. Prosódia: ilocução e atitude. In: ARANTES, P.; LUCENTE, L., ROTHE-NEVES, R. (orgs.). *Entoação:* interfaces e experimentação. Campinas: Mercado de Letras, no prelo.

REINHART, T. *Pragmatics and Linguistics: An Analysis of Sentence Topics*. Bloomington: Indiana University Linguistic Club, 1982.

'THART, J.; COLLIER, R.; COHEN, A. *A Perceptual Study on Intonation: An Experimental Approach to Speech Melody*. Cambridge University Press, 1990.

ZIPOLI CAIANI, S. *Corporeità e cognizione*. Firenze: Le Monnier, 2016.

Prosódia
e aquisição da linguagem

Marianne C. B. Cavalcante

Ester M. Scarpa

O que é aquisição da prosódia?

Neste capítulo enfocaremos a aquisição da linguagem numa perspectiva de aquisição prosódica. Isto é, como a criança começa a se inserir na língua/linguagem, desde o seu nascimento, e o papel da prosódia nesse processo.

A aquisição da linguagem recobre interesses díspares, que vão desde a aquisição, típica ou atípica, da linguagem da língua materna em seus aspectos gramaticais, pragmáticos e discursivos, bem como de segunda língua, tanto como língua de herança, quanto língua em situação de contato, quanto aquisição bilíngue. Também tem sido usado o termo para a aquisição da escrita em situação escolar ou não. Limitamo-nos, neste capítulo, a considerações sobre a aquisição da língua materna e consideramos que se trata de um campo de estudo da Linguística dedicado a compreender o processo e/ou desenvolvimento da língua/linguagem na criança, articulado com as discussões com outras áreas, como a Neurociências, a Psicanálise, a Psicologia Cognitiva, Experimental e do Desenvolvimento, entre outras. Apoia-se em teorias que buscam explicar como a criança começa a falar – seja nas línguas orais, seja nas línguas sinalizadas – e por quais etapas/processos ela passa.

Os elementos prosódicos a serem considerados aqui são: altura, intensidade, duração, velocidade da fala (isto é, taxa de elocução de uma sequência fônica), que são as bases dos sistemas de entoação e ritmo (aí incluído o acento) de uma língua. Também compõem, com outras posturas fônicas laríngeas e supralaríngeas, as várias qualidades de voz usadas significativamente numa comunidade de fala.

Dessa sinfonia de vozes, de ritmos e melodias na qual a criança imerge e se faz sujeito participante, nada é banal e não é exagero dizer que consideramos que a prosódia exerce um papel primordial na aquisição da linguagem.

A prosódia, nas línguas, é o encontro da interface entre componentes linguísticos, desde os mais formais até os mais discursivos. Por um lado, é a via privilegiada de engajamento do bebê no diálogo, nos processos de subjetivação, no dialogismo. Por outro lado, é o veículo primeiro da organização das formas linguísticas, sobretudo através da construção dos sistemas de entoação e ritmo (aí incluído o acento) em uma língua como o português.

A prosódia, em interação com uma matriz gestuo-vocal, está presente na materialidade de fala na qual a criança se insere. Os fatos prosódicos são as manifestações linguísticas fundamentais nos primeiros anos de vida, em um estágio de parcos recursos de cunho léxico-gramatical. A prosódia estabelece, assim, a ponte inicial entre a organização formal da fala (os princípios de estruturação fonológica) e o potencial significativo e discursivo da língua nos primeiros anos de vida: é a possibilidade primeira de estruturação ligando o som ao sentido. Assim, não é de estranhar que a prosódia tenha sido vista como uma boa mediação entre aspectos mais formais da linguagem e aspectos menos formais, discursivos. A prosódia, apresentando um caráter delimitativo, demarcativo, configuracional, mais aberto que os estritamente gramaticais, "mostra-se uma porta de entrada da criança para a linguagem na segmentação do contínuo da fala: pode ser a sinalização para o aprendiz de uma língua possível" (Scarpa, 2007). A prosódia é o caminho "para segmentar, configurar, delimitar, através de unidades significativas rítmicas e entoacionais, a cadeia sonora que, no começo, se apresenta como uma massa fônica indiferenciada" (Scarpa, 1999).

O bebê tem sensibilidade a informações fonéticas e prosódicas desde muito cedo, segundo a farta produção em trabalhos experimentais (ver Name, 2011). Sabe-se que a criança é sensível a várias facetas da prosódia antes de produzir as primeiras palavras reconhecíveis como tais; isto é, através da prosódia, é possível para a criança perceber pistas presentes no contínuo da fala a ela dirigida e começar a se inserir nesse processo.

Pesquisas com foco no processamento linguístico, desde a década de 1960, vêm mostrando, a partir de estudos experimentais, como a criança muito precocemente discrimina entoações ascendente de descendente. Outros trabalhos, da década de 1980 e 1990, mostram a capacidade do bebê em discriminar categorias fonemáticas da língua materna, bem como a percepção de fronteiras prosódicas maiores, correspondentes à frase fonológica ou unidades entoacionais. Com o desenvolvimento de metodologias experimentais cada vez mais avançadas, é possível aferir a capacidade precoce de percepção prosódica já na vida intrauterina, com fetos percebendo mudanças em intensidade, frequência e ordem de colocação de fonemas nas palavras curtas (Name, 2011).

Ao longo do primeiro ano de vida, muitas questões se colocam em relação ao papel da prosódia: em que consistem as primeiras produções vocais? O que elas revelam da organização da forma fônica e o começo da gramática prosódica no segundo ano de vida? Que papel as primeiras interações com o adulto e a fala dirigida à criança (FDC) desempenham no processo de subjetivação infantil?

Esses caminhos têm pelo menos duas facetas que, segundo pensamos, são complementares, apesar da diferença de abordagem teórica. A primeira delas são as pesquisas experimentais citadas por Name (2011), como vimos. A segunda faceta destaca o papel da fala dirigida à criança ou o manhês. As diversas pesquisas, desde a década de 1970, que se detiveram nessa fala, chegaram à conclusão de que ela funcionaria como um dos mais importantes *inputs* para a criança pequena. As características morfológicas, sintáticas e fonológico-segmentais apontadas, comumente, são: graus de repetitividade e simplificação, clareza, brevidade, modificações na frequência fundamental, uso do *falsetto*, variações na velocidade de fala, entre outras. Dentre essas características, os tons agudos, a tessitura entoacional exagerada (isto é, a amplitude entre tons agudos e graves maior do que em conversações cotidianas entre adultos) e as simplificações sintáticas também foram encontradas no chinês, no japonês e em várias línguas europeias (Snow, 1997).

Mas e o estatuto desse tipo de fala para a aquisição? O processo de emergência do sistema linguístico se dá ao mesmo tempo em que os sujeitos se constituem enquanto falantes de uma determinada língua. Nesse sentido, o papel da FDC/manhês, com sua configuração prosódica característica, convoca o bebê para o diálogo; ocupa o seu lugar discursivo; recorta e incorpora o seu dizer (que se manifesta no corpo nos gestos); faz silêncio (pausas) para o suposto bebê enunciar. Garante, assim, um espaço subjetivo para/com o bebê, que mais à frente vai assumindo sua própria fala. As modulações da FDC e da voz materna, particularmente melódica e rítmica por natureza (com maior tessitura do que a da fala não dirigida à criança, frequente uso de *falsetto*, maiores variações na velocidade de fala, entre outras características), mostram-se uma ótima porta de entrada do infante na língua (Cavalcante, 1999, 2001).

O que se estuda a respeito da aquisição da prosódia?

Consideramos duas principais vertentes sustentadas na aquisição da prosódia. A primeira está vinculada a estudos voltados ao processamento linguístico (Christophe et al., 1994), que concebe que a criança nasce aparelhada para discriminar, reconhecer e analisar pistas prosódicas dos dados da língua alvo (*input*) que desencadeariam a sintaxe latente no seu conhecimento linguístico. Tais elementos prosódicos dariam pistas para a ativação das propriedades linguísticas da língua (Silva et al., 2013: 319). Aqui há uma articulação direta entre prosódia e sintaxe.

Na segunda perspectiva, que estuda a fala da criança (geralmente, mas não exclusivamente, em interação com o interlocutor), a aquisição da prosódia seria uma trajetória que começa gestalticamente com a entoação, nos domínios prosódicos superiores, isto é, aqueles responsáveis pelo contorno de altura, contra uma visão de complexidade cumulativa sintagmática, que prevê um desenrolar fonológico que vai da sílaba ao pé métrico, deste à palavra, desta à frase (Scarpa e Fernandes-Svartman, 2012).

Como se vê, ambas as vertentes concebem a prosódia no cerne da aquisição da linguagem infantil. Ambas vão destacar o papel das pistas entoacionais da fala dirigida ao bebê para salientar, do contínuo sonoro produzido, a materialidade a ser trabalhada pelo bebê nas suas produções vocais iniciais. Estudam tanto a percepção quanto a produção de fala e levam em conta tanto as informações prosódicas do *input* linguístico característico (FDC) quanto o que é produzido pela criança em suas emissões linguísticas iniciais. Consideram tanto contextos experimentais quanto naturais.

Como estudar a aquisição prosódica?

A aquisição prosódica tem sido estudada analisando tanto os contornos prosódicos da FDC em contextos interativos e a sensibilidade do bebê a esses contornos, quanto estudando as produções iniciais vocais da criança, principalmente nas produções iniciais denominadas holófrases, produções infantis de uma palavra que expressam uma ideia complexa. E são interessantes porque marcam "o encontro entre a percepção no primeiro ano de vida e produção no segundo ano e subsequentes" (Scarpa e Fernandes-Svartman, 2012: 41). Para isso, os dados precisam ser analisados acusticamente, por exemplo, no Praat – um software livre que tem sido mundialmente, mas não exclusivamente, usado para análise acústica. Alguns parâmetros são fundamentais para essa análise, pois na investigação do acento entoacional são as curvas de altura (curvas melódicas de f_0 ou *pitch*) que vão mostrar esses processos, tanto das saliências acentuais presentes na FDC quanto nas produções infantis iniciais. A seguir vemos um trecho de diálogo mãe-criança com produção de FDC, extraído de Scarpa e Fernandes-Svartman (2012: 42).

Diálogo (1)

Criança – abá (= a bola)
Adulto – a bola!
Adulto – Que mais que tem aqui?
Criança – ah
Adulto – o quê?
Criança – abá ba. (a bó-la)

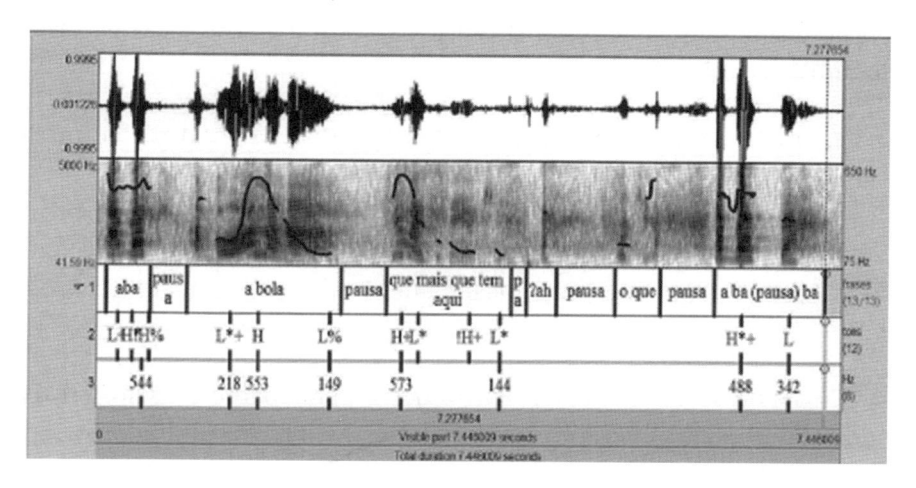

Como destacam as autoras, à página 41:

O primeiro enunciado da criança [aba], dita com um tom ascendente, tem seu pico de altura em 544 Hz, uma frequência fundamental (f_0) bastante alta, mas compatível com as altas frequências de uma criança desta idade e do sexo feminino. A retomada do adulto [a bola] é que mostra frequências não encontradas provavelmente nas interações deste mesmo adulto com outro adulto: um tom sinusoidal (ascendente-descendente ou baixo-alto-baixo), cujo pico de f_0 atinge uma frequência mais alta que a da criança, frequência essa aumentada pela maior intensidade de sua emissão. O mesmo ocorre com o próximo turno do interlocutor [que mais que tem aqui], que repete as altas frequências do seu enunciado anterior. (Scarpa e Fernandes-Svartman, 2012: 41)

As produções da fala do adulto – [aba], [a bola], [que mais que tem aqui] – são exemplos de FDC, com destaque para as frequências elevadas típicas desta fala, que são retomadas e ampliadas pelo adulto a partir das produções da criança. Esse funcionamento é típico das interações ao longo do primeiro ano de vida da criança.[1]

Uma outra abordagem no estudo da aquisição prosódica é a desenvolvida em análises de dados experimentais, que pode ser vista com os experimentos desenvolvidos por Matsuoka e Name (2011) com a fala dirigida à criança. Nesse estudo, as mães ou a professora eram convidadas a contar histórias para seus filhos ou alunos e, em determinadas passagens da narrativa, obrigatoriamente teriam que inserir alguns trechos que explicitassem as seguintes condições:

a. nome concreto (carro) associado a adjetivo sem realce prosódico (betujo);
b. nome vago (negócio) associado a adjetivo sem realce prosódico (betujo); e
c. nome vago (negócio) associado a adjetivo com realce prosódico (BETUJO).

Diferentes objetos, texturas, nomes e pseudoadjetivos foram usados, controlando-se o gênero do nome (Name, 2011). Os resultados mostraram que a ênfase prosódica no adjetivo facilitou a identificação, pela criança, de uma nova palavra como adjetivo.

Como se vê, podemos estudar a aquisição prosódica tanto com dados naturalísticos, com recortes de interações naturais e na casa dos participantes, como no exemplo de Scarpa e Fernandes-Svartman (2012), quanto provocados, em contextos familiares, com a presença do interlocutor adulto privilegiado – mãe ou professora –, mas com a dinâmica interacional controlada pelo pesquisador, como no exemplo da pesquisa de Matsuoka e Name (2011).

Poderia me dar um exemplo?

As vocalizações iniciais do bebê são chamadas genericamente de "balbucio", com a emissão de sílabas que têm, tipicamente, o formato consoante-vogal, só vogal ou consoantes contínuas (vibrantes ou vibrantes bilabiais, glotais, por exemplo). Não são padronizadas, nem formam um sistema distintivo de traços fonético-prosódicos. Numa fase mais tardia do primeiro ano de vida, com o chamado "balbucio tardio", tais emissões passam a ser mais padronizadas, normalmente com balbucios que se repetem e se especializam com certas atividades lúdicas do bebê. Convivem com os chamados "jargões" que podem aparecer na fala de grande parte dos bebês por volta de 11 meses a 1;6 ano. Neste caso, o contorno entoacional se estende a um longo fragmento composto por sílabas típicas da fase do balbucio, porém interpretáveis pela comunidade de fala como formas mais maduras por causa da entoação reconhecida como significativa. Por exemplo, o caso típico da criança falando ao telefone, com longos fragmentos enunciativos balbuciados.

Mas só no começo da produção de um léxico primitivo, isto é, na emissão das primeiras palavras reconhecidas como tais pela comunidade de fala, é que se pode falar de um sistema entoacional, formal e funcionalmente distintivo, mais ou menos a partir dos primeiros 12 meses da vida do bebê. Os primeiros sistemas entoacionais da criança, alinhados a um léxico primitivo, estendem-se por palavras de 1, 2, 3 ou até 4 sílabas.

Vamos ao exemplo com dados de fala inicial infantil. Trazemos dados adaptados de Scarpa e Fernandes-Svartman (2012) mostrando a construção de sistemas entoacionais iniciais nas crianças T (1; 4 a 1;7) e R (1;2 a 1;6).

Com base em 34 espectrogramas selecionados como prototípicos dos tons de cada sujeito, analisados com base em gravações da fala das crianças T e R, respectivamente, em contextos de conversa com o adulto, foram construídas as Tabelas 1 e 2 a seguir. Vejamos:

Tabela 1 – Contornos, características prosódicas e conextos
de uso do sistema entonacional de T (1;4 a 1;7)

Contorno	Características prosódicas	Contextos de uso
1.	Descendente alto (âmbito de altura amplo).	Fala social, contato com o interlocutor. Asserção enfática.
2.	Curva descendente baixa.	Fala solitária, atenção não partilhada.
3.	Curva ascendente, de baixo a alto, com queda final opcional.	Enumeração de objetos, sucessão em uma série. Restrito a "mais" e "uis" (luz). Perguntas de confirmação.
4.	Steps ascendentes, tons tendendo a nivelados.	Vocativo.

Tabela 2 – Contornos, características prosódicas, notação fonológica
e contextos de uso do sistema entonacional de R (1;2 a 1;6)

Contorno	Características prosódicas	Contextos de uso
1.	Curva descendente baixa.	Asserção. Fala introspectiva. Aspecto prospectivo: fase preparatória da própria ação.
2.	Descendente de âmbito de F_0 amplo: alto a baixo.	Aspecto: Fase completiva de eventos e ações (télicas ou atélicas). Ordens.
3.	Dois movimentos ascendentes-descendentes.	Tom exclamativo.
4.	Altura nivelada de alto para baixo; movimento descendente em degraus.	Ostenção dêitica. Formas primitivas de perguntas parciais.
5.	Duas alturas niveladas, a primeira mais baixa que a segunda, queda final opcional (ou vice-versa).	Vocativo.
6.	Ascendente médio a alto, com queda final opcional.	Perguntas polares.
7.	Ascendente baixo para médio.	Enumeração de objetos, sucessão em uma série.

Os contornos foram obtidos com a medida de f_0 através da extração de valores em dois ou três pontos da direção da curva de altura dos contornos, a partir dos espectrogramas. Seguem, a título de exemplo, três ilustrações de cada um dos dois sujeitos, com a respectiva transcrição, glosa e idade dos sujeitos por ocasião da coleta dos dados.

1. Curva descendente, âmbito de altura amplo.

ka	ka	ko	macaco (T, 1;6.24)
319	389	222	

2. Curva descendente baixo (pequeno âmbito de altura)

ua	uau	uauau (T, 1;6.24)
333-342	289	

3. Curva ascendente, de baixo a médio

βa:s	mais (T, 1;7.1)
318-377	

4. Curva descendente de âmbito amplo: alto a baixo

a	la	alá ("olha lá") (R,1;3.19)
645	346	

5. Dois movimentos ascendentes-descendentes

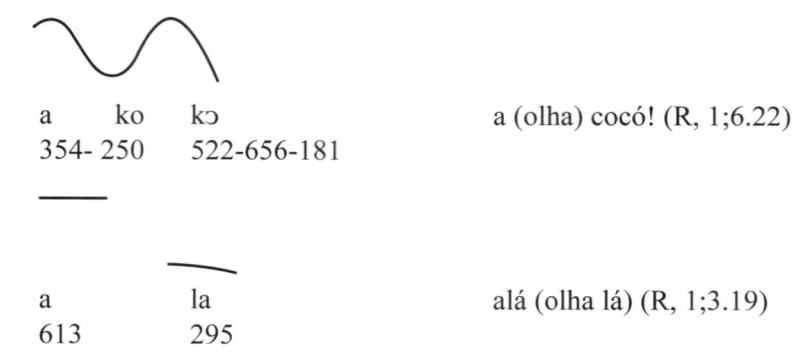

a	ko	kɔ		a (olha) cocó! (R, 1;6.22)
354- 250		522-656-181		

a	la	alá (olha lá) (R, 1;3.19)
613	295	

O que nos mostram as tabelas acerca desses sistemas entoacionais iniciais? Que as primeiras palavras reconhecíveis e interpretáveis como tais, produzidas pela criança, já destacam um sistema primitivo entoacional com contrastes na direção de curva de f_0 (ascendente, descendente, nivelado), no âmbito de altura (tessitura). Esses contrastes são relevantes tanto em termos de significados gramaticais (modalidades, vocativos) quanto pragmáticos (fala solitária *vs.* fala social).

Os dados revelam também que tanto T quanto R apresentam uma queda final, após o movimento ascendente da sílaba tônica, bem típico do português do Brasil, diferente do português europeu, o que pode ser visto nos contornos 3 (Tabela 1), 6 e 7 (Tabela 2), em contextos de perguntas polares e enumerações, por exemplo. Ou seja, desde muito cedo, a criança, em produções verbais bem precoces, já traz curvas entoacionais características de sua língua alvo, mostrando, assim, que as produções iniciais revelam um trabalho sobre a língua em níveis hierárquicos superiores (enunciados e frases entoacionais).

Quais são as grandes linhas de investigação?

Como temos mostrado ao longo do capítulo, as pesquisas sobre aquisição prosódica caminham em duas vertentes: a que atribui um papel às informações do *input* como guia desencadeador da entrada da criança na língua e a outra que mostra que as primeiras produções infantis estão sustentadas pelo arcabouço prosódico (entoacional e rítmico) da língua materna da criança.

Na primeira vertente, a criança é sensível a várias facetas da prosódia antes de produzir as primeiras palavras reconhecíveis como tais, como mostram os trabalhos sobre percepção (Name, 2011; Matsuoka e Name, 2011), tais como o citado na seção "Como estudar a aquisição prosódica?", que mostram que o bebê tem sensibilidade a informações fonéticas e prosódicas desde muito cedo.

Na segunda vertente, a função da prosódia na aquisição de aspectos formais da língua, numa perspectiva gerativista, também se faz presente no trabalho de Santos (1997, 2004, 2017); Santos e Scarpa (2004) e Santos e Sikanski (2005), que mostram, de maneira elucidativa, na interface fonologia-sintaxe através da prosódia, como a criança começa o trabalho com a prosódia mais cedo do que com a sintaxe (e provavelmente até do que com a semântica, uma vez que ela vai procurar padrões para recortar o *input* e lhe dar um significado) e continua em outros campos da linguagem até bem tarde. Pressupõem que um domínio prosódico, mínimo que seja, ancora a aquisição de aspectos sintáticos. Mostram como os níveis mais altos da hierarquia prosódica (o enunciado e as frases entoacionais) fornecem informações a certas categorias, como a dos determinantes. Santos e Scarpa (2004) argumentam que a aquisição de determinantes é ancorada em *filler-sounds*, sons preenchedores cuja função inicial é preencher posições prosódicas e depois são reanalisados como preenchedores sintáticos. Assim, também, certos processos fonológicos na fala da criança mostram que o reconhecimento da posição do acento nuclear, da frase, antecede a aquisição do sândi vocálico externo (juntura vocálica entre duas palavras).

Já trabalhos com foco na produção de base interacionista e estruturados na aquisição prosódica mostram que a FDC traz pistas prosódicas que vão se modificando ao longo das interações adulto-bebê. Assim, as modulações da voz da mãe (f_0 elevado e qualidade de voz) constituem uma ótima porta de entrada da criança na língua. Trabalhos como os de Cavalcante (1999) vêm mostrando não somente a relação dialógica de acordo com as mudanças de posição do infante vinculadas às modulações da prosódia materna, mas também as mudanças da fala da própria criança ao entrar no "compasso da língua".

Ainda na segunda vertente, centrada nas produções iniciais infantis, temos o trabalho de Scarpa (2015) que mostrou a emergência das macro-estruturas entoacionais na fala infantil, em um período da fala infantil em que ainda não há propriamente uma gramática narrativa (entre o primeiro e segundo ano de vida da criança), mas há interpretação de narratividade em sequências enunciativas. Essa vertente, com base na hipótese "de cima para baixo", explora, numa perspectiva dialógica e interacional com base em dados longitudinais e naturalísticos, como a criança vai construindo ao longo dos processos interativos seus primeiros sistemas entoacionais.

Nota

[1] Para uma discussão acerca da FDC numa perspectiva interacionista sugerimos a leitura de Cavalcante (1999) e Cavalcante e Barros (2012).

O que eu poderia ler para saber mais?

Consideramos importante acompanhar os trabalhos de Scarpa (1985, 1999, 2007, 2015) e de Scarpa e colaboradores (Vasconcelos, Scarpa e Dodane, 2018; Vasconcelos, Vieira e Scarpa, 2021) para maior compreensão do papel da prosódia na aquisição da linguagem, sob vários aspectos, entoacionais e rítmicos, sobre a interface fonologia-sintaxe, sobre os modos de inserção da criança em processos dialógicos, sobre as considerações sobre disfluências e conhecimento de estrutura prosódica do enunciado, sobre a emergência entoacional da narratividade. Há também as pesquisas de Cavalcante (1999, 2001) sobre a FDC, em uma perspectiva dialógica. Além disso, sugerimos acompanhar os trabalhos de Name (2012) voltados para a percepção de fala com base no processamento linguístico.

Esperamos que este capítulo contribua para se perceber a importância das pesquisas prosódicas na aquisição da linguagem.

Referências

CAVALCANTE, Marianne Carvalho Bezerra. *Da voz à língua. A prosódia materna e o deslocamento do sujeito na fala dirigida ao bebê*. Campinas, 1999. Tese (doutorado em Linguística) – Universidade Estadual de Campinas.

_____. A fala atribuída: as vozes que circulam na fala materna. *Letras de Hoje*, Porto Alegre, v. 36, n. 3, 2001, pp. 585-91.

CAVALCANTE, Marianne Carvalho Bezerra; BARROS, Andressa Toscano Moura de Caldas Barros Manhês: qualidade vocal e deslocamento na dialogia mãe-bebê. *Veredas*, Edição Especial VIII Enal – II Eial, 2012, pp. 25-39.

CHRISTOPHE, A. et al. Do Infants Perceive Word Boundaries? An Empirical Study of the Bootstrapping of Lexical Acquisition. *Journal of The Acoustical Society of America*, v. 95, 1994, pp. 1.570-80.

CHRISTOPHE, A. et al. Phonological Phrase Boundaries Constrain Lexical Access – I. Adult Data. *Journal of Memory and Language*, n. 51, 2004, pp. 523-47.

MATSUOKA, Azussa; NAME, Maria Cristina Lobo. O uso de pistas prosódicas na identificação do adjetivo por crianças e adultos falantes do PB. *Anais do VII Congresso Internacional da Abralin*, 2011, Curitiba, pp. 577-87.

NAME, Maria Cristina Lobo. A aquisição da linguagem sob a ótica do processamento. In: CAVALCANTE, Marianne Carvalho Bezerra; FARIA, Evangelina Maria Brito de; LEITÃO, Márcio Martins. *Aquisição da linguagem e processamento linguístico:* perspectivas teóricas e aplicadas. João Pessoa, Ideia/ Editora Universitária, 2011, pp. 173-96.

_____. O que nos dizem os resultados experimentais sobre a percepção da fala pelo bebê. *Veredas*, Edição Especial VIII Enal – II Eial, 2012, pp. 282-95.

SANTOS, R. S. A aquisição da estrutura silábica. *Letras de Hoje*, n. 102, 1997, pp. 273-84.

_____. A aquisição da linguagem. In: *Introdução à linguística*. [S. l.: s. n.], 2004.

_____. A aquisição do padrão prosódico e o *input*. *MATRAGA*, v. 24, 2017, pp. 310-40.

SANTOS, Raquel Santana; SCARPA, Ester Mirian. Processos fonológicos de ancoragem e aquisição de determinantes. *Letras de Hoje*, Porto Alegre, v. 39, n. 3, 2004, pp. 123-37.

SANTOS, Raquel Santana; SIKANSKI, Nilmara Soares. O gerativismo e a questão do bootstrapping: uma retrospectiva. *Revista do GEL*, n. 2, 2005, pp. 119-43.

SCARPA, Ester Mirian. Interfaces entre componentes e representação na aquisição da prosódia. In: LAMPRECHT, Regina Ritter (org.). *Aquisição da linguagem:* questões e análises. Porto Alegre, 1999, EDIPUCRS, pp. 65-80.

_____. Aquisição da prosódia: dupla face, dupla vocação. In: AGUIAR, Marígia Ana; MADEIRO, Francisco. *Em-Tom-Ação:* a prosódia em perspectiva. Recife: Editora Universitária da UFPE, 2007, pp. 73-89.

_____. Disfluências e estrutura prosódica na fala adulta e infantil. *Prolíngua*. v. 10, 1, 2015, pp. 30-42.

SCARPA, Ester Mirian; ROST-SCNICHELOTTO, Cláudia; FERNANDES-SVARTMAN, F. Deslizamento funcional de marcadores discursivos e entoação em narrativas infantis. *Cadernos de Estudos Linguísticos*, v. 59, n. 3, 2017, pp. 499-517.

SCARPA, Ester Mirian; FERNANDES-SVARTMAN, Fernanda. Entoação e léxico inicial. *Veredas*, Edição Especial VIII Enal – II Eial, 2012, pp. 40-54.

SCARPA, Ester Mirian; DODANE, Christelle; VASCONCELOS, Angelina Nunes de. Hésitations et faux départs dans le langage adulte et enfantin: le rôle de la prosodie. *Langages,* 2018, v. 3, pp. 41-9.

SILVA, Icaro Oliveira; NAME, Maria Cristina Lobo. A sensibilidade de bebês brasileiros a pistas prosódicas de fronteiras de sintagma entoacional na fala dirigida à criança. *Letrônica*, v. 7, n. 1, 2014, pp. 4-25.

SILVA, Carolina Garcia de C. et al. Pistas prosódicas na aquisição e no processamento do PB. *Leitura*, n. 52, Maceió, 2013, pp. 317-343.

SNOW, Catherine. Questões no estudo do input: sintonia, universalidade, diferenças individuais e evolutivas, e causas necessárias. In: FLETCHER, Paul; MACWHINNEY, Brian (Orgs.). *Compêndio da linguagem da criança*. Porto Alegre: Artes Médicas, 1997, pp.153-63.

VASCONCELOS, Angelina Nunes de; SCARPA, Ester Mirian; DODANE, Christelle. Reflexões sobre características prosódicas do desenvolvimento da negação. *Domínios de Lingu@gem*, v. 12, n. 3, 2018, pp. 1.521-50.

VASCONCELOS, Angelina Nunes de; VIEIRA, Nadja; SCARPA, Ester. A constituição prosódica da enunciação na relação mãe-bebê. *Bakhtiniana, Revista de Estudos do Discurso*, v. 16, n. 1, 2021, pp. 39-60.

Prosódia e variação

Regina Cruz

O que é variação prosódica?

Há um vídeo no Youtube do canal Porta dos Fundos cujo título é *Sotaques*.[1] Para compor o humor, o personagem principal mescla no seu próprio idioleto[2] marcas bem típicas de diferentes falares regionais. Para se apresentar, ele imita a fala do interior paulista; quando tem de pronunciar números, imita um português; quando expressa felicidade, imita o falar nordestino; quando tem que produzir uma frase negativa, ele fala como um paulista da capital; quando fica envergonhado, imita um gaúcho. Para cada oscilação de estilos de fala, Jorge, o personagem, tem uma explicação, seja porque nasceu no interior de São Paulo, seja porque estudou matemática em Portugal, ou pelo convívio com a mulher e com o filho, por traumas vividos em uma dada região do país. Apesar de totalmente fictícia – como se fosse possível a um falante de uma dada língua ter em seu idioleto variantes diferentes, provenientes de variedades regionais tão distantes e fazer uso delas com os condicionamentos mostrados no vídeo – a situação de humor criada na esquete serve para ilustrar a riqueza e diversidade da língua portuguesa. Outro fato interessante do vídeo, e que cabe ressaltar aqui, é a sua descrição de apresentação: "Sotaques são fascinantes. É curioso perceber como uma entoação, ou palavra são tão diferentes em lugares distintos do mesmo país."[3]

Entoação diferente como uma das características de um sotaque é um aspecto diretamente relacionado ao objeto deste capítulo, uma vez que é muito comum o rótulo de "mais cantado" atribuído a determinados sotaques quando os indivíduos querem explicar diferenças sonoras entre as variedades de uma língua relativas à sua musicalidade. É certo que, como a música,[4] a estrutura sonora de uma língua também possui melodia, mas será mesmo que essas diferenças melódicas conferem uma maior "musicalidade", "melodicidade" a um falar e não a outro?

Sotaque nada mais é do que uma impressão subjetiva da diferença do modo de falar uma língua e está na base dos comentários impressionísticos de leigos sobre um modo de falar diferente do seu. O sotaque, de fato, está relacionado às características do nível fonético, da estrutura sonora de uma língua, principalmente ao aspecto prosódico, identificado pelos leigos como a "musicalidade" de um falar.

Por essa razão, elegeu-se como objeto de discussão deste capítulo a relação entre esses dois aspectos da língua presentes na classificação de falares mais ou menos musicais, mais melódicos ou mais "cantados": a variação linguística (diferentes formas de uso de uma língua) e a prosódia (tema do presente volume).

Para entender a relação existente entre prosódia e variação, define-se, de início, cada uma dessas noções.

A variação linguística compreende o principal objeto de estudo da Sociolinguística, mais especificamente da Teoria da Variação e Mudança (Labov, 1972), um dos modelos teórico-metodológicos mais populares da Linguística. A Sociolinguística, ao defender que toda investigação linguística precisa considerar uma relação direta entre língua e sociedade, ou seja, que não adianta investigar as regras de um sistema linguístico sem levar em consideração os usos feitos delas pelos seus falantes, evidencia que a heterogeneidade é inerente aos sistemas linguísticos.

Como a língua foi criada pelo homem para ser seu principal código de comunicação interpessoal (hipótese defendida pelos interacionistas), é natural que a fala veicule não somente informação linguística, mas também informações relativas às características biológicas (sexo, idade) e sociais (local de nascimento, profissão, nível de escolaridade) de quem a usa. Portanto, o próprio indivíduo em si é uma fonte de variação, assim como o tipo de interação que ele estabelece com os outros membros de uma comunidade de fala também provoca variação em seu falar, uma vez que ninguém se expressa da mesma forma o tempo todo.

As diferenças linguísticas costumam ser classificadas em três tipos de variação: a variação social (diastrática), comum nas diferenças de sexo, faixa etária, classe socioeconômica e nível de escolaridade; a variação estilística ou de registro (diafásica), mais ou menos formal por causa dos ajustes solicitados por cada tipo de situação de interação; e a variação regional ou geográfica (diatópica) relacionada à procedência do falante e/ou de seu local de residência, justamente o tipo de variação que será abordado aqui.

Todo e qualquer sistema linguístico registra múltiplas formas de ser falado e acreditar na possibilidade de haver uma única forma de se falar uma língua é ilusão. A variação linguística é tão importante para a existência de uma língua, que uma língua seria tão pouco atraente como um arco-íris de uma só cor[5] ou mesmo tão pouco instigante como "um samba de uma nota só",[6] trazendo a metáfora do objeto de estudo deste capítulo.

A prosódia, sendo uma área da linguagem que constitui a base da fala e sobre o qual as unidades segmentais vão se apoiar e combinar de forma a poderem ser pronunciadas, está associada a unidades maiores do que o segmento. Tal é a sua importância para a estrutura da fala que ela é o primeiro aspecto da língua a ser adquirido pelo indivíduo, ainda na fase intrauterina (abordado no capítulo "Prosódia e aquisição da linguagem", neste volume), e um dos últimos a sofrer alterações em decorrência de aprendizado de uma língua estrangeira ou por lesões neurológicas (Mehler et al., 1988). Assim como todo e qualquer aspecto da língua atingido pelo fenômeno de variação, as características específicas do sistema prosódico de um determinado falante também são altamente dependentes da sua língua, da sua variedade vernacular, do seu estado de humor e de sua atitude na situação de interação, ou seja, a pronúncia de um indivíduo registra informações de natureza linguística e extralinguística.

Um exemplo de variação prosódica é dado em (1), no qual temos a mesma frase, ou melhor, a mesma sequência segmental registrando diferenças de pronúncia ao ter um de seus elementos colocado em destaque.

(1)   a. Filipe foi ao cinema ontem.
      b. Filipe foi ao CINEMA ontem.
      c. Filipe foi ao cinema ONTEM.
      d. FILIPE foi ao cinema ontem.
      e. Filipe foi AO cinema ontem.

O exemplo (1) registra cinco pronúncias diferentes da mesma frase, cada uma com uma diferença de informação codificada a partir do destaque de um de seus elementos: o exemplo (1a) compreende uma afirmativa neutra da frase, uma possível resposta à pergunta "o que fez Filipe ontem?". O exemplo (1b), resultado da intenção do falante de colocar em evidência a palavra "cinema", enfatizando-a, comporta-se como uma possível resposta à pergunta "aonde o Filipe foi ontem?". Já o exemplo (1c), com "ontem" em destaque, seria uma resposta em potencial à pergunta "quando Filipe foi ao cinema?". Assim como (1d) teria o reforço de que foi exatamente Filipe e não outra pessoa quem foi ao cinema ontem. Por último, temos mais um outro significado sendo produzido com a mesma frase em (1e): o destaque de um elemento átono da frase, como o que ocorre com a contração da preposição "a" com o artigo "o", teria a finalidade de uma "correção normativa" para um enunciado do tipo "Filipe foi **no** cinema ontem". Ao produzir (1e), destacando "ao", o locutor tem a intenção de fornecer a variante culta e tradicionalmente privilegiada no ensino de gramática normativa.

Assim como o exemplo detalhado em (1), temos muitos casos de variação prosódica, mas este capítulo tratará especificamente da entoação[7] como fonte de variação dialetal.

O que se estuda a respeito da variação prosódica?

A descrição de um sistema de entoação de uma dada língua ou variedade é um dos objetos de pesquisa mais escolhidos para um estudo no campo da variação prosódica, uma vez que a entoação possui o paradoxo de ser uma das características mais universais da linguagem humana, mas também a mais particular de uma língua.

A variabilidade entoacional não distingue somente línguas, mas também está presente na oposição entre dialetos ou variedades, usando como exemplo o estudo de Moraes (1998) sobre como o português europeu (PE) difere grandemente do português brasileiro (PB), basicamente em termos de padrões prosódicos entoacionais.

Logo, quando se investigam as diferenças entre variedades no nível prosódico, busca-se comprovar cientificamente de que forma as diferenças sociais, geográficas, ou seja, dialetais, estão impressas na forma de falar uma dada língua. Da mesma forma que diversos aspectos linguísticos ou não, os aspectos prosódicos podem ser mapeados geograficamente.

Continuando com o exemplo do PB, a mais antiga tentativa de mapeamento da sua variação fora feita por Nascentes (1953), que classificou os dialetos brasileiros sob o prisma entoacional, assim, o Norte teria uma entoação mais "cantada" em contraste com a entoação dos dialetos do Sul, que seria mais "relaxada".

Uma variação prosódica dialetal pode fornecer dados científicos a esse tipo de observação impressionista, assim como pode responder a muitas dúvidas que temos sobre a variação prosódica dialetal do PB, por exemplo: o Brasil se dividiria em áreas dialetais? Quais seriam de fato essas áreas? Quais seriam os contornos associados a essas áreas em termos de entoação regional? Em resumo, o conhecimento sistemático da variação, a delimitação de áreas linguísticas específicas e a relação entre os diferenciados usos que se fazem da língua constituem-se em um benefício de cunho social que ainda está sendo estudado de forma pontual.

Para fornecer respostas científicas a esses questionamentos, um dos aspectos prosódicos mais úteis para o estabelecimento de um mapeamento da variação prosódica dialetal tem sido a entoação modal, um tipo de análise que descreve quais seriam as características prosódicas que definem se uma sentença é interrogativa total, declarativa neutra, injuntiva etc.

Como estudar a variação prosódica?

Com a consolidação dos modelos linguísticos e o avanço das descrições dos níveis gramaticais, foi possível descobrir o papel fundamental dos elementos prosódicos na construção do sentido, já que eles exercem um papel determinante na desambiguação (como é abordado no capítulo "Rastreamento ocular e prosódia", neste volume), na caracterização do acento lexical ou de proeminência (como é abordado no capítulo "Acento", neste volume) e na organização da fala (segmentação, hierarquização, delimitação da estrutura informacional), sem deixar de mencionar seu papel linguístico de oposição entre interrogativas totais e declarativas neutras.

Nesse sentido, a variação prosódica pode ser estudada por meio da chamada análise entoacional, pois a entoação é o parâmetro mais indicado para uma descrição de variação prosódica dialetal, como bem assinalou Lira (2009: 22): "Dentre os parâmetros prosódicos, a entoação [...] é sem sombra de dúvida, o mais importante para os estudos que envolvem prosódia dialetal, possibilitando a percepção, de forma mais nítida, das variedades regionais."

Uma das questões mais relevantes nas pesquisas entoacionais relaciona-se às perguntas do tipo interrogativas totais ou interrogativas neutras ou perguntas globais ou do tipo sim/não. Esse tipo de pergunta possui a particularidade de funcionar como verdadeiro par mínimo em oposição a sua declarativa neutra correspondente, pois ambas possuem como único elemento linguístico responsável pela distinção a entoação, uma vez que a sequência segmental é a mesma, ou seja, é a entoação que vai diferenciar uma pergunta de uma resposta. A interrogativa total corresponde a um pedido de confirmação ou refutação de um determinado conteúdo proposicional, cabem apenas respostas do tipo "sim" ou "não". Sua principal característica é a ausência de pronome interrogativo.

Um exemplo de como é feita uma análise entoacional encontra-se na metodologia proposta pelo Projeto Amper; nela, temos uma frase proferida de duas formas, como veremos em (2): como uma pergunta (interrogativa total – 2a) ou como uma afirmação (declarativa neutra – 2b), observando justamente em que posição é feita a distinção entre uma modalidade e outra – em geral, essa distinção é identificada sobre a última sílaba tônica final da parte nuclear (Figura 1), contendo os movimentos da curva entoacional mais importantes para esta distinção.

(2) a. O bisavô gosta do Renato?[8]
     b. O bisavô gosta do Renato.[9]

Figura 1 – Exemplo de frase contendo a entoação modal na distinção
entre interrogativa total (1a) e declarativa neutra (1b) com frase do *corpus* Amper-Por[10]

───── Interrogativa Total

■ ■ ■ ■ Declarativa Neutra

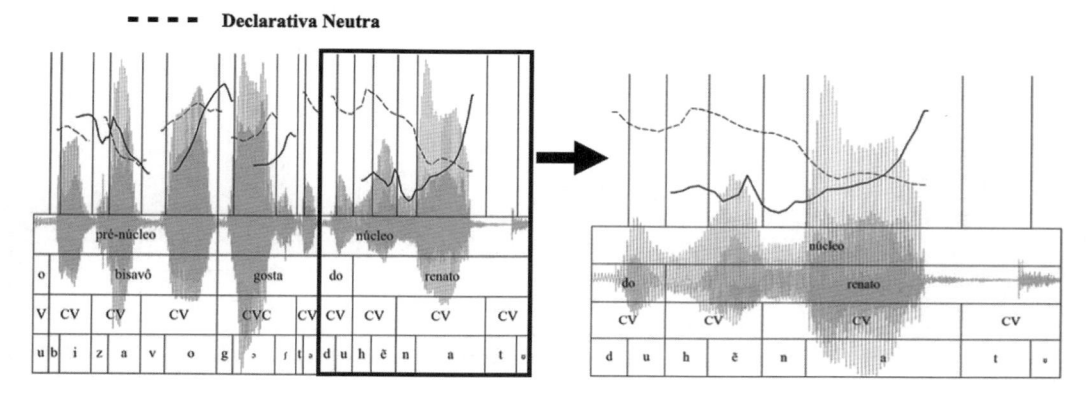

A diferença entre modalidades frasais também pode evidenciar variedades dialetais, pois a forma como falantes de diferentes localidades pronunciam perguntas e afirmações podem apresentar marcas prosódicas distintas, sendo que o procedimento mais indicado para esse tipo de observação é a chamada análise acústica.

A análise acústica prevê a observação do comportamento de determinados parâmetros físicos da fala: a frequência fundamental, a duração e a intensidade. Vale ressaltar que estudos anteriores já comprovaram que as variações mais significativas dos parâmetros físicos ocorrem na interrogativa total.

Figura 2 – Exemplo de variação entoacional da sentença "O bisavô gosta do pássaro" produzida por locutores de quatro variedades amazônicas: Borba, Parintins, Cametá e Mocajuba, na modalidade interrogativa total e declarativa neutra. Exemplo produzido com dados cedidos por Costa (2020)

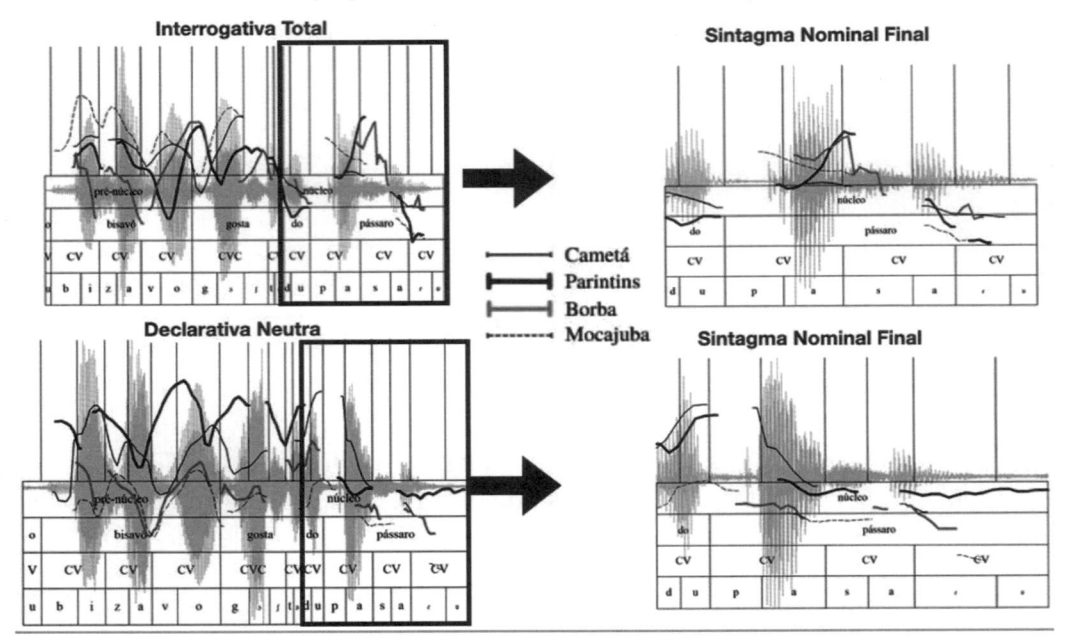

Finalizando, os estudos de variação prosódica dialetal demandam procedimentos metodológicos que incluem a aplicação de ferramentas que possibilitam o tratamento automático de grandes *corpora*. Além disso, os resultados devem ser distribuídos geograficamente em mapas, o que permite uma visão geral das particularidades prosódicas das variedades mapeadas, algo que já é feito com variedades faladas do português pelos projetos InoPAP[11] (Frota et al., 2015), ALiB[12] (Cardoso, 2016) e Amper-Por[13] (Contini, 2016).

Poderia me dar um exemplo?

Para exemplificar o que pode ser estudado em variação prosódica dialetal, apresenta-se aqui a pesquisa de Costa (2020), que, utilizando dados de quatro localidades amazônicas, procurou um possível padrão prosódico das variedades analisadas em relação ao PB.

As investigações conduzidas pela autora seguiram os procedimentos metodológicos propostos pelo Amper-Por, sendo claramente uma descrição geolinguística dialetal, com a proposta maior de mapear prosodicamente as variedades faladas no espaço românico e constituir, assim, um grande Atlas por meio de *corpora* padronizados que permitam estudos comparativos entre línguas ou variedades dialetais (Contini, 1992).

Figura 3 – Representação cartográfica dos resultados da análise entoacional/acústica das variedades amazônicas de Borba, Parintins, Cametá e Mocajuba na modalidade interrogativa total (Costa, 2020)

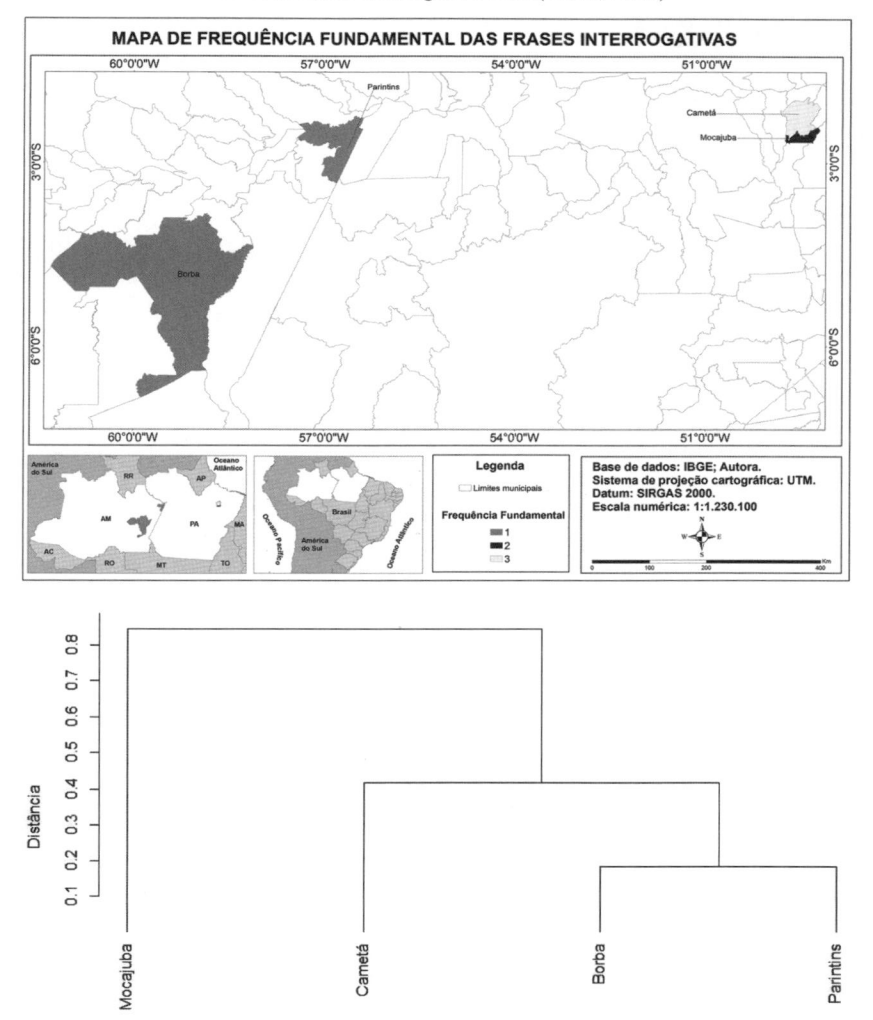

Figura 4 – Representação cartográfica dos resultados da análise entoacional/acústica das variedades amazônicas de Borba, Parintins, Cametá e Mocajuba na modalidade declarativa neutra (Costa, 2020)

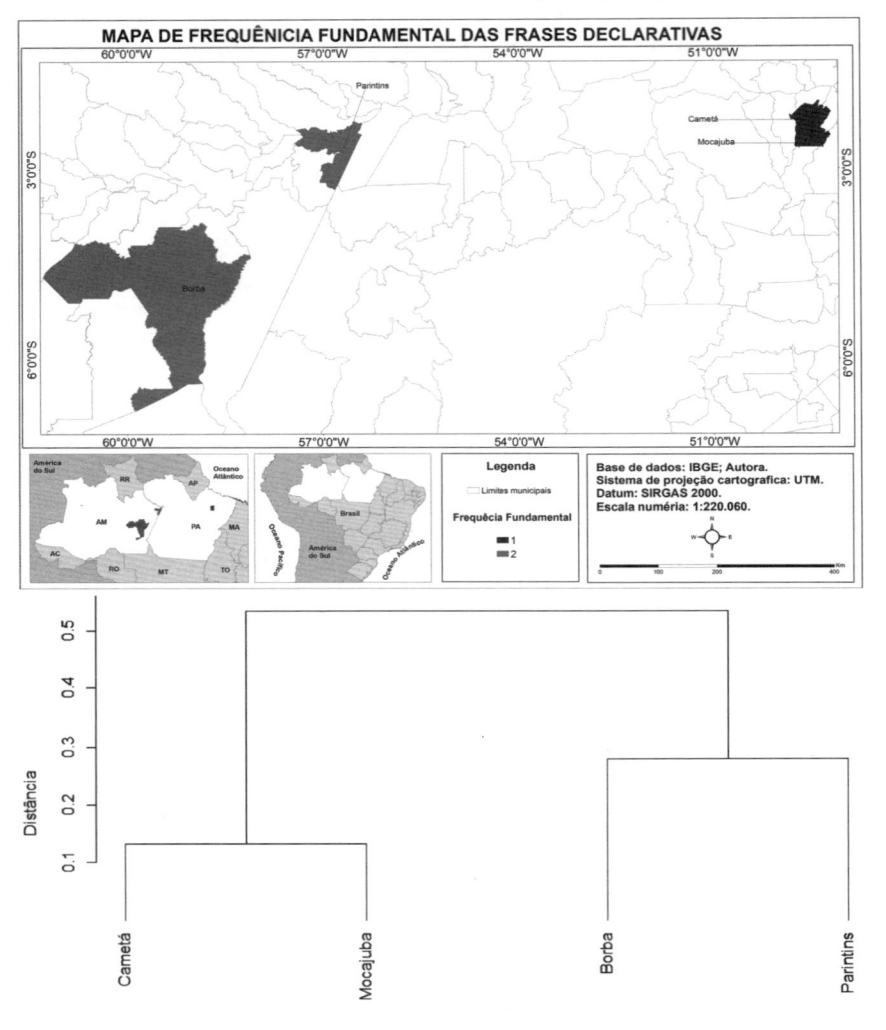

Os resultados de Costa (2020) atestaram que a modalidade interrogativa total permite maior distanciamento prosódico entre os dialetos e que essa modalidade frasal favorece a preservação da identidade linguística, sendo importante para a discriminação de variedades dialetais. Além disso, o fator social escolaridade contribuiu para a discriminação das variedades dialetais.

Quais são as grandes linhas de investigação?

No sentido de aumentar o seu interesse por pesquisas que abordam a variação prosódica regional tomando por base a entoação, apresenta-se aqui uma das linhas de investigação da variação prosódica: o papel do comportamento entoacional na variação dialetal. Vale ressaltar que um estudo prosódico pode relacionar-se a diferentes áreas de pesquisa em Linguística, como a Geolinguística, a Dialetologia, a Sintaxe e a Semântica.

Atualmente, a Dialetometria tem sido a opção metodológico-analítica mais utilizada nas descrições prosódicas dialetais. Desde o seu surgimento, esse ramo da Dialetologia,[14] especializado na análise de atlas linguísticos, a partir dos estudos de Séguy (1971), tem se tornado uma ferramenta de aproveitamento e interpretação do volume de dados que os atlas linguísticos precisam para tornar mais "digeríveis" os seus resultados.

Fernández Rei, Moutinho e Coimbra (2016) afirmam que a Dialetometria é uma subdisciplina da Geografia Linguística,[15] na qual um conjunto de métodos quantitativos foram desenvolvidos para serem aplicados a dados empíricos, a fim de estabelecer grupos de variantes e classificá-los. Goebl (1981) define a Dialetometria como uma aliança metodológica entre a Geolinguística e a Taxonomia Numérica.

Segundo Saramago e Brissos (2019), a Dialetometria pode ser definida como uma abordagem quantitativa dos estudos dos dialetos com enfoque na métrica, na mensuração dos fenômenos de variação dialetal por meio de procedimentos exatos e totalmente comparáveis. Essa abordagem aplica cálculos matemáticos elaborados à matriz de dados obtida a partir dos procedimentos referidos e representa cartograficamente os resultados desses cálculos, cabendo ao linguista, com a liberdade que a estatística lhe confere, a tarefa final de interpretação do quadro geolinguístico que tem à frente. Além disso, a Dialetometria emprega um conjunto de técnicas computacionais que são usadas para classificar e investigar relações entre áreas dialetais.

Essa metodologia mostrou-se bastante produtiva para o trabalho com mapas linguísticos produzidos no mundo. Nesse sentido, o projeto Amper-Por também buscou ampliar suas formas de análise de dados, fazendo uso de um método específico, o dialetométrico, conforme apresentado por Rilliard (2019).

Notas

[1] Disponível em: <https://youtu.be/GVTQO9czBsI>. Acesso em: 16 mar. 2022.

[2] "O conjunto dos usos de uma língua própria de um indivíduo, em um momento determinado (seu estilo)." (Dubois et al., 1973: 329).

[3] Meus agradecimentos à Léa Fernandes pela preparação inicial dos originais deste capítulo.

[4] Sobre o tema, ver, neste volume, o capítulo "As interações entre prosódia da fala e música", de Raposo e Meireles.

[5] Meus agradecimentos a Hugo Henrique Carvalho da Silva pela autoria da metáfora.

[6] Meus agradecimentos a Thiago Azevedo Sá de Oliveira pela autoria da metáfora.

[7] A entoação compreende o papel linguístico (tanto fonológico quanto fonético) da melodia da fala, resultado das variações de frequência fundamental (f_0) que são produzidas pelas vibrações das cordas vocais e são percebidas pelo ouvido como *pitch*.

[8] Disponível em: <http://www.varialing.eu>. Acesso em: 16 mar. 2022.

[9] Idem.

[10] Idem.

[11] Atlas Interativo da Prosódia do Português, disponível em: <http://labfon.letras.ulisboa.pt/InAPoP/>. Acesso em: 16 mar. 2022.

[12] Projeto Atlas Linguístico do Brasil, disponível em: <http://alib.ufba.br>. Acesso em: 16 mar. 2022.

[13] Atlas Multimídia Prosódico do Espaço Românico para a Língua Portuguesa, disponível em: <http://www.varialing.eu>. Acesso em: 16 mar. 2022.

[14] A Dialetologia é um "ramo da Linguística que se ocupa da identificação e descrição dos diferentes usos de uma determinada língua, considerando a distribuição diatópica, os aspectos socioculturais e a cronologia dos dados". Concernente a essa definição, insere-se a Geolinguística, considerada um método da Dialetologia (Cardoso, 2016: 13).

[15] A Geografia Linguística usufrui da Cartografia para analisar a língua diatopicamente.

O que eu poderia ler para saber mais?

Espera-se que a leitura deste capítulo motive seu leitor a se lançar na investigação em variação prosódica dialetal. Ele se propõe a ser um guia inicial para quem estiver interessado em enveredar pela área de Fonética Acústica.

Para continuar se informando sobre o tema, sugerem-se as publicações das equipes dos projetos Amper-Por, InoPAP e ALiB, seja pelo seu fácil acesso, pois as publicações desses projetos estão disponíveis em seus respectivos sites, seja por uma grande parte ser em português.

Importante dizer que as pesquisas em prosódia no Brasil, apesar do aumento de estudos na área, ainda são pontuais, porém alguns periódicos na área de Letras oferecem volumes específicos sobre o tema da variação prosódica que auxiliarão no aprofundamento dos seus estudos sobre a área:

a. O volume 39 da revista *Intercâmbio*, publicado em 2019 (<https://revistas.pucsp.br/index.php/intercambio/issue/view/2248>), aborda aspectos da variação prosódica, incluindo análise de *corpora*, metodologias de pesquisa e de segmentação dos sinais acústicos, técnicas de análise experimental e ferramentas para testes perceptuais.

b. O número especial vi da revista *Dialectologia*, publicado em 2016 (<http://www.edicions.ub.edu/revistes/dialectologiasp2016/>, reúne as experiências de pesquisadores que trabalham em diferentes campos da Dialetologia (Variação Linguística, Geolinguística, Dialetologia Social etc.).

c. O volume especial da revista *Normas – Revista de Estudios Lingüísticos Hispánicos*, publicado em 2015 (<https://dialnet.unirioja.es/servlet/libro?codigo=790974>), apresenta contribuições de autores sobre estudos dialetais. Trata-se de um volume temático contendo os trabalhos apresentados no vi Congresso de Fonética Experimental, realizado em Valência, Espanha, em 2014.

d. O livro *Estudos em variação geoprosódica*, publicado pela Editora da Universidade de Aveiro em dezembro de 2015 (<https://ria.ua.pt/bitstream/10773/15098/1/Estudos-em-variacao-geoprosodica_2015.pdf>), apresenta resultados de pesquisas em Fonética Experimental aplicada ao estudo da variação prosódica e análise contrastiva entre as variedades românicas e sua cartografia. Esse livro é a publicação dos anais do evento Colóquio Internacional de Geoprosódia do Português e do Galego, realizado em 2015, em Aveiro, Portugal.

Além desses volumes, recomendam-se dois artigos em particular: o de autoria de Nunes e Seara (2015) e de Antunes (2021), ambos com dados do projeto Amper-Por, por contemplarem descrições de variedades do PB, tomando a entoação modal como unidade de análise. Recomenda-se igualmente o clássico *Intonation System*, de autoria de Daniel Hirst e Albert di Cristo, publicado em 1998, e as teses de doutorado pioneiras de Cruz (2000) e Cunha (2000).

Referências

ANTUNES, Leandra. Estudo prosódico comparativo de declarativas e interrogativas totais do português brasileiro e do português europeu. *Caligrama*, Belo Horizonte, v. 26, n. 2, 2021, pp. 217-39.

CARDOSO, Suzana. Dialetologia. In: MOLLICA, Lília Cecília; FERRAREZI JUNIOR, Celso (orgs.). *Sociolinguística, sociolinguísticas*: uma introdução. São Paulo: Contexto, 2016, pp. 13-22.

CONTINI, Michel. Vers une géoprosodie. In: OLABARRI, Gotzon Aurrekoetxea; VIDEGAI, Xarles. *Nazioarteko dialektologia biltzarra Agiriak*. Bilbao: Real Academia de la Lengua Vasca, 1992, pp. 83-109.

_____. Analyse Contrastive de la Prosodie dans les variétés romanes: un bilan de l'Atlas Multimédia Prosodique de l'Espace Roman et son élargissement à des Nouvelles Approches Possibles. *Dialectologia*, Barcelona, v. 6, 2016, pp. 3-28.

COSTA, Maria Sebastiana. *Mapeamento geoprosódico de variedades dialetais amazônicas pela entoação modal*: Borba, Parintins, Cametá e Mocajuba. Belém, 2020. Tese (doutorado em Letras) – Universidade Federal do Pará.

CRUZ, Regina. *Aspects phonologiques et acoustiques du portugais parlé par des communautés noires de l'Amazonie (Brésil)*. Aux-in-Provence, 2000. Tese (doutorado em Linguística) – Universidade de Provence.

CUNHA, Cláudia. *Entoação regional no português do Brasil*. Rio de Janeiro, 2000. Tese (Doutorado em Língua Portuguesa) – Universidade Federal do Rio de Janeiro.

DUBOIS, Jean et al. *Dicionário de linguística*. São Paulo: Cultrix, 1973.

FERNÁNDEZ REI, Elisa; MOUTINHO, Lurdes de Castro; COIMBRA, Rosa Lídia. Contribution to the Diachronic Study of Galician and Portuguese Prosodies. *Dialectologia et Geolinguistica*, Berlim, n. 24, 2016, pp. 42-61.

FROTA, Sónia et al. Intonational Variation in Portuguese: European and Brazilian Varieties. In: FROTA, Sónia; PRIETO, Pilar (eds). *Intonation in Romance*. Oxford: Oxford University Press, 2015, pp. 235-83.

HIRST, Daniel; DI CRISTO, Albert (eds). *Intonation Systems:* A Survey of Twenty Languages. Cambridge: Cambridge University Press, 1998, pp. 1-44.

GOEBL, Hummel. Eléments d'analyse dialéctometrique (avec application à l'AIS). *Revue de Linguistique Romane*, v. 45, 1981, pp. 349-420.

LABOV, Willian. *Sociolinguistic Patterns*. Philadelphia: University of Pennsylvania Press, 1972.

LIRA, Zulina Souza de. *A entoação modal em cinco falares do Nordeste brasileiro*. João Pessoa, 2009. Tese (doutorado em Linguística) – Programa de Pós-Graduação em Linguística, Universidade Federal da Paraíba.

MEHLER, Jacques et al. A Precursor of Language Acquisition in Young Infants. *Cognition*, v. 29, 1988, pp. 143-78.

MORAES, João. Intonation in Brazilian Portuguese. In: HIRST, Daniel; DI CRISTO, Albert (eds.). *Intonation Systems:* A Survey of Twenty Languages. Cambridge: Cambridge University Press, 1998, pp. 179-94.

NASCENTES, Antenor. *O linguajar carioca*. Rio de Janeiro: Organização Simões, 1953.

NUNES, Vanessa G.; SEARA, Izabel C. Distinção de variedades dialetais e de modalidades através de contornos de regiões pré-nucleares: análises acústicas e perceptuais. *Diadorim*, Rio de Janeiro, UFRJ, v. 17, n. 2, 2015, pp. 34-51.

RILLIARD, Albert. Geoprosody – Quantitative Approaches of Prosodic Variation Across Dialects. In: VIEIRA, Márcia dos Santos M.; WIEDEMER, Marcos Luiz (org.). *Dimensões e experiências em sociolinguística*. São Paulo: Editora Blucher, 2019. pp. 55-83. Disponível em: <https://doi.org/10.5151/9788521218746>. Acesso em: out. 2020.

SARAMAGO, João; BRISSOS, Fernando. O TLPGP do léxico patrimonial galego e português como complemento de informação aos atlas linguísticos. *LaborHistórico*, Rio de Janeiro, v. 5, n. 2, 2019, pp. 290-321.

SÉGUY, Jean. La relation entre la distance spatiale et la distance lexicale. *Revue de Linguistique Romane*, n. 35, v. 138, 1971, p. 335-57.

Prosódia do discurso

Miguel Oliveira Jr.

O que é prosódia do discurso?

No capítulo "Acento" deste livro, Arantes exemplifica como identificamos a sílaba tônica de uma palavra levando em consideração os parâmetros prosódicos da fala. Mais adiante, no capítulo "Entoação", Moraes e Rilliard mostram como a prosódia é importante para distinguir uma afirmação de uma interrogação e para estabelecer que palavra é mais relevante em uma oração. Esses exemplos ilustram que o estudo da prosódia pode ser feito nos domínios da palavra e da oração. Entretanto, é possível estudar a prosódia para além do domínio da oração. Quando temos um agrupamento de orações que guardam entre si diferentes tipos de relações, de maneira coerente, estamos diante de uma estrutura linguística que é comumente denominada *discurso*.

Assim como a prosódia estabelece relações entre sílabas em uma palavra, indicando que sílabas são mais proeminentes e, desse modo, nos permitindo identificar palavras oxítonas, paroxítonas e proparoxítonas, e assim como estabelece relações entre palavras em uma oração, indicando que palavras são mais relevantes, a prosódia também atua no nível do discurso, estabelecendo as relações entre as suas partes constitutivas. Quando se fala em prosódia do discurso ou da relação entre prosódia e discurso, refere-se, portanto, ao papel da prosódia nesse domínio linguístico.

O que se estuda a respeito da prosódia do discurso?

As relações que são estabelecidas entre enunciados vão definir o tipo de discurso em que se enquadram. Considere, por exemplo, o seguinte agrupamento de orações:

(1)   Carlos entrou na sala ainda cansado. Sentou-se no sofá e ligou a TV. Ele viu um anúncio de geladeira por preço promocional. No dia seguinte, entrou na internet e comprou uma geladeira maior.

Observe que o exemplo acima descreve uma série de ações que acontecem em sequência: primeiro Carlos entra na sala, em seguida senta-se no sofá e, depois, liga a TV. A ordem desses eventos não pode ser alterada se o que se quer é reportar exatamente o que aconteceu. É exatamente essa restrição que define uma narrativa: os enunciados estabelecem entre si uma relação temporal.

A narrativa, como qualquer tipo de discurso, possui uma estrutura própria. A descrição dessa estrutura vai depender do modelo teórico que se adota. Há vários modelos que procuram descrever a estrutura típica de uma narrativa. A maior parte deles assume que a narrativa é composta de unidades semanticamente independentes. Assim, por exemplo, um dos modelos mais famosos em estudos da narrativa na área da Linguística, o de Labov (1972), propõe que a narrativa em geral é composta de seções que cumprem diversas funções, como apresentar as personagens e dar informações sobre o lugar e o tempo das ações, descrever as ações em si, avaliar as ações narradas e descrever os resultados dessas ações. O autor observa, no entanto, que nem sempre todas essas seções estão presentes em uma narrativa, sendo apenas obrigatória aquela que apresenta as ações reportadas.

Outros modelos propõem diferentes critérios para estabelecer exatamente o domínio dessas unidades discursivas. Um termo muito comum na literatura da área da Psicolinguística para designar essas unidades é *evento*. Um evento é um intervalo temporal, localizado em um determinado espaço e percebido como uma unidade completa. Mudanças no tempo, no espaço, bem como a inserção de novos elementos, são geralmente percebidas como uma mudança de evento (Zacks et al., 2001). Considere mais uma vez a narrativa anterior. Em um presumivelmente curto espaço de tempo, Carlos entra na sala, senta-se no sofá, liga a TV e vê um anúncio de geladeira. Há, depois da descrição dessa sequência de ações, uma quebra temporal, anunciada pela expressão "no dia seguinte". A narrativa desloca-se para um outro intervalo de tempo e, em geral, esse outro intervalo é percebido como um novo evento.

Quando estamos escrevendo uma narrativa, ou qualquer outro tipo de discurso, dispomos de uma série de recursos tipográficos para indicar a sua estrutura, tais como os sinais de pontuação e a variação entre caixa alta e caixa baixa, a paragrafação etc. Esses recursos auxiliam o leitor a compreender melhor o texto.[1] Na fala, outras estratégias são empregadas para a sinalização dessa estrutura. Uma das mais importantes dessas estratégias é a prosódia.

No capítulo "Entoação", Moraes e Rilliard argumentam que uma das funções da entoação é a de segmentar e hierarquizar o *continuum* sonoro em unidades menores. Essa segmentação pode acontecer em níveis diversos: do sintagma ao tópico. Tópico aqui seria equivalente a uma unidade discursiva. A entoação é, portanto, um dos fenômenos prosódicos empregados na estruturação do discurso. No entanto, como bem apontam, a segmentação pode ser tanto por modulações melódicas quanto por outros fenômenos prosódicos, tais como alongamento de vogais, uso de pausas ou pela combinação desses elementos prosódicos.

Há já uma sólida evidência de que elementos prosódicos são utilizados para delimitar macroestruturas discursivas. No português brasileiro, em particular, Oliveira Jr. (2000) demonstrou que alguns desses elementos exercem papel crucial na estruturação discursiva, segmentando o texto narrativo em seções semanticamente independentes.

Uma outra linha de investigação quando se estuda o papel da prosódia no discurso é a descrição das características prosódicas associadas a diferentes estilos e gêneros discursivos. Assim, é possível caracterizar a prosódia de uma pregação religiosa em comparação à prosódia de uma apresentação de trabalho científico, por exemplo. Também é possível levar em consideração o grau de espontaneidade da enunciação ou o método de coleta dos dados: o material foi lido? Foi gravado em um laboratório? É resposta a uma pergunta específica ou surgiu como tópico proposto pelo falante? Além disso, pode-se considerar a modalidade: é um monólogo ou um diálogo? Todas essas variáveis têm reconhecido impacto para a caracterização prosódica do discurso.

O estudo da prosódia do discurso tem impacto direto para o ensino de línguas (Baker, 2011), para o desenvolvimento de plataformas de síntese e reconhecimento de fala mais eficazes (Whichmann, 2000) e para a implementação de sistemas computacionais que processam língua natural (Pardo 2005).

Como estudar a prosódia do discurso?

Quando se estuda a prosódia do discurso, parte-se da hipótese de que a prosódia tem um papel importante nesse construto linguístico. Assim, por exemplo, quando se estuda a prosódia como elemento estruturador do discurso, assume-se a hipótese de que falantes indicam a estrutura do discurso através da manipulação de elementos prosódicos, e ouvintes utilizam essa informação para identificar cada uma das partes do discurso. Para verificar se a hipótese é verdadeira, o pesquisador terá de examinar os referidos elementos prosódicos em uma dada região do discurso. Mas como escolher essa região? Se a escolha for feita baseada na ocorrência de um dado elemento prosódico (uma pausa, por exemplo), estará diante de um movimento circular: usando a prosódia como critério para verificar se a prosódia é critério. Para evitar essa circularidade, é importante que se adote um modelo de estrutura discursiva que não utiliza a prosódia como critério de estruturação.

Existem inúmeras propostas teóricas de modelos discursivos. Essas propostas estão em geral vinculadas a abordagens informacionais (ou baseadas em informações) e a abordagens intencionais (ou baseadas em intenções). Os modelos teóricos associados à primeira abordagem procuram descrever as relações semânticas entre as várias partes do discurso; aqueles associados à segunda abordagem, por sua vez, levam em consideração a intenção do falante para descrever as relações estruturais entre segmentos discursivos.

Eleito o modelo que melhor se adequa à afiliação teórica do pesquisador, o próximo passo é segmentar o material de análise. Essa segmentação pode ser realizada por um especialista ou por sujeitos não treinados. Nesse último caso, a segmentação é feita levando-se em conta a intuição que as pessoas têm de como o discurso é organizado. O que se tem observado em ambos os casos é que em geral há uma concordância bastante expressiva entre avaliadores no que se refere à indicação de fronteiras discursivas. Em outras palavras, quando solicitadas a participar em experimentos de segmentação, as pessoas concordam entre si no que diz respeito ao ponto em que uma dada unidade discursiva termina e outra unidade começa. Essa concordância também acontece quando se pede às pessoas que segmentem o texto em unidades menores que uma unidade discursiva (Zacks et al., 2001).

Voltando ao nosso exemplo, se ele fizesse parte de um experimento de segmentação, e levando-se em consideração o que a literatura tem descrito para casos semelhantes a esse, muito provavelmente o texto seria segmentado da seguinte maneira:

(2)   Carlos entrou na sala ainda cansado. | Sentou-se no sofá e ligou a TV. | Ele viu um anúncio de geladeira por preço promocional. || No dia seguinte, entrou na internet e comprou uma geladeira maior.

Para fins de ilustração, utilizamos aqui uma barra (|) para indicar uma fronteira menor e duas barras (||) para indicar uma fronteira discursiva. Em geral, essas unidades menores (aqui separadas por uma barra simples), correspondem àquilo que a literatura tem nomeado "unidade entoacional". Definir o que é uma unidade entoacional não é uma tarefa simples. As unidades entoacionais, no entanto, possuem, em geral, características acústicas particulares: uma maior taxa de elocução associada às sílabas átonas iniciais, uma mudança de nível de f_0 ou de movimento de f_0 associada a uma sílaba átona, o alongamento da vogal na última sílaba tônica, uma menor intensidade na última sílaba, uma mudança de qualidade de voz ao fim da unidade (utilização de uma voz laríngea ou áspera), uma pausa ao fim da unidade, e uma descontinuidade melódica, que é medida através da diferença entre a f_0 associada à primeira sílaba tônica da unidade entoacional posterior e a

f_0 à última sílaba tônica da unidade entoacional anterior (Cruttenden, 1986; Szczepek Reed, 2011; Wennerstrom, 2001). Estas características podem aparecer em conjunto ou isoladamente e podem variar de língua para língua (Hirst e Di Cristo, 1998).

As unidades discursivas, por sua vez, são caracterizadas por pistas acústicas diferentes daquelas associadas às unidades entoacionais. Note-se, portanto, que essa caracterização é relativa. Em geral, as unidades discursivas são caracterizadas por uma maior descontinuidade melódica, o uso quase exclusivo do tom de fronteira baixo ao fim da unidade, uma maior duração da vogal na última sílaba tônica da unidade e pausas relativamente mais longas ao final da unidade (Ayers, 1992; Swerts e Geluykens, 1994; Swerts, 1997; Oliveira Jr., 2002; Lucente, 2012). Enquanto há já um grande número de trabalhos descrevendo as características acústicas de unidades entoacionais, o número de trabalhos que se dedicam à descrição dos elementos prosódicos associados a unidades discursivas é ainda relativamente pequeno. Portanto, essa é uma área de investigação ainda incipiente.

Se o objetivo é investigar o papel da prosódia na caracterização de diferentes estilos e gêneros discursivos, é possível fazê-lo levando-se em conta as unidades que compõem o material de análise ou o material como um todo. Pode-se, nesse sentido, descrever valores medianos de f_0, ocorrência e duração de pausas, taxa de enunciação e valores medianos de intensidade do material de análise, procurando observar se há variação nesses parâmetros que caracterizem as unidades do discurso ou o discurso como um todo.

Até este ponto, foram apresentados métodos de descrição. A prosódia do discurso pode também ser estudada a partir da perspectiva da percepção. Na verdade, muitos pesquisadores consideram que os fenômenos prosódicos observados em um estudo de descrição precisam ser validados em estudos experimentais desenhados para verificar se os referidos fenômenos são efetivamente percebidos.

Há uma variedade considerável de protocolos experimentais que têm por objetivo estudar a percepção de fenômenos prosódicos no discurso. Um dos mais simples consiste simplesmente em solicitar que os participantes do estudo cumpram uma determinada tarefa, seja executando uma ação específica, seja respondendo a um questionário preestabelecido. Assim, um experimento de segmentação, em que participantes não especialistas são instruídos a indicar as fronteiras de unidades discursivas a partir de critérios muito gerais, é um exemplo de estudo de percepção. Afinal, é esperado que os participantes levem em consideração a prosódia no julgamento que fazem. O que o pesquisador vai investigar nesse caso é se as características acústicas observadas no material experimental são de fato relevantes para a indicação de fronteiras discursivas.

Uma estratégia metodológica que pode ser empregada em experimentos de percepção é a manipulação acústica dos dados, como a remoção ou o acréscimo de pausas, a estilização e manipulação de contornos entoacionais ou a alteração de fenômenos temporais. Assim, é possível isolar determinados parâmetros acústicos e controlar a apresentação do material experimental, com o objetivo de identificar precisamente como cada um desses fenômenos tem impacto na percepção da estrutura discursiva ou mesmo na identificação de diferentes estilos e gêneros discursivos.

Um problema que se tem apontado para experimentos de percepção que se apoiam em instruções é que as resposta obtidas em tais experimentos dependem em larga escala da interpretação que os participantes fazem das instruções. Isso pode comprometer os resultados da pesquisa (Schmitt e Miller, 2010). Uma possibilidade de contornar esse problema é através do uso de técnicas experimentais *on-line*, como o rastreamento ocular, a eletroencefalografia (EEG) e a ressonância magnética funcional (fMRI). O uso dessas técnicas permite investigar processos reflexos e inconscientes que dizem respeito aos primeiros momentos do processamento da linguagem. Com a utilização desses equipamentos, é possível registrar eventos oculomotores significativos, mapear a atividade cognitiva, rastreando a hemodinâmica cerebral, e aferir a ativação elétrica relacionada a estímulos. Esses dois últimos registros permitem identificar as regiões do cérebro que são ativadas no processo da percepção e o tempo que o cérebro leva para reagir a um dado estímulo. Almeida e Almeida discutem, neste volume, a técnica de rastreamento ocular em estudos sobre a prosódia.

Por registrarem automaticamente respostas inconscientes dos participantes aos estímulos apresentados, essas técnicas não estão sujeitas a habilidades metalinguísticas, o que elimina um dos problemas apontados em estudos que usam instruções a serem interpretadas. Nesses protocolos experimentais, os participantes são, em geral, solicitados exclusivamente a prestar atenção aos estímulos, não tendo, portanto, de fornecer respostas diretas que serão utilizadas para testar as hipóteses centrais da pesquisa. Além disso, as respostas dos participantes são registradas na medida em que ouvem os estímulos e não ao fim de sua apresentação. Isso reduz a exigência sobre a memória dos participantes, que pode variar de indivíduo para indivíduo e gerar, por conta disso, ruído nos dados.

Essas técnicas podem ser utilizadas em diversos estudos envolvendo a prosódia do discurso. Para ilustrar como isso pode ser feito, descreveremos a seguir uma possível aplicação em estudos de percepção da prosódia como marca de estruturação do discurso. Com o rastreador ocular, por exemplo, é possível usar o paradigma do movimento ocular antecipado (conferir o capítulo "Rastreamento ocular e prosódia" deste volume, para uma descrição desse paradigma). Nesse caso, pode-se apresentar aos participantes do experimento duas imagens simultâneas, que estejam de algum modo relacionadas com o conteúdo do estímulo auditivo. Se é verdade que os falantes sinalizam a estrutura do discurso por meio de pistas prosódicas, e que essas pistas prosódicas já estão presentes antes de uma fronteira discursiva, e se é também verdade que essas pistas são percebidas e processadas rapidamente pelos ouvintes, é esperado que os participantes manifestem sistematicamente a percepção dessas pistas prosódicas desviando o foco de atenção de uma imagem para outra quando perceberem a indicação de que haverá uma mudança de tópico discursivo.

Diversos estudos utilizando sinais de eletroencefalografia, que são transformados em Potenciais Relacionados a Eventos (em inglês, *Event-Related Potencials* ou ERP),[2] têm indicado que ouvintes relacionam fronteiras de unidades entoacionais ao início de um novo constituinte sintático (Bögels et al., 2013). Em um estudo original, Steinhauer et al. (1999) mostraram uma correspondência entre a ocorrência de uma fronteira de unidade entoacional no alemão e um determinado sinal cerebral, expresso em forma de uma onda positiva (representada no traçado com o pico para baixo) do ERP. Esse fenômeno, nomeado *Closure Positive Shift* (ou CPS) pelos autores, tem sido observado em diversas outras línguas, inclusive no português brasileiro (Musiliyu, 2018), sendo, portanto, associado ao processamento frasal da prosódia (Pannekamp et al., 2005). Estudos de percepção da prosódia do discurso podem, entre outras possibilidades, investigar se há algum sinal cerebral específico para o processamento de fronteiras discursivas, por exemplo, ou se existem algum tipo de diferença entre o CPS que ocorre na fronteira frasal e aquele que coincide com uma fronteira discursiva.

Apesar de vantajosas, essas técnicas requerem treinamento tanto para a utilização dos equipamentos quanto para a interpretação de dados. Em particular, as técnicas de neuroimagem e de eletroencefalografia são particularmente complexas e, em alguns, casos, extremamente caras, o que pode inviabilizar a sua utilização. No entanto, essas técnicas estão se tornando cada vez mais comuns em estudos de processamento da linguagem, com um número crescente de laboratórios equipados e de especialistas habilitados, o que certamente popularizará a sua utilização em estudos linguísticos diversos, incluindo aí estudos de percepção da prosódia do discurso.

Poderia me dar um exemplo?

Em um estudo experimental de segmentação, Oliveira Jr., Cruz e Silva (2013) examinaram o impacto das pistas prosódicas presentes em narrativas espontâneas para a percepção de sua estrutura. Para isso, quatro narrativas extraídas de um *corpus* de entrevistas espontâneas (Wolfson, 1976) foram selecionadas.[3] Nesse tipo de entrevista, os participantes são solicitados a falar livremente sobre qualquer tema que deseje, embora alguns tópicos possíveis sejam propostos como estímulo. As narrativas selecionadas para o estudo surgiram naturalmente durante as entrevistas, em geral como argumento para algum dos tópicos em tela. São, nesse sentido, narrativas espontâneas, uma vez que os entrevistados não foram solicitados em ne-nhum momento a contar histórias.

As narrativas foram apresentadas em quatro condições diferentes. Na primeira condição (C1), a narrativa foi apresentada em uma versão transcrita, sem nenhum tipo de marcação ortográfica. Na segunda condi-ção (C2), a transcrição foi acompanhada da versão em áudio. Na terceira condição (C3), apenas a versão em áudio da narrativa foi apresentada. Na quarta condição (C4), foi apresentada uma versão com o áudio filtrado, mediante a técnica de passa-banda. Nessa versão, a informação acústica de frequência maior que 400 Hz foi descartada, resultando em um áudio com conteúdo ininteligível que, no entanto, mantém intactas todas as informações prosódicas.

Os participantes do estudo receberam quatro narrativas diferentes para segmentar, cada uma delas em uma condição diferente. Foram instruídos a indicar, nessas narrativas, os pontos em que julgavam existir, por parte do falante, uma intenção de finalizar uma unidade comunicativa. Não foram apresentadas definições para os termos "intenção" ou "unidade comunicativa". As instruções foram bastante vagas, de maneira a estimular a intuição dos participantes na tarefa de indicação das fronteiras dessas unidades.

Nas condições em que as narrativas foram apresentadas em uma versão transcrita, os participantes fizeram a segmentação na própria transcrição, utilizando barras transversais para isso. Nas condições em que apenas as versões em áudio da narrativa foram apresentadas, os participantes fizeram a segmentação pressionando uma tecla do computador, durante a execução do áudio.

Os resultados da tarefa de segmentação mostraram que ouvintes não treinados identificam, de forma bastante homogênea, fronteiras discursivas em narrativas espontâneas. A concordância da indicação de fronteiras foi bastante alta em todas as condições experimentais. Esses resultados sugerem, por um lado, que o acesso ao conteúdo lexical e semântico do discurso parece ser suficiente para que daí se derive a organização estrutural de narrativas. De acordo com alguns estudiosos (Bader, 1998; Fodor, 2002), ao fazer uma leitura silenciosa, as pessoas projetam um contorno entoacional padrão. É possível, portanto, que esse fenômeno, conhecido como prosódia implícita, tenha também um impacto no julgamento de segmentação discursiva. Por outro lado, os resultados também demonstraram que, mesmo quando as informações lexicais, sintáticas e semânticas do discurso não são acessíveis, os ouvintes ainda assim concordam entre si na tarefa de segmentação discursiva. Os resultados do experimento com áudio filtrado indicam que ouvintes fazem uso significativo de informações prosódicas na tarefa de identificar a estrutura subjacente de narrativas espontâneas.

Quais são as grandes linhas de investigação?

Os estudos da relação entre prosódia e discurso são relativamente recentes. Há já uma vasta literatura sobre o papel da prosódia no nível da frase e, em alguns casos (sobretudo em estudos de segmentação) entre um pequeno conjunto de frases (cf., neste volume, o capítulo "Entoação", por exemplo). Em geral, esses estudos fazem uso de dados construídos para fins de análise, e não de dados naturais. Nesses casos, as grandes linhas de investigação centram-se na identificação dos correlatos acústicos do fraseamento prosódico sob perspectivas fonéticas e fonológicas. Numa perspectiva fonética, descrevem-se variações em duração, frequência fundamental e intensidade que afetam a percepção de fronteiras frasais. As abordagens fonológicas procuram em geral categorizar as fronteiras fonológicas em termos das relações hierárquicas que assumem dentro do enunciado. A hierarquia prosódica, proposta em Selkirk (1986), inclui seis categorias: o enunciado, a frase entoacional, a frase fonológica, a palavra fonológica, o pé e a sílaba. Nessa proposta, cada uma das categorias possui diferenças fonológicas expressas através de correlatos acústicos mais ou menos evidentes. A ideia de que fronteiras fonológicas são categorizadas hierarquicamente é a base de um dos sistemas de notação prosódica mais influentes, o ToBI (Silverman et al., 1992). Importante sublinhar aqui que embora os estudos no nível da frase sejam importantes para aquilo que aqui consideremos prosódia do discurso, não são suficientes porque ignoram unidades maiores que o sintagma frasal.

Como discutido anteriormente, as investigações na área da prosódia do discurso centram-se particularmente em duas grandes frentes: aquela relativa à segmentação/estruturação do discurso, em que são particularmente consideradas as fronteiras discursivas, e aquela relacionada à caracterização das unidades discursivas em si. Relativamente a esta última frente, há abordagens e tópicos que têm recebido maior atenção. O estudo da prosódia como marca de coesão do discurso é um desses tópicos. Aqui, procura-se descrever de que maneira os elementos prosódicos atuam em fenômenos como relações anafóricas, paralelismo semântico ou gramatical e indicação de construções parentéticas na fala (Wichmann, 2000). Também se tem investigado modelos entoacionais baseados em observações globais, no nível do discurso. Assim, por exemplo, a observação que em geral se tem feito acerca da declinação natural do contorno entoacional no sintagma frasal (Ladd, 1986) também se aplica a níveis maiores que a frase (Cruttenden, 1986; Sluijter e Terken, 1993). Nesse caso, o que se tem observado é que valores de pico e de base de contornos entoacioniais associados a um sintagma frasal são em geral mais altos quanto mais cedo ocorrerem dentro de uma unidade discursiva. Há, entretanto, fatores que podem interferir nesse padrão, sendo alguns deles a estrutura informacional e as relações retóricas entre os enunciados da unidade discursiva (Wichmann, 2000; Ferreira, 2007).

Uma linha de investigação da prosódia do discurso que muitas vezes é considerada uma área por excelência é aquela que analisa o discurso em um contexto interacional. Nessa linha de investigação, fenômenos típicos da conversação são analisados levando-se em conta o papel da prosódia em sua caracterização. Assim, por exemplo, há trabalhos que procuram investigar de que maneira a prosódia é utilizada como pista para a troca ou a tomada do turno conversacional (Bögels e Torreira, 2021), como se caracterizam prosodicamente pares adjacentes (convite/aceite-recusa, pergunta/resposta, saudação/resposta à saudação) em diversos contextos (e.g., Almeida et al., 2016; Ostermann, Andrade e Frezza, 2016), ou como os participantes de uma conversa indicam alinhamento ou não durante a interação (e.g., Almeida et al., 2013; Szczepek Reed, 2011). Esses trabalhos são em geral feitos a partir de *corpora* de fala, coletados em diferentes contextos interacionais, como conversas espontâneas, entrevistas, debates, conversas ao telefone etc. Estudos recentes têm feito uso de técnicas experimentais, com o uso de equipamentos específicos, como os descritos na seção "Como estudar a prosódia do discurso", na investigação de como a prosódia em alguns desses fenômenos conversacionais são processadas pelo cérebro.

Notas

1   Uso aqui o termo *texto* na mesma acepção de *discurso*.

2   O sinal resultante de uma eletroencefalografia contém uma série de informações que não se referem unicamente ao sinal relacionado ao evento experimental. Por conta disso, se utiliza a técnica da promediação, que consiste na supressão dos ruídos aleatórios para fazer aflorar só o sinal relacionado ao evento (ERP).

3   Os dados originais utilizados nesse estudo podem ser acessados através do seguinte link: <https://doi.org/10.5281/zenodo.5931614>. Acesso em: 17 mar. 2022.

O que eu poderia ler para saber mais?

Por ser um tema ainda relativamente pouco explorado no Brasil, a maior parte do material bibliográfico introdutório que versa sobre as relações entre prosódia e discurso estão em língua estrangeira. Dois volumes que exploram o tema são inescapáveis para quem deseja saber mais sobre as diversas possibilidades de investigação da prosódia do discurso: Wichmann (2000) e Wennerstrom (2001). Se o interesse for especificamente sobre a prosódia da conversação, a leitura de outros dois livros introdutórios são altamente recomendados: a coletânea de Selting e Couper-Kuhlen (2001) e o manual de Szczepek Reed (2011).

Há já uma quantidade razoável de dissertações, teses e artigos que apresentam resultados de análises prosódicas do discurso em português. Esses trabalhos abordam, em grande parte, a prosódia como marca segmentação do discurso, tanto numa perspectiva de descrição quanto considerando o prisma da percepção (e.g., Oliveira Jr., 2000; Lucente, 2012; Pereira, 2014; Silva, 2017; Barbosa e Raso, 2018) ou como elemento caracterizador de diferentes tipos e estilos discursivos (e.g., Borges, 2008; Gonçalves, 2011; Lataliza, 2018). Além dos trabalhos mencionados ao longo deste capítulo, recomenda-se a leitura do livro organizado por Freitag e Lucente (2017), com estudos que ilustram essas duas grandes áreas de investigação da prosódia do discurso.

Referências

ALMEIDA, A. et al. Correspondência entoacional em pares adjacentes como forma de colaboração para a continuidade da sequência conversacional ao telefone. In: MELO, J.; SANTOS, M. F. (org.). *Perspectivas em retórica e análise da conversação*. Maceió: Edufal, 2016, pp. 111-30.

ALMEIDA, A. et al. Correspondência e não correspondência prosódicas em aberturas de conversas telefônicas no português europeu. *Leitura*, v. 52, 2013, pp. 293-316, 2013.

AYERS, G. M. Discourse Functions of Pitch Range in Spontaneous and Read Speech. Presented at the *Linguistic Society of America Annual Meeting*, 1992.

BADER, M. Prosodic Influences on Reading Syntactically Ambiguous Sentences. In: FODOR, J.; FERREIRA, F. (eds). *Reanalyses in Sentence Processing*. Dordrech: Kluwer academic, 1998, pp. 1-46.

BAKER, A. Discourse Prosody and Teachers' Stated Beliefs and Practices. *Tesol Journal*, v. 2, n. 3, 2011, pp. 263-92.

BARBOSA, P. A.; RASO, T. A segmentação da fala espontânea: aspectos prosódicos, funcionais e aplicações para a tecnologia. *Revista de Estudos da Linguagem*, v. 26, n. 4, 2018, pp. 1.397-433.

BÖGELS, S.; TORREIRA, F. Turn-end Estimation in Conversational Turn-taking: The Roles of Context and Prosody. *Discourse Processes*, v. 58, n. 10, 2021, pp. 903-24.

BÖGELS, S. et al. Processing Consequences of Superfluous and Missing Prosodic Breaks in Auditory Sentence Comprehension. *Neuropsychologia*, v. 51, n. 13, 2013, pp. 2.715-28.

BORGES, M. S. D. *Estudo prosódico da emissão do repórter na simulação de dois contextos da reportagem*: a passagem e o off. Belo Horizonte, 2008. Dissertação (mestrado em Linguística) – Universidade Federal de Minas Gerais.

CRUTTENDEN, A. *Intonation*. Cambridge: Cambridge University Press, 1986.

FERREIRA, V. G. *Análise do fenômeno da declinação na entonação de frases contextualizadas dos falantes do português brasileiro*. Belo Horizonte, 2007. Tese (doutorado em Linguística) – Universidade Federal de Minas Gerais.

FODOR, J. Prosodic Disambiguation in Silent Reading. In: HIROTANI, M. (Ed.). *Proceedings of Nels 32*. Amherst: GLSA Publications, 2002, pp. 113-32.

FREITAG, Raquel Meister Ko.; LUCENTE, Luciana (orgs.). *Prosódia da fala*: pesquisa e ensino. São Paulo: Blucher, 2017. DOI: DOI 10.5151/9788580392593.

GONÇALVES, J. S. S. *Contribuições para a caracterização prosódica e entoacional da fala sob suspeição*. Pelotas, 2011. Dissertação (mestrado em Letras) – Universidade Católica de Pelotas.

HIRST, D.; DI CRISTO, A. A Survey of Intonation Systems. In: _____. *Intonation Systems*. Oxford: Oxford University Press. 1998, pp. 1-43.

LABOV, W. *Language in the Inner City:* Studies in the Black English Vernacular. Philadelphia: University of Pennsylvania Press, 1972.

LADD, D. R. Intonational Phrasing: The Case for Recursive Prosodic Structure. *Phonology*, v. 3, n. 1, 1986, pp. 311-40.

LATALIZA, N. M. *Análise prosódico-discursiva das dimensões ethica e patêmica na ancoragem de telejornais sensacionalistas*. Ouro Preto, 2018. Dissertação (mestrado Letras: Estudos da Linguagem) – Universidade Federal de Ouro Preto.

LUCENTE, L. *Aspectos dinâmicos da fala e da entoação no português brasileiro*. Campinas, 2012. Tese (doutorado em Linguística) – Universidade Estadual de Campinas.

MUSILIYU, O. *Correlatos eletrofisiológicos do processamento de fronteiras prosódicas no português brasileiro*. Maceió, 2018. Tese (doutorado em Linguística) – Universidade Federal de Alagoas.

OLIVEIRA JR., M. *Prosodic Features in Spontaneous Narratives*. Vancouver, Canadá, 2000. Tese (doutorado em Linguística) – Simon Fraser University,

_____. O uso do tom de limite como marca de segmentação da narrativa espontânea. *Revista do Gelne*, v. 4, n. 1, 2002, pp. 1-6.

OLIVEIRA JR., M.; CRUZ, R.; SILVA, E. W. A relação entre a prosódia e a estrutura de narrativas espontâneas: um estudo perceptual. *Revista Diadorim*, v. 12, n. 0, 2013, pp. 38-53.

OSTERMANN, A. C.; ANDRADE, D. N.; FREZZA, M. A prosódia como componente de formação e de atribuição de sentido a ações na fala-em-interação: o caso de formulações no tribunal. *D.E.L.T.A.*, v. 32, n. 2, 2016, pp. 481-513.

PANNEKAMP, A. et al. Prosody-driven Sentence Processing: An Event-Related Brain Potential Study. *Journal of Cognitive Neuroscience*, v. 17, n. 3, 2005, pp. 407-21.

PARDO, T. A. S. *Métodos para análise discursiva automática*. São Carlos, 2005. Tese (doutorado em Ciências de Computação e Matemática Computacional) – Universidade de São Paulo.

PEREIRA, J. I. L. *Estudo perceptual da prosódia como elemento delimitador da estrutura de narrativas orais espontâneas*: a diferença de tom. Belém, 2014. Dissertação (mestrado em Linguística) – Universidade Federal do Pará.

SCHMITT, C.; MILLER, K. Using Comprehension Methods in Language Acquisition Research. In: BLOM, E.; S. UNSWORTH. (Eds.). *Experimental Methods in Language Acquisition Research*. Amsterdam: Benjamins, 2010, pp. 35-56.

SELKIRK, E. O. *Phonology and Syntax:* The Relation Between Sound and Structure. Cambridge, Mass.: MIT Press, 1984.

SELTING, M.; COUPER-KUHLEN, E. *Studies in Interactional Linguistics*. Amsterdam: John Benjamins Publishers, 2001.

SILVA, E. W. R. *A relação entre produção e percepção de pistas prosódicas na segmentação de narrativas espontâneas*. Maceió, 2017. Dissertação (mestrado em Linguística) – Universidade Federal de Alagoas.

SILVERMAN, K. E. A. et al. Tobi: A Standard for Labeling English Prosody. *Proceedings of the 2nd International Conference on Spoken Language Processing*. Banff, 1992, pp. 867-70.

SLUIJTER, A. M; TERKEN, J. M. Beyond Sentence Prosody: Paragraph Intonation in Dutch. *Phonetica*, v. 50, n. 3, 1993, pp. 180-88.

STEINHAUER, K.; ALTER, K.; FRIEDERICI, A. D. Brain Potentials Indicate Immediate Use of Prosodic Cues in Natural Speech Processing. *Nature Neuroscience*, v. 2, n. 2, 1999, pp. 191-6.

SWERTS, M. Prosodic Features at Discourse Boundaries of Different Strength. *Journal of the Acoustical Society of America*, v. 101, n. 1, 1997, pp. 514-21.

SWERTS, M.; GELUYKENS, R. Prosody as a Marker of Information Flow in Spoken Discourse. *Language and Speech*, v. 37, n. 1, 1994, pp. 21-43.

SZCZEPEK REED, B. S. Prosody and Alignment: A Sequential Perspective. *Cultural Stududies of Science Education*, v. 5, 2010, pp. 859-67.

_____. *Analysing Conversation*. Houndmills: Palgrave Macmillan, 2011.

WENNERSTROM, A. *The Music of Everyday Speech:* Prosody and Discourse Analysis. Oxford: Oxford University Press, 2001.

WICHMANN, A. *Intonation in Text and Discourse*. London: Pearson Education Limited, 2000.

WOLFSON, N. Speech Events and Natural Speech: Some Implications for Sociolinguistic Methodology. *Language in Society*, v. 5, n. 2, 1976, pp. 189-209.

ZACKS, J. M.; TVERSKY, B.; IYER, G. Perceiving, Remembering, and Communicating Structure in Events. *Journal of Experimental Psychology: General*, v. 130, n. 1, 2001, pp. 29-58.

Prosódia e escrita

Luciani Tenani

O que é a relação prosódia e escrita?

Os estudos sobre prosódia e escrita compreendem duas propostas principais. Uma dessas propostas parte de relações entre as materialidades fônica e gráfica dos enunciados. É uma abordagem que relaciona uma característica prosódica da fala, a pausa, por exemplo, com um sinal gráfico da escrita, a vírgula, como indicado na direção "escrever" no diagrama da Figura 1. Na direção inversa, a relação pode ser da escrita para a fala, focalizando-se a leitura de enunciados escritos, como indicado na direção "ler" no diagrama. Nesse caso, ao sinal de vírgula pode estar associada uma pausa breve na leitura de um texto escrito, por exemplo. Nesta segunda direção, estabelece-se relação entre um sinal de pontuação da escrita e um modo de produzir características prosódicas ao ser lido um enunciado. Dessa perspectiva, um desafio investigativo é abordar a grande variação da realização fonética de natureza prosódica da fala – que poderia ser capturada por tendências estatisticamente sustentadas – em contraposição à (suposta) estabilidade das convenções ortográficas e das regras de emprego de sinais de pontuação, principalmente da vírgula. Essas possíveis relações entre prosódia e escrita relacionadas a ler e escrever estão representadas na Figura 1.

Figura 1 – Diagrama de potenciais relações entre fala e escrita

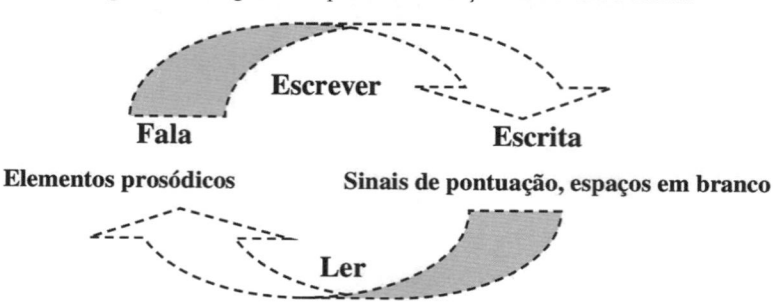

Há, entretanto, estudos que defendem que essa abordagem não captura a complexidade de como os usos da fala e da escrita acontecem nas diversas e complexas esferas das relações sociais na contemporaneidade. Tendo no horizonte essas relações sociais, o estudo das relações entre prosódia e escrita também tem sido feito em bases teóricas linguístico-discursivas a partir da consideração de práticas orais e letradas entrelaçadas aos modos de enunciação falado e escrito. Entram em cena os conceitos de oralidade e letramento, enquanto práticas sociais, ao lado dos conceitos de fala e escrita, definidos como modos de enunciação.

Neste capítulo, assumo essa segunda proposta e a perspectiva que concebe a *escrita* como um modo de enunciação que é constituído por práticas orais e letradas concomitantemente (Chacon, 2021). Retomarei mais à frente essa abordagem, ao apresentar a análise de dados. No bojo dessa escolha teórico-metodológica, assumo uma perspectiva fonológica (e não fonética) da *prosódia*, que a concebe como um subsistema do componente fonológico, como definido nos modelos não lineares da Fonologia Prosódica (Nespor e Vogel, 1986; dentre vários outros). Noções básicas dessa abordagem serão explicitadas nas próximas seções.

Por ora, cabe esclarecer que essas diferentes abordagens sobre prosódia e escrita são motivadas em diferenças na formulação de questões e objetivos de pesquisas que, em comum, lançam mão de abordagens linguísticas, que consideram ou a variação linguística expressa na fala dos mais diversos grupos sociais, ou a complexidade discursivo-enunciativa associada à fala e à escrita, para analisar e estabelecer relação entre prosódia e escrita. A essas considerações de viés teórico, retornarei mais ao final do capítulo.

O que se estuda a respeito da relação entre prosódia e escrita?

Os pesquisadores que investigam como se dão as relações entre dados de escrita e prosódia privilegiam dois objetos de análise, a saber: (i) as segmentações não convencionais de palavra; (ii) e os usos não convencionais de sinais de pontuação, principalmente a vírgula, relacionando-os a constituintes prosódicos, sobre os quais trataremos por meio da caracterização desses objetos de estudo a partir do texto[1] apresentado na Figura 2.

Figura 2 – Texto com exemplos de hipossegmentação: Z09_6C_03M_01[2]

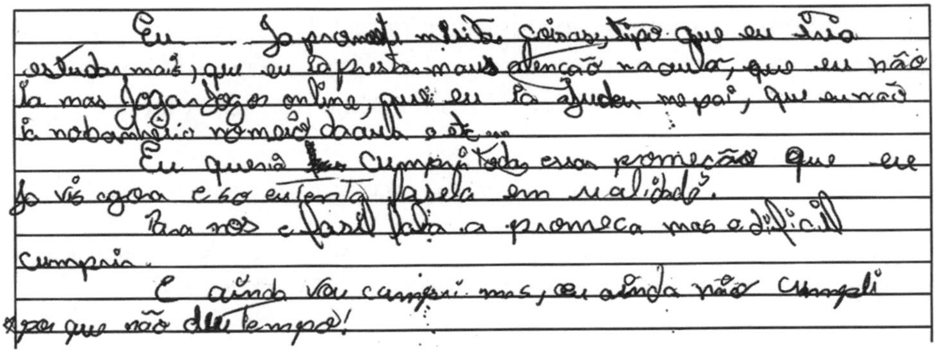

Fonte: Tenani (2015).

Nesse texto, identificamos hipossegmentações que se caracterizam pela ausência de branco que delimita palavras na escrita, como em: "no banheiro", "no meio", "da aula"; já a hipossegmentação "fasela" [fazê-la] se caracteriza pela ausência do hífen e a junção gráfica entre a forma verbal de "fazer" e o pronome "a" que assume a forma "la", dada a estrutura enclítica do português. Nesses exemplos, há a ausência de branco e de hífen, registros que representam as fronteiras gráficas entre as palavras, que se constituem em uma marca da relação prosódica entre essas palavras, como argumentarei na seção "Poderia me dar um exemplo?".

Outro tipo de dado relacionado à fronteira de palavra é a hipersegmentação, que consiste na presença de espaço em branco ou hífen dentro de uma palavra ortográfica, segmentando-a em duas ou mais unidades.

Na Figura 3, a palavra "depois" é grafada com um espaço em branco entre "de" e "pois", o que resultada em duas outras possíveis palavras ortográficas do português.

Figura 3 – Texto com exemplo de hipersegmentação: Z10_7B_05M_02[3]

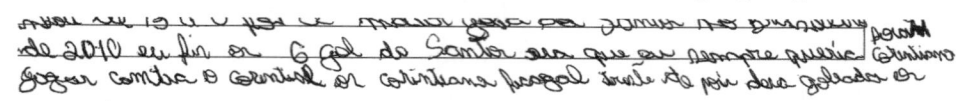

Fonte: Tenani (2015).

O terceiro e último tipo de dado relacionado à fronteira de palavra diz respeito às grafias não convencionais entre palavras que se caracterizam por haver simultaneamente a junção entre palavras e a separação de uma das palavras, como é exemplo "ao lado" na Figura 4. Nesse registro, há espaço em branco entre a preposição e o artigo: "a o", e a ausência do branco entre o artigo "o" e o substantivo "lado", resultando o registro "olado".

Figura 4 – Texto com exemplo de híbrido: Z10_7B_05M_02[4]

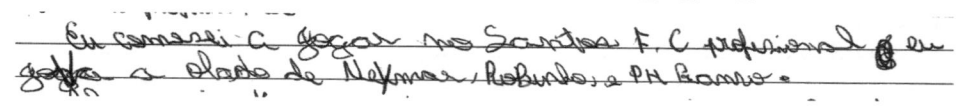

Fonte: Tenani (2015).

Esse tipo de registro gráfico tem, ao menos, três denominações, a saber: "mescla", segundo Chacon (2004); "híbrido", segundo Cunha (2010); e "misto", segundo Piacente e Querejeta (2012). Essas três nomeações "mesclas, híbridos, mistos" expõem, para Capristano (2021), a flutuação de abordagem, por um lado, e o reconhecimento do caráter complexo desse tipo de registro gráfico, por outro lado. Em comum, esses trabalhos reconhecem que se trata de um tipo de registro distinto dos outros dois que abrangem características específicas da segmentação não convencional de palavras.

Em suma, esses três tipos de registros não convencionais de fronteiras de palavras são objetos especialmente interessantes, porque permitem ao investigador entrever relações dessas grafias com representações de constituintes prosódicos que as teorias fonológicas formulam, como será explicitado na próxima seção e exemplificado em seguida. Essas grafias também interessam aos que estudam características discursivas da escrita infantil e aos que se preocupam em identificar aspectos típicos e atípicos da escrita produzida por crianças e adolescentes em ambiente escolar.

Os usos dos sinais de pontuação também são objeto que favorece a investigação da relação entre prosódia e escrita. Os sinais de pontuação têm na sua constituição histórica e no seu funcionamento contemporâneo característica multidimensional, nos termos de Chacon (1998), na medida em que motivações prosódicas, sintáticas, semânticas, textuais e enunciativas podem ser observadas. Os usos não convencionais dos sinais, principalmente a vírgula em textos escolares como o da Figura 2, são especialmente relevantes porque, dentre outros aspectos, possibilitam entrever a complexidade da relação entre prosódia e escrita, como demonstraremos na seção "Poderia me dar um exemplo?". Por agora, chamo a atenção do leitor para dois trechos retirados do texto da Figura 2, com destaques acrescentados: (i) "Para nos e fasil fala a promeça mas e dificil cumprir", em que não há a vírgula antes da conjunção "mas"; e (ii) "E ainda vou cumpri mas, eu ainda não cumpli por que não deu tempo!", em que há vírgula após a conjunção "mas". Nessas presença e ausência da vírgula, relações podem ser feitas com características prosódicas dos enunciados, como mostraremos na seção "Poderia me dar um exemplo?".

Como estudar a relação entre prosódia e escrita?

A identificação de segmentações não convencionais de palavras toma como referências as convenções ortográficas da língua portuguesa que podem ser encontradas em dicionários de referência. A identificação da grafia convencional de uma dada palavra deve ser feita considerando-se a estrutura sintático-semântica do enunciado a fim de se definir qual forma ortográfica é requerida, como é o caso de "senão", uma conjunção, em comparação com "se não", uma construção formada pela conjunção concessiva "se" e o advérbio de negação "não". Exemplos extraídos de Longhin e Tenani (2015) permitem observar essas duas construções:

(i) "Foi bom ele ter me deixado porque *se não* eu não teria conhecido"; (ii) "Foi ele que levantou meu astral, porque *se não* fosse ele, eu estaria mais triste". Em (i), ocorre a grafia da conjunção "senão" hipersegmentada e, em (ii), a grafia da conjunção "se" seguida do advérbio "não". Apenas a primeira dessas duas grafias é um dado a ser analisado.

Somam-se a esses procedimentos metodológicos aspectos gráficos relativos à caligrafia do escrevente, nos casos de o material ser constituído por textos manuscritos. É importante proceder a dois tipos de comparação, conforme Tenani (2021): (i) comparação da proporção dos espaços entre palavras ao longo do texto, e (ii) comparação entre grafias das mesmas letras em palavras que ocorram no mesmo texto do escrevente. Essas comparações têm o objetivo de identificar ou a presença não convencional do branco dentro da palavra, no caso da hipersegmentação, ou a ausência não convencional do branco entre palavras, no caso da hipossegmentação. A importância desse cuidado metodológico pode ser exemplificada pela comparação das duas grafias de "eu não", na Figura 2. Maior espaço entre essas palavras se constata na primeira em relação à segunda grafia, o que leva à classificação dessa segunda como uma hipossegmentação.

Um maior desafio para o analista, contudo, é identificar dados de presenças e ausências de vírgulas e classificá-las em convencionais ou não. Embora usos não convencionais de outros sinais de pontuação sejam encontrados (Araújo-Chiuchi, 2012), o caso das vírgulas é especialmente complexo em razão da ausência de um conjunto de regras que tenham enunciados suficientemente precisos e amplamente aceitos entre gramáticos. Um exemplo são as regras para o uso de vírgulas quando há adjuntos adverbiais deslocados. Na edição de Bechara (1999), por exemplo, o uso da vírgula é obrigatório para separar adjuntos adverbiais que precedem o verbo e as orações adverbiais que vêm antes ou no meio da oração principal em que se encontram; já na edição de Rocha Lima (1986), a vírgula é obrigatória para assinalar a inversão dos adjuntos adverbiais, mas é optativa caso o advérbio deslocado seja pequeno. Observa-se que essa formulação da regra não se encontra em edições subsequentes da gramática de Rocha Lima. Nessas regras, constata-se a natureza ora obrigatória, ora facultativa das regras, ao lado de caracterização imprecisa de fator que condiciona o emprego do sinal, pois não se define o que seja um "advérbio pequeno".

Outro procedimento metodológico importante relacionado aos adjuntos adverbiais diz respeito ao fato de a posição canônica de advérbios variar a depender de seu funcionamento sintático-semântico. É necessário embasamento em estudos sobre os advérbios (Ilari, 2007) para se definir se um dado advérbio se encontra sintaticamente deslocado à primeira posição da sentença (e, portanto, deve estar delimitado por vírgula à sua direita) ou encaixado (e, portanto, deve estar entre vírgulas). Um exemplo é a ocorrência do advérbio "sempre", cuja posição pós-verbal é a preferencial. Essa caracterização sintática permite definir que deveria haver vírgulas antes e após "sempre" em ocorrências como: "mas *sempre* a minha tristeza é por garotos" (Z11_8C_21F_02). Desse modo, esse deve ser considerado um dado de ausências de vírgulas, se considerada a regra de Bechara (1999) anteriormente apresentada; ou não, se considerada a regra de Rocha Lima (1986), por não se configurar um contexto para usos de vírgulas.

Por meio destas considerações, saltam aos olhos que o rigor metodológico para definir e identificar dados de escrita é fundamental para uma análise cientificamente fundamentada, passível de revisão e questionamento. Na próxima seção, passo a exemplificar a análise prosódica dos dados de escrita.

Poderia me dar um exemplo?

Para iniciar, retomarei o texto da Figura 2, produzido por um aluno no início do sétimo ano do ensino fundamental (EF) em uma escola pública paulista no âmbito de um projeto de extensão universitária conduzido por docentes da Unesp (ver detalhes em Tenani, 2015). Esse texto foi produzido após apresentação de uma tirinha da Turma da Mônica em que cada personagem fazia promessas, a saber: em um quadrinho, a Mônica prometia não bater no Cebolinha; em outro quadrinho, o Cebolinha prometia falar corretamente; noutro quadrinho, o Cascão prometia tomar banho; no penúltimo quadrinho, a Magali prometia comer menos; no último quadrinho, cada um retirava de si uma máscara que era a face de um membro da turma. Em outras palavras, as personagens estavam trocadas, por exemplo: quando a Mônica fazia promessa era, na verdade, a Magali. Nesse caso, foi a Magali que prometeu não bater no Cebolinha. Esse jogo de promessas foi abordado pelo professor com seus alunos em sala de aula de Língua Portuguesa. Motivando a reflexão das condições para uma pessoa fazer uma promessa, o professor problematizou as dificuldades para o cumprimento dessas promessas e as consequências de não as cumprir. Em seguida, solicitou aos alunos o relato de promessas que não teriam sido cumpridas, explicitando quando, a quem e por que foram feitas.[5] O texto da Figura 2 é uma resposta a essa proposta. Há vários aspectos que podem ser analisados, porém, visando exemplificar como prosódia e escrita estão relacionadas, interessa analisar alguns dados.

Das segmentações nesse texto, lançamos o olhar às hipossegmentações: "nobanheiro" e "fasela". Na primeira, há a característica de um item gramatical – a preposição "no" – ser seguido de um item lexical – o substantivo "banheiro". Os itens gramaticais, por não serem acentuados, são denominados por clítico fonológico; os itens lexicais que têm acento são, por isso, nomeados de hospedeiro prosódico. A ausência do branco entre o clítico e seu hospedeiro observada nessa ocorrência pode ser interpretada como efeito da configuração prosódica de um grupo clítico (Bisol, 2000, 2005). De modo mais detalhado, "no banheiro" forma um constituinte prosódico em que o clítico "no" (uma preposição sem acento) se junta a "banheiro", uma palavra prosódica (por ser um substantivo com acento): o clítico depende prosodicamente de um hospedeiro. Simultaneamente a essa relação prosódica, há uma relação sintática: a preposição "no" e o substantivo "banheiro" constituem um sintagma preposicional. Portanto, há a configuração de um constituinte "no banheiro", consideradas as relações sintáticas e prosódicas ora descritas. Interpreto que a ausência de espaço em branco no exemplo selecionado seja motivada principalmente por essas relações sintáticas e prosódicas, e não porque "falamos tudo junto" essas palavras.

A outra hipossegmentação que vale analisar é "fasela" [fazê-la], que se caracteriza pela ausência do hífen e a junção gráfica entre a forma verbal de "fazer" e a forma pronominal "la". Trata-se de uma hipossegmentação entre palavra prosódica (que é a forma verbal) e o clítico (que é a forma pronominal), um tipo de junção menos frequente na amostra longitudinal de hipossegmentações analisada por Fiel (2018). Sobre esse tipo de hipossegmentação, Fiel e Tenani (2018) chamam a atenção para o fato de o clítico estar após seu hospedeiro, configurando uma prosodização à esquerda que não é típica do português brasileiro. As autoras identificam nessas grafias efeito da configuração rítmica em pés métricos trocaicos no domínio da palavra prosódica, característica que certas estruturas morfossintáticas apresentam no português. Se considerada a forma "fazê-la", a configuração métrica no domínio da palavra é iâmbica, ou seja, sílaba átona "fa" seguida da tônica "zê", mas a hipossegmentação "fasela" sugere que a configuração métrica passa a ser trocaica, ou seja, sílaba tônica "zê" seguida da sílaba átona "la", sílaba incorporada ao domínio da palavra.[6]

Hipossegmentações em que se observam estruturas de verbo e pronome, como a exemplificada, correspondem a palavras prosódicas em que os pronomes átonos são incorporados como sílabas postônicas. Nessa interpretação, são os dados de escrita que embasam uma reflexão sobre a organização prosódica dos enunciados. Vejamos: nas hipossegmentações em que se configura a relação hospedeiro-clítico ("fasela"), a direção da prosodização do clítico é à esquerda, diferentemente do que tipicamente ocorre no português brasileiro, que é a prosodização à direita (clítico-hospedeiro), como "nobanheiro", em que a preposição "no" precede seu hospedeiro, o substantivo "banheiro". Por meio desta análise, é exemplificado que as grafias não convencionais de palavras podem ser interpretadas como efeito de estruturas prosódicas dos enunciados.

Passo a exemplificar a análise prosódica de vírgulas em um enunciado extraído do texto da Figura 2, que foi transcrito segundo as convenções ortográficas e as regras de usos de vírgulas,[7] tendo sido indicada a inserção das vírgulas entre colchetes. Segue, ainda, a indicação das fronteiras de frase entoacional (ip), definidas a partir do algoritmo de formação desse constituinte prosódico, com base em Frota (2000), para o português.[8] A caracterização da ip será apresentada no decorrer das análises.

(1)   E ainda vou cumprir[,] mas eu ainda não cumpri[,] porque não deu tempo!

(2)   [E ainda vou cumprir]ip [mas eu ainda não cumpri]ip [porque não deu tempo]ip

No enunciado (1), a vírgula foi usada após a conjunção "mas", quando deveria ter sido empregada antes dessa conjunção. Esse é exemplo de presença não convencional de vírgula. Esse emprego da vírgula chama especialmente atenção porque outras vírgulas não são empregadas, embora previstas: pode ser empregada uma vírgula antes de "porque", se interpretado "porque não deu tempo" como oração explicativa; no entanto, se essa mesma oração for causal, não é previsto o uso da vírgula antes da conjunção "porque". Nessas fronteiras sintáticas em que são previstas vírgulas também são previstas fronteiras de ip, como indicado em (2), pois cada oração se constitui uma ip, conforme algoritmo de formação desse domínio.

A única vírgula registrada não é em fronteira sintática onde é prevista a vírgula, como indicado em (1), mas onde pode ter uma fronteira prosódica de ip. Esse tipo de dado se particulariza, segundo Carvalho (2019: 123), por justamente não coincidir a posição em que a vírgula foi usada com fronteiras sintáticas em que elas são previstas. Para exemplificar como analisar essa relação entre vírgula e fronteira prosódia, retomo o texto da Figura 2 e, principalmente, a proposta de produção textual (descrita anteriormente). É possível detectar que a conjunção "mas" introduz a justificativa de as promessas não terem sido cumpridas. É uma resposta do aluno à proposta de produção textual: ele relata suas promessas e se justifica (a seus interlocutores: família, escola, universidade, por exemplo) porque não as cumpriu. Esse é um uso enunciativo da vírgula, na linha do que argumentam Esvael e Paula (2014), pois no sinal de pontuação está a marca da resposta do sujeito aos seus interlocutores. Cabe destacar que a vírgula segmenta o enunciado em partes e, simultaneamente, por estar adjacente à conjunção "mas", dá destaque às relações de sentidos que essa conjunção mobiliza, como indicar oposição ou restrição entre as proposições dos trechos do enunciado graficamente delimitados pela vírgula. Essa segmentação gráfica também pode estar ancorada em uma configuração prosódica do enunciado à medida que a posição em que a vírgula é colocada pode ser associada à fronteira de ip. Essa fronteira, que se manifesta por pausa e tom de fronteira em enunciados falados (Tenani, 2002), tem características que parecem estar representadas nesse uso não convencional da vírgula.[9] Com base nessa argumentação, proponho que o fraseamento prosódico do enunciado em análise passe a ser: [E ainda vou cumprir mas,]ɪᴘ [eu ainda não cumpri porque não deu tempo]ɪᴘ. Interpreto, enfim, que esse emprego não convencional de vírgula é efeito da configuração do enunciado em porções que são menos motivadas em relações sintáticas tais como as previstas pelas gramáticas para uso de vírgulas, porém mais respaldadas em relações semântico-enunciativas que também se expressam por meio de constituintes prosódicos nos quais o aluno parece se ancorar ao escrever. Nessa interpretação, estabeleço relação entre prosódia e escrita a partir da análise da vírgula. Em síntese, as vírgulas (convencionais ou não) são sinais de que fronteiras prosódicas (particularmente de ɪᴘ) são projetadas nos textos escritos, especialmente quando estão associadas às funções semânticas e enunciativas desse sinal de pontuação.

Quais são as grandes linhas de investigação?

No início deste capítulo, já estão delineadas, por meio do diagrama da Figura 1, linhas de investigação das relações entre prosódia e escrita no bojo das relações entre diferentes concepções de fala e escrita. Em uma linha, a investigação descreve como elementos prosódicos atualizam enunciados escritos. São estudos em que o material de análise é constituído a partir da leitura de textos escritos. A análise de parâmetros acústicos – como variação de f_0, medidas de duração de segmentos ou sílabas – da fala gravada é feita de maneira a relacionar aos sinais de pontuação, como vírgulas e pontos. Nessa linha de investigação, fala e escrita são maneiras de se produzir uma mensagem, realizações da língua por meio de diferentes semioses: a fala se realiza por meio da materialidade fônica e a escrita se realiza por meio da materialidade gráfica.

Noutra linha de investigação, outras bases teóricas conceituam prosódia e escrita, além da própria relação entre elas. Nessa linha, a prosódia é um subsistema do componente fonológico da língua, em interface com a sintaxe e sujeito a restrições de natureza semântica e pragmática. A estrutura prosódica é constituída de hierarquia de domínios prosódicos, como o grupo clítico ou a frase entoacional (ɪᴘ) abordados anteriormente, que se mostram relevantes para detectar a ancoragem do sujeito falante/ouvinte/escrevente em características dos enunciados falados. Cabe ressaltar que, nessa linha, fala e escrita são conceituadas por Chacon (2021: 4) como dois modos de produção e atribuição de sentidos que se dariam com base em diferentes articulações entre elementos de dois planos essenciais da linguagem: (i) a língua e (ii) as práticas discursivas orais e letradas.

Esse breve panorama das abordagens das relações entre prosódia e escrita permite vislumbrar possibilidades de interpretação linguística dos chamados erros de segmentação de palavra e de pontuação. Essa proposta se afasta de abordagens que usam essas grafias para diagnosticar problemas de aprendizagem que passam a ser sintomas de distúrbios de natureza clínica. Conforme problematização feita pela pedagoga Cecília Collares e a médica Maria Aparecida Moysés, existe um processo de transformação do espaço pedagógico em espaço clínico que se define por "transformar questões não médicas, eminentemente de origem social e política, em questões médicas" (Collares e Moysés, 1994: 25). Neste capítulo, sustento uma abordagem linguística da escrita (aí incluídas a ortografia e a pontuação) e da fala (aí incluída a prosódia) em que embaso a investigação dos modos pelos quais falantes/ouvintes, escreventes/leitores ao falarem e escreverem estão imersos em práticas sociais orais e letradas que os constituem enquanto sujeitos da e na linguagem (Tenani, 2021).

Notas

[1] Os manuscritos pertencem ao banco de dados de escrita dos anos finais do ensino fundamental (Tenani, 2015) e são identificados pela seguinte notação: escola e ano letivo; série e turma; número e sexo do aluno; número da proposta. Desse modo, temos em "Z09_6C_03M_01" as seguintes informações: letra "Z" para escola e "09" para ano letivo de 2009; "6" para 6ª série e "C" para turma; "03" para número do aluno e "M" para sexo masculino; "01" para proposta de número 1 do banco.

[2] Leitura possível: "Eu XX já prometi muitas coisas, tipo que eu iria estudar mais, que eu ia prestar mais atenção na aula, que eu não ia mais jogar jogos on-line, que eu ia ajudar meu pai, que eu não ia no banheiro no meio da aula e etc... Eu queria cumprir todas essas promessas que eu já fiz agora e só eu tento fazê-las em realidade. Para nós é fácil falar a promessa, mas é difícil cumprir. E ainda vou cumprir, mas eu ainda não cumpri porque não deu tempo!"

[3] Leitura possível: "[...] jogar contra o Corinthians. Os corinthianos ficaram tristes depois dessa goleada".

[4] Leitura possível: "Eu comecei a jogar no Santos F.C. profissional. Eu jogava ao lado de Neymar, Robinho, e PH Ganso".

[5] A orientação para a produção do texto foi: "Seu texto deve conter de 20 a 25 linhas e deve ser escrito à tinta preta ou azul escuro. Seu texto não deve ultrapassar os limites designados para a escritura. Dê um título a seu texto".

[6] Pé troqueu é uma configuração métrica característica do português, como em "cama" e "mesa", em que há duas sílabas sendo a tônica seguida de uma átona. Em palavras como "menino" e "camisa", também a sílaba tônica é seguida de átona, configurando um pé troqueu, mas ternário (porque formado de três sílabas), segundo

o modelo de Nespor e Vogel (1986). O pé métrico iâmbico compreende uma configuração métrica em que uma sílaba átona é seguida de uma tônica, como em "café" e "sofá".

[7] Foram consultadas as gramáticas de Cunha e Cintra (2016) e Bechara (1999).

[8] O algoritmo de IP proposto por Frota (2000, p. 57) para o português é formulado nos seguintes termos: Algoritmo de formação e reestruturação de Frase Entoacional (IP): (a) Domínio IP: (i) todas as PPh em uma cadeia que não estão estruturalmente ligadas à sentença raiz (ou seja, expressão entre parênteses, *tag questions*, vocativos etc.); (ii) qualquer sequência restante das PPh adjacentes numa sentença raiz; (iii) o domínio de um contorno entoacional, cujos limites coincidem com posições em que as pausas relacionadas com a gramática podem ser introduzidas em um enunciado; (b) Reestruturação de IP: (i) reestruturação de uma IP básica em duas outras menores, ou (ii) reestruturação de IP básicas em uma IP maior. Os fatores que desempenham papel na reestruturação de IP: comprimento dos constituintes, de taxa de elocução e estilo interagem com restrições sintáticas e semânticas (tradução feita pela autora). Acrescenta-se que "PPh" indica sintagma fonológico, isto é, o constituinte prosódico constituído de sintagmas, sejam eles nominal, verbal, adverbial ou preposicional.

[9] Acrescenta-se que o apagamento da marca de infinitivo verbal de "falar" e "cumprir" pode ser interpretado como efeito da ancoragem do aluno em características dos enunciados falados.

O que eu poderia ler para saber mais?

Para ampliar seu conhecimento sobre prosódia e escrita, são indicadas algumas publicações em português, a seguir, agrupadas pelos temas abordados. O artigo de Abaurre (1991) é certamente uma leitura obrigatória para se iniciar na investigação das relações entre prosódia e escrita, pois aí se encontram as primeiras hipóteses explicativas para registros encontrados em textos infantis baseadas em teorias fonológicas. Esse artigo também é importante porque nele vários pesquisadores se inspiraram para desenvolver outras propostas de análise de dados de escrita, como é o caso de Capristano (2007), Cunha (2012, 2010), Chacon (2021), dentre vários outros. Esses autores tratam da segmentação não convencional de palavras em textos infantis com objetivos distintos, mas, em comum, mobilizam conceitos do arcabouço teórico da Fonologia Prosódica para lançar luz às complexas relações linguísticas com as quais as crianças se mostram imersas ao longo do processo de produção de textos escritos.

O artigo de Soncin e Tenani (2015) trata das vírgulas enquanto objeto de investigação linguística e aponta implicações didáticas que esse tipo de pesquisa pode ter. As autoras propõem ao leitor caminhos para articular a análise linguística à prática didática, particularmente no ensino de noções sobre a relação entre fala e escrita a partir da análise dos usos da vírgula. Esse artigo é voltado àqueles que têm interesse em mobilizar noções linguísticas ao ensino de português no EF.

Por fim, o artigo de Tenani (2017) explicita o alcance das contribuições de Abaurre (1991), dentre outros artigos desta autora, para os estudos sobre prosódia e escrita. Esse artigo interessa àqueles que se propõem a ampliar os fundamentos teóricos e metodológicos de pesquisas que pretendem descrever os objetos considerando bases de dados quantitativamente robustas e, principalmente, alcançar ganhos explicativos sobre as características linguísticas constitutivas das relações que os sujeitos enquanto falantes, ouvintes, escreventes estabelecem com a (sua) língua nas mais diversas e complexas esferas das práticas de linguagem.

Por fim, vale reiterar que essas indicações não têm a pretensão de abranger o leque de publicações no país sobre prosódia e escrita, mas visam tão somente apontar caminhos para leituras introdutórias.

Referências

ABAURRE, Maria Bernadete Marques. A relevância dos critérios prosódicos e semânticos na elaboração de hipóteses sobre segmentação na escrita inicial. *Boletim da Abralin*, v. 11, 1991, pp. 203-17.

ARAÚJO-CHIUCHI, Ana Carolina. *Os usos não convencionais da vírgula em textos de alunos da quinta série do ensino fundamental*. São José do Rio Preto, 2012. Dissertação (mestrado em Estudos Linguísticos) – Instituto de Biociências, Letras e Ciências Exatas, Universidade Estadual Paulista "Júlio de Mesquita Filho".

BECHARA, Evanildo. *Moderna gramática portuguesa*. 37. ed. Rio de Janeiro: Lucerna, 1999.

BISOL, Leda. O clítico e o seu hospedeiro. *Letras de Hoje*, Porto Alegre, v. 40, n. 3, 2005, pp. 163-84.

_____. O clítico e seu status prosódico. *Revista de Estudos da Linguagem*, Belo Horizonte, v. 9, n. 1, 2000, pp. 5-20.

CAPRISTANO, Cristiane Carneiro. *Aspectos de segmentação na escrita do EF I*. 1. ed. São Paulo: Martins Fontes, 2007.

_____. Nos (não) limites da palavra: movências do modo escrito de enunciação. *Revista Brasileira de Linguística Aplicada*, v. 21, n. 3, 2021. Disponível em: <https://doi.org/10.1590/1984-6398202116591>. Acesso em: 28 nov. 2021.

CARVALHO, Tainan Garcia. *Usos de vírgulas em textos do ensino fundamental II*: um estudo longitudinal. São José do Rio Preto, 2019. Dissertação (mestrado em Estudos Linguísticos) – Instituto de Biociências, Letras e Ciências Exatas, Universidade Estadual Paulista "Júlio de Mesquita Filho".

CHACON, Lourenço. A relação fala/escrita em dados não convencionais de escrita infantil. *Cadernos de Linguística*, v. 2, n. 1, 2021, p. 1-17.

_____. Constituintes prosódicos e letramento em segmentações não convencionais. *Letras de Hoje*, Porto Alegre, v. 39, n. 3, 2004, pp. 223-32. Disponível em: <http://revistaseletronicas.pucrs.br/fale/ojs/index.php/fale/article/view/13916/9230>. Acesso em: 08 jul. 2014.

_____. *Ritmo da escrita*: uma organização do heterogêneo da linguagem. 1. ed. São Paulo: Martins Fontes, 1998.

COLLARES, Cecília Azevedo Lima; MOYSÉS, Maria Aparecida Affonso. *A transformação do espaço pedagógico em espaço clínico (a patologização da educação)*. Série Ideias, São Paulo, n. 23, 1994. Disponível em: <http://www.crmariocovas.sp.gov.br/pdf/ideias_23_p025-031_c.pdf>. Acesso em: 18 mar. 2022.

CUNHA, Ana Paula Nobre. As segmentações não convencionais da escrita inicial: um estudo sobre o troqueu silábico e sua relação com o ritmo linguístico do PB e do PE. *Linguística*, Porto, v. 7, 2012, pp. 45-63.

_____. As segmentações não convencionais da escrita e sua relação com os constituintes prosódicos. *Cadernos de Educação*, Pelotas, v. 35, 2010, pp. 323-58.

CUNHA, Celso; CINTRA, L. *Nova gramática do português contemporâneo*. 7. ed. Rio de Janeiro: Editora Lexikon, Print, 2016.

ESVAEL, Eliana; PAULA, Orlando. Produção escrita de formandos do curso de letras: a função enunciativa da vírgula. In: PUZZO, Miriam Bauab; KOZMA, Eliana Viana Brito; UYENO, Elzira Yoko (orgs.). Os sinais de pontuação e seus efeitos de sentido: uma abordagem discursiva. Campinas: Pontes, 2014, pp. 33-62.

FIEL, Roberta. *Estudo longitudinal de hipossegmentações de palavras em textos do EF II*. São José do Rio Preto, 2018. Dissertação (mestrado em Estudos Linguísticos) – Instituto de Biociências, Letras e Ciências Exatas, Universidade Estadual Paulista "Júlio de Mesquita Filho".

FIEL, Roberta; TENANI, Luciani. Prosodização de clíticos em Português Brasileiro: pistas a partir de hipossegmentações. *Filologia e Linguística Portuguesa*, São Paulo, v. 20 (Especial), 2018, pp. 27-45. Disponível em: <https://doi.org/10.11606/issn.2176-9419.v20iEspecialp27-45>. Acesso em: 18 mar. 2022.

FROTA, Sonia. *Prosody and Focus in European Portuguese*. Phonological Phrasing and Intonation. 1. ed. New York: Garland Publishing, 2000.

ILARI, Rodolfo. A categoria advérbio na gramática do português falado. *Alfa: Revista de Linguística*, São Paulo, v. 51, n. 1, 2007, pp. 151-74. Disponível em: <https://periodicos.fclar.unesp.br/alfa/article/view/1430>. Acesso em: 12 jan. 2022.

LONGHIN, Sanderléia Roberta; TENANI, Luciani. Flutuação gráfica entre "senão" e "se não": considerações sobre polissemia, constituição morfossintática e prosódia. *Gragoatá*, Niterói, v. 20, n. 38, 2015. Disponível em: <https://Doi.Org/10.22409/Gragoata.V20i38.33306>. Acesso em: 18 mar. 2022.

NESPOR, Marina; VOGEL, Irene. *Prosodic Phonology*, with a New Foreword. Berlin/New York: Mouton de Gruyter, 2007.

_____. *Prosodic Phonology*. Dordrecht: Foris Publications, 1986.

PIACENTE, Telma; QUEREJETA, Maira. La separación de palabra en la escritura infantil. *Revista Neuropsicologia Latinoamericana*, [s. l.], v. 4, n 1, 2012, pp. 1-17.

ROCHA LIMA, Carlos Henrique da. *Gramática normativa da língua portuguesa*. 27. ed. Rio de Janeiro: José Olympio, 1986.

SONCIN, Geovana Carina Neris. *Língua, discurso e prosódia*: investigar o uso da vírgula é restrito? Vírgula! São José do Rio Preto, 2014. Tese (doutorado em Estudos Linguísticos) – Instituto de Biociências, Letras e Ciências Exatas, Universidade Estadual Paulista "Júlio de Mesquita Filho".

SONCIN, Geovana Carina Neris; TENANI, Luciani. Emprego de vírgula e prosódia do português brasileiro: aspectos teórico-analíticos e implicações didáticas. *Filologia e Linguística Portuguesa*, São Paulo, v. 17, n. 2, 2015, pp. 473-93. Disponível em: <https://doi.org/10.11606/issn.2176-9419.v17i2p473-493>. Acesso em: 12 jan. 2022.

TENANI, Luciani. A segmentação não-convencional de palavras em textos do ciclo II do ensino fundamental. *Revista da Abralin*, v. 10, 2011, pp. 91-119.

_____. Fonologia e escrita: possíveis relações e desafios teórico-metodológicos. *Cadernos de Estudos Linguísticos*, Campinas, v. 59, n. 3, 2017, pp. 581-97. DOI: 10.20396/cel.v59i3.8650999. Disponível em: <https://periodicos.sbu.unicamp.br/ojs/index.php/cel/article/view/8650999>. Acesso em: 20 jan. 2022.

_____. Banco de Dados de Escrita do Ensino Fundamental II. 2015. Disponível em: <http://www.convenios.grupogbd.com/redacoes/Login>. Acesso em: 12 jan. 2022.

_____. *Domínios prosódicos no português do Brasil*: implicações para a prosódia e para a aplicação de processos fonológicos. Campinas, 2002. Tese (doutorado em Linguística) – Instituto de Estudos da linguagem, Universidade Estadual de Campinas.

_____. *Sobre fronteiras*: prosódia, escrita e palavras. Araraquara: Letraria, 2021. Disponível em: <http://www.convenios.grupogbd.com/redacoes/Login>. Acesso em: 20 jan. 2022.

A prosódia
da fala expressiva

Sandra Madureira
Mario A. S. Fontes

O que é a expressividade da fala?

A fala é produto do aparelho fonador humano, um instrumento musical de sopro, e caracteriza-se pela plasticidade e pela possibilidade infinita de gerar sonoridades que possuem valor expressivo. A expressividade da fala não se constitui apenas de sonoridades, mas também de silêncios e gestualidades corporais. O papel da gestualidade na expressividade da fala é mencionado na literatura linguística desde o começo do século passado. Sapir (1927) argumenta, de maneira precisa, que, quando somos tomados por uma emoção ou um pensamento, nossas mãos e nossa voz integram o gesto expressivo.

O ser humano desde o útero materno está exposto à sonoridade da fala e destacadamente à prosódia das coarticulações que ouve: a melodia, o ritmo, a acentuação, a taxa de elocução que interagem com os segmentos fônicos contribuindo para as suas qualidades sonoras.

Falo, logo participo de uma interlocução, mesmo que com um locutor imaginário, mesmo que em uma modalidade de monólogo. Mais do que isso, falo e tenho uma qualidade de voz que me identifica como locutor e que é produto de ajustes fonatórios, articulatórios, de tensão e do suporte respiratório. Falo e modifico minha fala em relação ao entorno, ou seja, falo em variados estilos. Falo e as características de minha fala dão pistas sobre a minha região de origem, a minha idade, os meus estados físicos e afetivos.

A fala impacta pela variabilidade com que se mostra, pelo poder persuasivo que pode ter, pela agilidade que imprime nas comunicações humanas, pela arquitetura sedimentar com que se revela como sistema sígnico, pelo caráter simbólico e indexical que exibe, como forma de expressão de emoções e sentimentos pessoais e como meio de adquirir e transmitir informações sobre o ambiente que nos cerca.

Neste capítulo, a expressividade da fala é abordada pelos ângulos da prosódia vocal e visual, com enfoque neste segundo ângulo: as expressões faciais, ou seja, aspectos de produção e de percepção intermediados pelo sinal acústico da fala, bem como pelos movimentos dos músculos e órgãos da face, na expressão de efeitos de sentido são considerados.

A expressividade da fala, referida por Fónagy (1983) como a viva voz, é indissociável de propriedades de vivacidade, de variedade e de dinamismo que é peculiar ao seu meio: as vibrações que são as partículas de ar em movimento se propagando longitudinalmente e que, dependendo da frequência e intensidade com que se espalham, tornam-se audíveis e possibilitam a expressão de sentidos, sendo a expressividade do sistema sígnico da fala em sua dinamicidade, em sua materialidade e em sua gestualidade considerados a seguir.

O que se estuda a respeito da prosódia vocal e visual?

A prosódia vocal

A **prosódia vocal** compreende unidades linguísticas da dinâmica vocal como a sílaba, a entoação, o ritmo, a acentuação, a taxa de elocução e a continuidade, sendo este último termo empregado por Laver (1994) para se referir às pausas silenciosas ou preenchidas. Os correlatos físicos da prosódia são: a frequência fundamental, a duração e a intensidade. Barbosa (2019) acrescenta a esses a qualidade de voz.

Perceptivamente, as variações acústicas da frequência fundamental correspondem à sensação auditiva de *pitch*, à duração, ao alongamento e à intensidade à *loudness* (volume). Os correlatos em nível de produção são a vibração das pregas vocais, a duração e o faseamento dos gestos e a força da pressão subglotal e do esforço articulatório. Desse modo, se a vibração das pregas vocais aumentar, a sensação auditiva de *pitch* será a de agudização, então a frequência fundamental apresentará valores maiores. Se a duração dos gestos articulatórios aumentar, a sensação auditiva será de alongamento, portanto a extensão temporal aumentará. Se houver maior esforço articulatório e maior pressão subglotal, a *loudness* será percebida como mais forte e a intensidade apresentará maiores valores. O contrário se dá quando em vez de aumento houver diminuição.

Como estudar a prosódia vocal?

A prosódia vocal tem grande impacto na expressividade da fala, pois variações na vibração das pregas vocais, no faseamento dos gestos e na força respiratória têm consequências acústicas que provocam alterações nos parâmetros acústicos e, consequentemente, provocam sensações de *pitch*, alongamento e *loudness*, além de impressões de efeitos de sentido diferenciadas.

Na Tabela 1, destacamos correlações entre os elementos prosódicos, parâmetros acústicos e percepção.

Tabela 1 – Correlação entre unidades linguísticas, parâmetros acústicos e efeitos impressivos

Elementos	Principais correlatos acústicos	Percepção
Entoação	Frequência fundamental	Melodicidade
Acentuação	Duração/intensidade/estrutura formântica/frequência fundamental	Proeminência
Ritmo	Duração	Batimento
Taxa de elocução	Duração	Aceleração
Pausa	Duração	Continuidade
Qualidade de voz	Inclinação espectral/espectro de longo termo/relação entre harmônicos, ruído	Marca identitária

Para a análise da expressividade da fala, importa considerar a dinamicidade da evolução dos parâmetros acústicos no tempo, sendo necessários procedimentos de normalização e suavização para mensurá-los. Barbosa (2019) apresenta de maneira bem didática como se realizam esses procedimentos. Como ferramenta, o *Prosodic Descriptor* (Barbosa, 2020),[1] versão nova do *Expression Evaluator* (Barbosa, 2009), é extremamente relevante por proporcionar a análise de grande número de parâmetros acústicos relacionados à frequência, à estrutura formântica, à duração, à intensidade e ao espectro de longo termo, além de possibilitar a interpretação desses parâmetros em relação a impressões auditivas e expressões de sentidos.

Essa mesma defesa da consideração da dinamicidade está presente no modelo de ritmo de osciladores acoplados desenvolvido por Barbosa (2006), no modelo de anotação dos tons dos padrões entoacionais proposto por Lucente (2014), o DaTo, na proposta dos modelos foneticamente embasados de entoação (Fujisaki, 1988; Xu, 2005) e na defesa da atenção aos detalhes fonéticos (Nolan, 1999).

Os detalhes fonéticos, entre outros, os da evolução no tempo dos valores da frequência fundamental, bem como o alinhamento da frequência fundamental (pico adiantado, medial e atrasado), conforme analisado por Kohler (2006), impactam na veiculação dos sentidos.

Poderia me dar um exemplo de análise da prosódia vocal?

Na análise da prosódia vocal, consideraremos as diferenciações expressivas nas maneiras de dizer dos enunciados, como em "Apaga a luz" e "O ignorante rejeita, o sábio duvida e o sensato reflete". Na consideração das produções do primeiro enunciado, enfocamos questões relacionadas à dinâmica vocal e nas do segundo, questões de dinâmica vocal e qualidade de voz.

O enunciado "Apaga a luz" foi produzido por uma falante paulistana, expressando três sentidos: um pedido, uma dúvida e uma súplica. No caso da expressão de pedido, o pico da frequência fundamental ocorre no final da vogal da sílaba tônica da palavra "Apaga"; na expressão de dúvida, há dois picos, um no final da vogal da sílaba tônica da palavra "Apaga" e outro no final da vogal da sílaba tônica da palavra "luz"; e na expressão de súplica, no início da vogal da sílaba pretônica da palavra "Apaga".

Nuances de sentido se desvelam pelas diferenças de detalhe fonético. Na Figura 1 é possível observar, em cada uma das três emissões da frase "Apaga a luz", a segmentação das vogais e das unidades vogal-a-vogal (vv) com os contornos de frequência fundamental superpostos. A unidade vv é uma sílaba fonética (Barbosa, 2019) que se estende do início de uma vogal até a vogal seguinte, englobando todos os segmentos consonantais que ocorrem entre vogais.

Figura 1 – Contornos estilizados, interpolados e suavizados da frequência fundamental em Hz, vogais, consoantes e unidades VV segmentadas de produções do enunciado "Apaga a luz". O contorno superior referente ao pedido, o intermediário à dúvida e o inferior à súplica

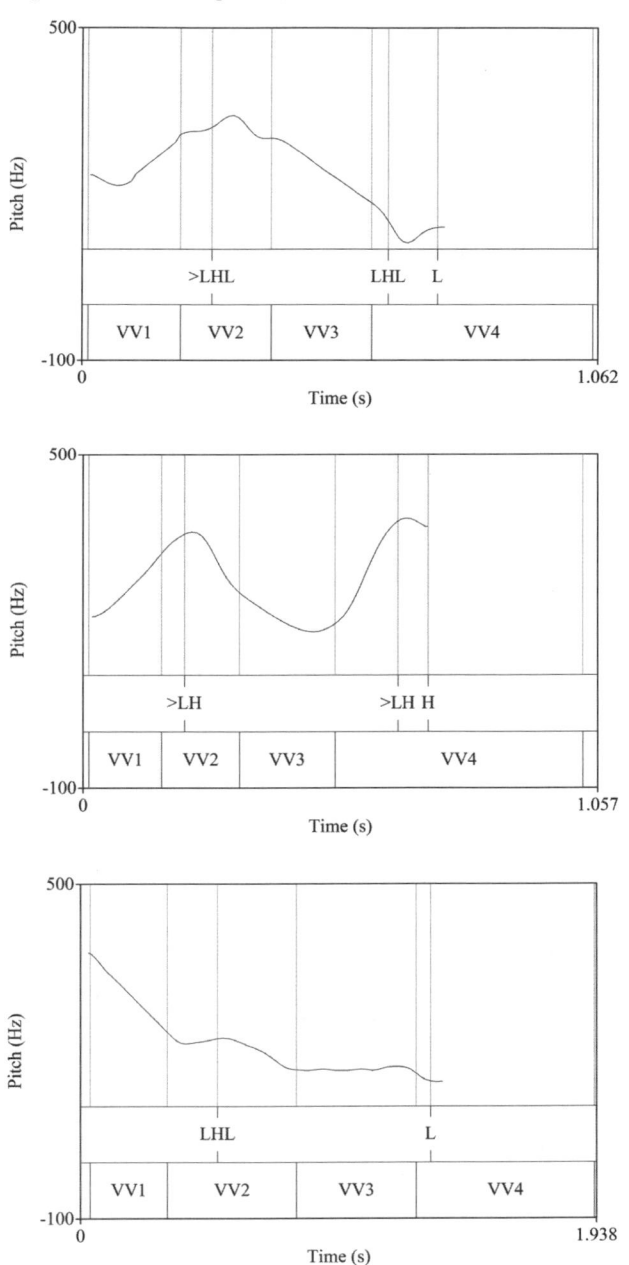

Pela anotação entoacional do sistema DaTo (Lucente, 2014), que utiliza a notação LH para tom ascendente (*rising*) e >LH para tom ascendente atrasado (*late rising*) e tons de fronteira (L (baixo) e H (allto), na expressão de pedido, a palavra "Apaga" recebe uma proeminência marcada por um tom >LHL (alinhado à sílaba tônica da palavra "Apaga", um tom LHL alinhado à sílaba tônica da palavra "luz", seguido de tom de fronteira L; na expressão de dúvida, um tom >LHL alinhado às sílabas tônicas de "Apaga" e "luz" e tom de fronteira de enunciado H; e na expressão de súplica, um tom LHL alinhado à sílaba tônica da palavra "Apaga" e um tom de fronteira L.

Verificam-se ainda diferenças de duração das unidades linguísticas, por exemplo, a duração bruta da vogal tônica da palavra "Apaga" é maior na expressão de súplica do que na de pedido, ao passo que a da vogal tônica da palavra "luz" é maior do que nas expressões de pedido e de súplica (Figura 2). Interpretando-se metaforicamente, a súplica requer mais tempo por, semanticamente, implicar um pedido insistente, e a dúvida impõe uma confrontação entre elementos "isto ou aquilo?" duas proeminências que se manifestam pelos picos da frequência fundamental (Figura 3).

Figura 2 – Contornos duracionais brutos das vogais em segundos em produções da frase "Apaga a luz" em expressões de pedido (F1), dúvida (F2) e súplica (F3). O contorno inferior referente ao pedido, o intermediário à dúvida e o superior à súplica

Evolução da duração (s) das vogais

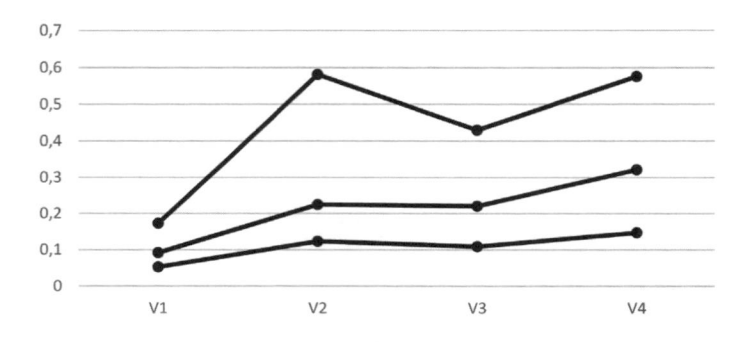

Figura 3 – Contornos duracionais brutos das unidades VV em produções do enunciado "Apaga a luz" em expressões de pedido (F1), dúvida (F2) e súplica (F3).
O contorno inferior referente ao pedido, o intermediário à dúvida e o superior à súplica

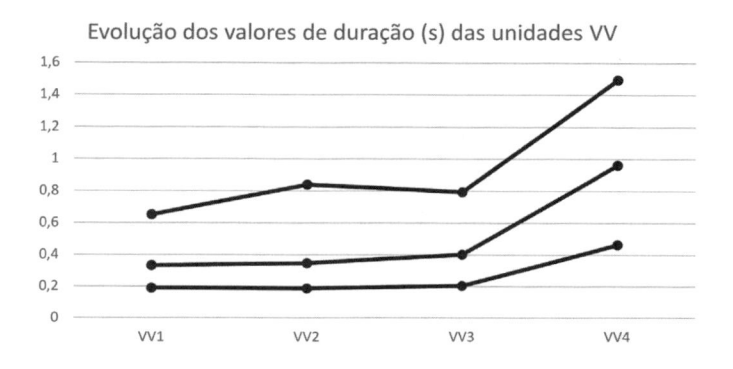

Na Tabela 2, são apresentadas as percentagens concernentes à duração das vogais e das unidades vv em relação à duração total das frases. As duas primeiras unidades vv são mais longas na súplica do que no pedido, ao passo que as duas últimas, na dúvida. Nota-se ainda que a última vv antes de pausa silenciosa recebe a influência do alongamento pré-pausal.

Tabela 2 – Porcentagens referentes às durações de vogais e das unidades VV em relação à duração total das frases em expressões de pedido, dúvida e súplica do enunciado "Apague a luz" por uma falante feminina paulistana

Vogais e Unidades VV	Expressão de pedido	Expressão de dúvida	Expressão de súplica
V1; VV1	5,09%; 18,11%	3,90%; 14,32 %	3,98%; 15,70%
V2; VV2	11,83%; 17,88%	10,15%%; 16,03%	17,49%; 24,19%
V3; VV3	10,45%; 19,53%	11,20%; 19,83%	10,23%; 19,26 %
V4; VV4	14,12%; 44,47%	17,46%; 49,81%	12,47%; 40,85%

Consideramos, a seguir, o enunciado "O ignorante rejeita, o sábio duvida e o sensato reflete" produzido por quatro falantes paulistanas do sexo feminino por meio de uma análise perceptiva, utilizando o sistema *Voice Profile Analysis* (vpa) de Laver e Mackenzie-Beck (2007).

O Voice Profile Analysis (Laver e Mackenzie-Beck, 2007) é um sistema útil para o estudo das características da expressividade da fala, pois oferece possibilidades de analisar tanto os ajustes de qualidade de voz quanto os elementos prosódicos por meio de graus que variam em escala de 1 (pouco) a 6 (máximo). O sistema VPA, foneticamente embasado, permite, de oitiva, traçar os perfis vocais dos falantes e descrever as características prosódicas em suas amostras de fala.

Nesta análise são apontados os ajustes não modais ou não neutros, isto é, não previstos pelas características de produção inerentes aos segmentos fônicos da sua variante de língua portuguesa. Por exemplo, quando produzimos vogais posteriores em português, como o "u", "o", "ó", arredondamos os lábios. Se o falante tem um ajuste de qualidade de voz de lábio estirado ao produzir essas vogais posteriores em português, essa característica de labialização não se configura como neutra.

No caso das quatro falantes paulistanas, a falante 1 apresentou um perfil de voz caracterizado por extensão maximizada de lábios, ponta/lâmina de língua avançada, fonação *whispery* (vozeado e escape de ar), extensão de *pitch* aumentada e taxa de elocução lenta. A falante 2 apresentou arredondamento de lábios, extensão minimizada de lábios e mandíbula, expansão faríngea, média e variabilidade de *pitch* baixas. A falante 3 apresentou extensão minimizada de mandíbula, ponta/lâmina de língua avançada, fonação *whispery* (vozeado e escape de ar), extensão de *pitch* diminuída e variabilidade de *pitch* baixa. A falante 4 apresentou estiramento de lábios, extensão maximizada de lábios e mandíbula, laringe tensa, *harsh* (irregularidade e ruído) e taxa de elocução lenta. As falantes não divergiram quanto ao grau de presença dos ajustes de qualidade de voz, pois todas apresentaram grau 1.

A qualidade de voz *whispery*, que qualifica os perfis vocais das falantes 1 e 3, impressiona os ouvidos pela suavidade, característica não evidenciada na qualidade *harsh* da falante 4 por conta do excesso de ruído e irregularidades presentes. As consequências acústicas do abaixamento do *pitch* devido ao alongamento e expansão do trato vocal nas produções da falante 2 causam impressão de poderio.

Tanto os ajustes de qualidade de voz quanto os prosódicos impactam a maneira como os falantes impressionam os ouvintes. No estudo de Niebuhr, Thumm e Michalsky (2018), a dinâmica do *pitch*, o *timing* e a configuração dos acentos de *pitch* (*pitch accents*) associados a uma articulação com menor ocorrência de processos de redução vocálica e de assimilação foram considerados determinantes para caracterizar a fala carismática. No trabalho de Madureira (2018), as características das variantes róticas e das qualidades de voz do locutor foram correlacionadas com a expressão de estados emotivos, sendo variantes róticas glotais e ajustes de qualidades de voz relaxados (*lax larynx*), correlacionados a valências positivas e variantes róticas vibrantes combinadas com ajustes de qualidade de voz tensos (*tense larynx)* a valências negativas e emoções de raiva e irritação.

A prosódia visual

Já a **prosódia visual** se refere à gestualidade corporal, seja ela da face, seja de outras partes do corpo. Trataremos neste capítulo das expressões faciais. Entre os movimentos corporais, os movimentos da face têm sido alvo de estudos sistemáticos desde a obra seminal de Ekman (1964) e há muitas aplicações desses estudos em vários campos do saber, entre eles, educação, propaganda, saúde e segurança.

O tronco encefálico e o córtex motor são ativados de maneira diferencial, dependendo de ser uma expressão facial involuntária, as microexpressões, ou voluntária. Enquanto o tronco cerebral controla expressões involuntárias e inconscientes que ocorrem espontaneamente, o córtex motor está envolvido em expressões faciais conscientemente controladas e intencionais. O nervo facial que emerge do tronco encefálico está conectado com as regiões motoras do neocórtex, sendo os principais responsáveis pelos movimentos envolvidos não só nas expressões faciais, mas também na fala.

Os sinais neurológicos das zonas subcorticais, relacionadas à expressão de emoções e das corticais do cérebro, relacionadas à cognição, são transportados pelos nervos que controlam as expressões faciais. Como os músculos faciais respondem a esses sinais, a face comunica estados emocionais e estados cognitivos como a concentração e a atenção. O nervo facial que emerge do tronco cerebral e está conectado com as regiões motoras do neocórtex são os principais responsáveis pelos movimentos envolvidos na fala e nas expressões faciais.

Como estudar a prosódia visual?

Expressões faciais podem ser coletadas e analisadas de três maneiras diferentes: por observação e codificação manual da atividade facial, por análise automática da expressão facial usando algoritmos de visão computacional e pela aplicação de técnicas de eletromiografia facial.

Ekman e Friesen (1976) desenvolveram um sistema posteriormente revisado por Ekman, Friesen e Hager (2002) que realiza codificação facial denominado *Facial Analysis Coding Sytems* (FACS) e descreve sistematicamente os movimentos faciais. A metodologia de rotulagem manual das expressões faciais (FACS) desenvolvida pelos autores tem sido amplamente aplicada ao estudo do comportamento humano, uma vez que o sistema FACS utiliza como unidade analítica a Unidade de Ação, tradução do termo *Action Unities*, comumente abreviado para AUs, que permite descrever as AUs e relacionar combinações de AUs a determinadas emoções e estados afetivos.

Os sistemas automáticos modernizaram o processo tradicional de identificação manual. Análises de um minuto de vídeo que, com um analisador treinado, levavam cerca de duas horas para serem completadas, passaram a ser realizadas em tempo real. Desse modo, a automatização agilizou o processo de identificação das AUs, abrindo facilidades para a realização de pesquisas na área.

Há vários sistemas automáticos de análise facial disponíveis no mercado, dentre eles, a *Affectiva*, o *Emotient* e o *Face Reader*. Sistemas como o Face Reader, por exemplo, podem ser utilizados com outras técnicas de investigação biométricas conjugadas, tais como o *eyetracking*, o EEG (eletroencelografia), GSR (resposta galvânica da pele), o RPPG (fotoplestimografia remota), permitindo, respectivamente, a verificação do foco e movimento dos olhos, a detecção de sudorese por sensores em contato com a pele e a medição de batimento cardíaco da imagem do vídeo e com base nos *pixels* de coloração da face.

O primeiro passo para o reconhecimento da expressão facial é a detecção da face, o resultado é uma moldura, enquadrando o rosto detectado. O passo seguinte é a aplicação de uma modelagem da face em 3D. Uma vez pronto o modelo de face, a informação sobre a posição e sobre a orientação de todas as características-chave é alimentada como entrada em algoritmos de classificação que traduzem as características em códigos de Unidade de Ação (AUs), estados emotivos e outras métricas, por exemplo, a referente à valência, que diz respeito à positividade ou negatividade das sensações.

O modelo da face é uma versão simplificada da face real do entrevistado, pois apresenta menos detalhes em relação à face real, mas contém todos os pontos da face necessários para a identificação das Unidades de Ação. O modelo de face consiste, portanto, em uma malha virtual que se adapta instanteneamente à face do sujeito sempre que ele se move ou altera sua expressão.

As características-chave da expressão facial podem ser localizações em partes da face (cantos da sobrancelha, cantos da boca, ponta do nariz) ou nas próprias partes da face (a boca inteira, o arco inteiro das sobrancelhas etc.).

Poderia me dar um exemplo de análise da prosódia visual?

A Figura 4, a seguir, mostra a malha na face de um sujeito do sexo feminino, identificação das AUs e de suas intensidades e as associações dos grupos de AUs com as emoções. Os gráficos com os traçados ilustram a presença das emoções detectadas e a valência (negativa para baixo e positiva para cima da linha que se refere à linha neutra). O enunciado produzido pela falante apresenta um contraste referente à valência: "Gosto do sabor desta comida, mas não gosto do daquela".

Nos traçados referentes à valência (gráfico superior) e aos estados emotivos (gráfico inferior) da Figura 4, nota-se na primeira parte dos traçados nos dois gráficos uma elevação, sinalizando valência positiva (gráfico superior) e a emoção de alegria (gráfico inferior), enquanto na continuidade, no gráfico superior, no local sinalizado por uma linha vertical, o traçado sofre um abaixamento, sinalizando a negatividade da valência e, na parte correspondente no gráfico inferior, à emoção de nojo.

Figura 4 – Da parte superior à inferior da face: imagem de vídeo com malha na face de um sujeito do sexo feminino e superposição de linhas, sinalizando as Unidades de Ação (AUs). Ao lado direito da imagem, barras, indicando emoções associadas. Abaixo, os traçados referentes à sinalização da valência (gráfico superior) que evolui de positiva à negativa e dos estados emotivos (gráfico inferior) que evoluem de manifestação de alegria à manifestação de nojo

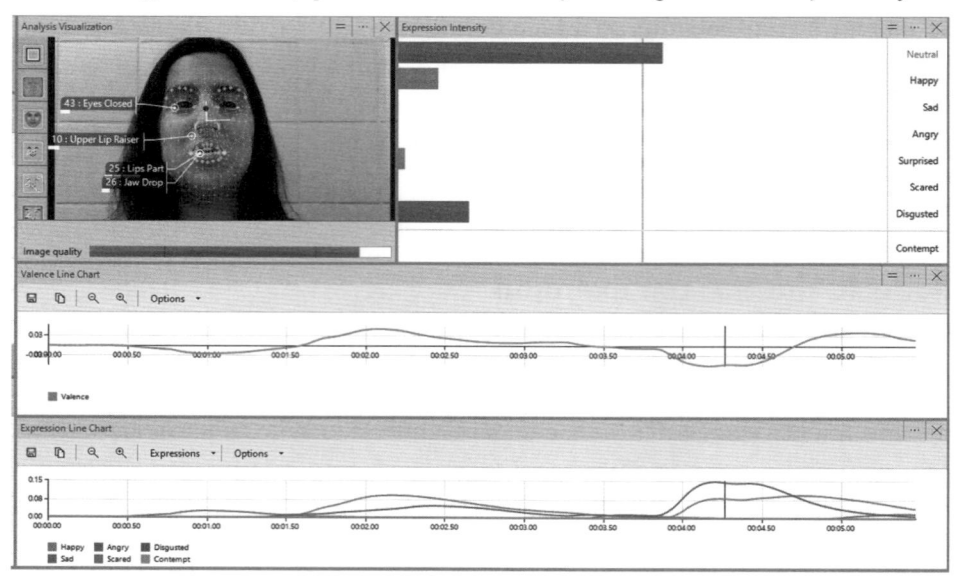

Para a análise da expressividade da fala, a conjugação de métodos e técnicas de análise da gestualidade vocal e visual são relevantes. Os trabalhos com enfoque nessas duas modalidades de expressão têm potencial para alcançar maior poder explanatório.

Quais são as grandes linhas de investigação?

A expressividade da fala, considerada pela faceta bimodal da face e da voz, constitui um aspecto central da comunicação falada. As dinâmicas vocal e visual integradas corroboram para a expressão de sentidos que se constitui partindo da gestualidade.

A pesquisa sobre a bimodalidade da fala tem o potencial de revelar a força de influência do vocal em relação ao visual na expressão dos sentidos pragmáticos, bem como mapear a produtividade das interações entre o nível da expressividade e o da modalidade, pois a expressão de determinados efeitos de sentido ou de determinados estados afetivos pode se manifestar preferencialmente por uma das modalidades.

Há muito a se descobrir com a pesquisa sobre a bimodalidade da fala, pois o avanço recente da tecnologia de mapeamento dos movimentos da face abre a possibilidade do uso de sistemas automatizados que permitem a realização de análise facial *on-line*. Ademais, a disponibilização de ferramentas para a sincronização entre a expressão vocal e a visual permitem investigar como essa integração se concretiza.

Nota

[1] O *Prosodic Descriptor* está disponível em: <https://github.com/pabarbosa/prosody-scripts/tree/master/ProsodyDescriptorExtractor>. Acesso em: 30 ago. 2021.

O que eu poderia ler para saber mais?

Para o leitor interessado em saber mais sobre a prosódia da fala expressiva, destacamos alguns dos trabalhos de pesquisa referidos neste capítulo e outros que podem contribuir para ampliar o conhecimento sobre essa temática.

O trabalho de Madureira e Fontes (2019) focaliza a expressividade vocal em relação à facial, apontando as similaridades entre o modelo de descrição facial, desenvolvido por Ekman, Friesen e Hager (2002), e o de descrição de qualidade de voz, proposto por Laver e Mackenzie-Beck (2007). Madureira, Fontes e Camargo (2019), por sua vez, é uma opção interessante para aqueles que queiram se inteirar acerca de trabalhos realizados sobre o papel da prosódia na expressão de sentidos na fala, declamação e canto.

Questões específicas sobre a expressão de estados afetivos por aspectos prosódicos são abordadas por Barbosa (2009) e Scherer et al. (2018). Questões mais abrangentes, que pontuam a importância do paralelismo entre as habilidades de fala e a movimentação corporal na aquisição da linguagem, são discutidas em Esteve-Gibert e Guellaï (2018) bem como aquelas que destacam o papel da prosódia visual na comunicação falada são consideradas em Wagner, Malisz e Kopp (2014); Swerts e Krahmer (2006); e Graf et al. (2002).

Por fim, se o interesse sobre a prosódia expressiva levar o leitor a pensar sobre o papel da gestualidade na comunicação humana, iniciar as leituras com Kendon (1980, 1986) e posteriormente incluir McNeill (1992) que defende que os gestos estão interligados com a fala, integram o sistema linguístico e operam por meio de regras de sincronia que se atualizam no papel do gesto na expressão de sentidos, no estabelecimento de funções comunicativas e na sinalização de proeminências na fala.

As obras aqui apontadas conduzirão o leitor a inúmeras outras que abrirão caminhos para a exploração da fascinante temática da prosódia expressiva.

Referências

BARBOSA, P. A. *Incursões em torno do ritmo da fala*. Campinas: Fapesp/Pontes Editores, 2006.

_____. Detecting Changes in Speech Expressiveness in Participants of a Radio Program. *Proceedings of Interspeech 2009*. Sept. Brighton, 2009, pp. 2.155-58.

_____. *Prosódia*. São Paulo: Parábola Editorial, 2019.

_____. *ProsodicDescriptor*, 2020. Disponível em: <https://github.com/pabarbosa/prosody-scripts/tree/master/ProsodyDescriptorExtractor>. Acesso em: 15 de agosto de 2021.

BARBOSA, P. A. et al. Fonética, que bicho é esse? *Caderno de Linguística*, v. 1, 2021, pp. 1-19.

EKMAN, P. Body Position, Facial Expression, and Verbal Behavior During Interviews. *Abnormal and Social Psychology*, 68(3), 1964, pp. 295-301.

_____. About Brows: Emotional and Conversational Signals. In: VON CRANACH et al. (eds.). *Human Ethology: Claims and Limits of a New Discipline*. Cambridge: Cambridge University Press, 1979, pp. 169-202.

EKMAN, P.; FRIESEN, W. V. Measuring Facial Movement. *Environmental Psychology and Nonverbal Behavior* 1, 1976, pp. 56-75. Disponível em: <https://doi.org/10.1007/BF01115465>. Acesso em: 18 mar. 2022.

EKMAN, P.; FRIESEN, W. V.; HAGER, J. C. (eds.). *Facial Action Coding System*. 2. ed. Salt Lake City: Research Nexus eBook, 2002.

ESTEVE-GIBERT, N.; GUELLAÏ, B. Prosody in the Auditory and Visual Domains: A Developmental Perspective. *Frontiers in Psychology*, 9, Article 338, 2018, pp. 1-10.

FÓNAGY, I. *La vive voix*: essais de psycho-phonétique. Paris: Payot, 1983.

FUJISAKI, H.; OHNO, S. The Use of a Generative Model of f_0 Contours for Multilingual Speech Synthesis. *Proceedings of the 4th International Conference on Signal Processing*, 1998, pp. 714-17.

GRAF, H. P. et al. Visual Prosody: Facial Movements Accompanying Speech. *Proceedings of the 5th IEEE International Conference on Automatic Face and Gesture Recognition*, 2002, pp. 396-401.

KENDON, A. Gesticulation and speech: Two aspects of the process of utterance. *The Relationship of Verbal and Nonverbal Communication*, 1980.

_____. Current Issues in the Study of Gestures. *The Biological Foundations of Gesture: Motor and Semiotic Aspects*, 1986.

KÓHLER, K. J. Beyond Laboratory Phonology the Phonetics of Speech Communication. In: SOLE, Maria-Josep et al. (eds.). *Experimental Approaches to Phonology*. New York: OUP, 4, 2006, pp. 41-53.

LAVER, J. *Principles of Phonetics*. Cambridge University Press, 1994.

LAVER, J.; MACKENZIE-BECK, J. *Vocal Profile Analysis Scheme – VPAS* [handout]. Edinburgh: Queen Margareth University College, Research Centre, 2007.

LUCENTE, L. Uma abordagem fonética na fonologia entoacional. *Fórum Linguístico*, v. 11, n. 1, Florianópolis, 2014, pp. 79-95. Disponível em: <https://doi.org/10.5007/1984-8412.2014v11n1p79>. Acesso em: 18 mar. 2022.

MADUREIRA, S. Portuguese Rhotics in Poem Reciting: Perceptual, Acoustic, and Meaning-Related Issues. In: GIBSON, M.; GIL, J. (orgs.). *Romance Phonetics and Phonology*. Oxford: Oxford University Press, 2018, pp. 191-215.

MADUREIRA, S.; FONTES, M A. S. The Analysis of Facial and Speech Expressivity: Tools and Methods. In: LAHOZ-BENGOECHEA, J. M.; RAMÓN, R. P. (eds.). *Subsidia*: Tools and Resources for Speech Sciences. University of Malaga, 2019, pp. 19-26.

MADUREIRA, S.; FONTES, M. A. S.; CAMARGO, Z. Sound Symbolism, Speech Expressivity and Crossmodality. *Signifiances (Signifying)*, 2019, pp. 19-26. Disponível em: <https://revues.bu.uca.fr/index.php/Signifiances/article/view/234>. Acesso em: 8 ago. 2021.

McNEILL, D. *Hand and mind:* What Gestures Reveal about Thought. University of Chicago Press, 1992.

NIEBUHR, O.; THUMM, J.; MICHALSKY, J. Shapes and Timing in Charismatic Speech – Evidence from Sounds and Melodies. *Proceedings of the 9th International Conference on Speech Prosody*. SpeechProsody, 2018, pp. 582-6.

NOLAN, F. The Devil Is in the Detail. *ICPhS-14*, 1-8, 1999. Disponível em: <https://www.internationalphoneticassociation.org/icphs-proceedings/ICPhS1999/ p14_0001.html>. Acesso em: 1º ago. 2021.

SAPIR, E. Speech as a Personality Trait. In: *American Journal of Sociology*. The University of Chicago Press, v. 32, n. 6, 1927, pp. 829-905.

SCHERER, K. R. et al. Appraisal-Driven Facial Actions as Building Blocks for Emotion Recognition. *Journal of Personality and Social Psychology,* 114(3), 2018, pp. 358-79.

SWERTS, M.; KRAHMER, E. J. The Importance of Different Facial Areas for Signaling Visual Prominence. *Proceedings of the 9th ICSLP.* Pittsburgh, 2006, pp. 1280-3.

WAGNER, P.; MALISZ, Z.; KOPP, S. Gesture and Speech: An Overview. *Speech Communication*, 57, 2014, pp. 209-32.

XU, Y. Speech Melody as Articulatorily Implemented Communicative Functions. *Speech Communication*, 46, 2005, pp. 220-51.

As interações entre prosódia da fala e música

Beatriz Raposo de Medeiros*
Alexsandro Rodrigues Meireles*

O que é a interação entre prosódia da fala e música?

É inegável que a fala tem aspectos musicais, os quais são estudados na Linguística pela área da prosódia. Em contrapartida, a música cantada com letra, como nas canções populares, também possui aspectos da fala. A interação entre prosódia da fala e música é justamente o estudo que procura investigar quais são as interseções entre essas duas vertentes do estudo científico. Em outras palavras, procura-se entender o que há de música na fala e o que há de fala na música.

Abordar a interação em tela é tratar dos elos sonoros existentes entre a fala e a música/canto, ou seja, tratar a prosódia em seu nível fonético, que corresponde a uma abordagem mais físico-fisiológica dos sons das línguas. A substância sonora é o que liga a manifestação verbal das línguas com a música e justifica o interesse por se saber mais sobre como sons da fala e da música se mesclam ou se distinguem.

O que se estuda a respeito da interação entre prosódia da fala e música?

A prosódia da fala interage com a música, pois ambas as áreas do conhecimento trabalham com aspectos sonoro-musicais, uma do ponto de vista da Linguística, outra do ponto de vista da música. Sendo assim, para estudar a interação entre essas áreas é necessário, primeiramente, conhecer o que cada uma trabalha para, a partir daí, entender seus pontos de interseção.

Há um variado número de abordagens possíveis da prosódia que vão desde visões mais independentes da teoria linguística tradicional até aquelas mais afeitas ao paradigma gerativista. Na primeira visão, estão trabalhos como os de Dwight Bolinger (1986), Michael A. K. Halliday (1967) e Alan Cruttenden (1986). Na segunda visão propõe-se uma correspondência entre o fenômeno entoativo e as fronteiras sintáticas, prevendo-se, assim, uma gramática da entoação (Selkirk, 1995; Nespor e Vogel, 1986; Pierrehumbert e Beckman, 1988; e Hirschberg e Pierrehumbert, 1986).

Traçar um panorama vasto sobre estudos de prosódia contrairia uma dívida muito grande para com os leitores, já que eles vão muito além dos horizontes da Linguística. Daniel Hirst (1987: 271) resume bem essa ideia da vastidão, no que toca os estudos entoacionais:

> Uma das coisas que torna o estudo da entoação atraente para muitas pessoas e que para muitas outras, provavelmente, torna-o igualmente desinteressante é o fato de ser transversal às fronteiras tradicionais, de modo que, enquanto o estudo da sintaxe, por exemplo, implica apenas uma interação mínima com uma área muito próxima como a Fonologia, a entoação requer referência contínua a um número amplo de áreas diferentes que abrange toda a Linguística, da Fonética à Pragmática e muito além. (tradução nossa)

Então, o mesmo podemos dizer dos estudos prosódicos e, portanto, a visão que privilegiamos é aquela que tem os trabalhos com reflexões sobre música e prosódia da fala.

A prosódia se estabelece como uma subárea da Linguística em interação com outras subáreas, a partir dos anos 1970. O grande desafio é lidar com a musicalidade da fala a partir de fenômenos entoacionais e rítmicos cujas fronteiras não são tão delimitadas em termos binários quanto nos estudos linguísticos tradicionais.

Os estudos de ritmo são normalmente limitados a verificar a tipologia rítmica da língua em três tipos principais: 1) ritmo acentual (ex. inglês); 2) ritmo silábico (ex. espanhol); 3) ritmo moraico (ex. japonês). Mais detalhes sobre tipologia rítmica encontram-se no capítulo "A fala e seus ritmos" deste volume, de Plínio A. Barbosa. A abordagem descritiva do ritmo respalda-se principalmente em parâmetros como %V (durações de intervalos vocálicos) e ΔC (durações do intervalo consonantal, cf. Ramus et al., 1999), PVI (*pairwise variability index*, índice de variabilidade variada, cf. Mok e Dellwo, 2008) e CCI (control/compensation index, índice de controle/compensação, cf. Bertinetto e Bertini, 2008).

Embora esses parâmetros tenham contribuído empiricamente para descrever a tipologia linguística, nenhuma dessas métricas captura as características essenciais do ritmo, a periodicidade e a estrutura, conforme postulado por Fraisse (1968). Qual é o período de recorrência do ritmo linguístico nas línguas? Qual é a estrutura do ritmo? Bem diferente da música, em que esses elementos estão muito bem definidos, na fala não há uma concordância tão grande entre os autores de como podem ser medidos seus aspectos prosódicos. Além disso, de acordo com Köhler (2009: 22), "nem as durações dos intervalos consonantais e vocálicos, nem o PVI é um modelo explicativo do ritmo na fala e na linguagem. Trata-se apenas uma forma de organização de dados com base em durações consonantais e vocálicas, i. e., locais segmentais, em sua variabilidade ponto a ponto, não com seus padrões rítmicos globais" (tradução nossa).

Outras abordagens teórico-metodológicas, procuram abordar o ritmo linguístico considerando seus aspectos periódicos e estruturais, como o Modelo Dinâmico de Produção do Ritmo da Fala (Barbosa, 2007) e as abordagens de Cummins (1998) e Meireles e Gambarini (2012). Assim, nestes últimos trabalhos tem-se uma maior aproximação do ritmo da fala com o ritmo musical. Além desses, citamos o trabalho "Fala musical" de Meireles et al. (2017), em que é apresentada uma metodologia para transcrever a prosódia com notação musical, considerando todos os parâmetros musicais: duração, frequência e intensidade.

Acabamos de traçar um panorama do que a prosódia linguística estuda. E a música? O que estuda a música? Estudar música pode ter o sentido de estudar um instrumento musical. Em um senso mais estrito, mas não dedicado ao estudo das capacidades cognitivas, pode ser o estudo da teoria musical, ou seja, aquela que leva em conta seus elementos, como ritmo e harmonia. No entanto, nenhum desses estudos é de fato o estudo da música como uma capacidade humana de linguagem. Então, é interessante notar que quando dizemos que alguém estuda música, não necessariamente nos referimos a alguém que tenha consciência dos elementos responsáveis pela capacidade musical; mas podemos simplesmente estar falando de alguém que sabe, em última instância, fazer uma análise dos elementos musicais, o que o distingue do leigo. Já dizer que alguém estuda Linguística é dizer de alguém que conhece uma teoria em que a representação mental tem enorme peso para se entender o objeto estudado. A Linguística tem se dedicado a desvendar a representação mental (salvo teorias não representacionalistas dentro da Linguística), enquanto a música, *lato sensu*, tem se dedicado, primeiramente a ser música, e, como área do conhecimento, a destrinchar as partes que a constituem para novas criações e elaborações.

Ainda como área do conhecimento, a música engloba estudos de cognição musical, os quais se propõem a desvendar as nossas capacidades musicais. Sua abordagem, em geral, é dominada pelo paradigma da música ocidental, sobretudo a europeia. Ou seja, quase sempre são levadas em conta questões de afinação, a relação harmônica entre tons, normalmente de uma escala de doze tons; e questões rítmicas de percepção de pulso (para uma visão geral: Krumhansl, 2006 [2000]) e flutuações e sincronização (Large e Palmer, 2002). Cabe destacar o trabalho de Sloboda (2008 [1983]) na área da Psicologia Cognitiva da música, que pode ser considerado pioneiro, dialogando fortemente com as ideias chomskyanas sobre linguagem e propondo visões sobre diversos tópicos que vão desde as mais teóricas, passando pela performance musical até as culturais e biológicas.

Os trabalhos que levantam questões entre música e língua que mais interessam à proposta deste capítulo são aqueles que tratam de sistemas sonoros observando sua realização. Vamos elencar alguns que cremos serem representativos.

Em primeiro lugar temos *The Science of the Singing Voice* (com tradução em português, sob o título *Ciência da voz: fatos sobre a voz na fala e no canto*) de Johan Sundberg (Sundberg, 1987), um livro pioneiro. Sundberg também é coautor de um sintetizador articulatório de canto, o Apex (criado em 1996), baseado no modelo vocálico largamente difundido na Fonética (Lindblom e Sundberg, 1971). A ciência do canto está sempre em franco diálogo com os estudos sonoros da fala e trabalhos como os de Sundberg são referência para outros em domínios diversos e interdisciplinares, como é o caso de desvendar o processamento fonológico na fala cantada (Kolinsky et al., 2009). Ao tratarem a percepção integrada de melodia-sílabas de uma não palavra, medindo-se o tempo de reação das respostas de ouvintes leigos em música, os autores chegaram ao resultado de que as consonantes se processam de forma mais independente da melodia do que as vogais. Resultado complementar a este foi obtido através da comparação entre durações de consoantes cantadas e faladas em Raposo de Medeiros (2002), que abordou aspectos acústicos da fala e do canto para entender melhor como se constitui a inteligibilidade da fala cantada. É sabido que as vogais são aquelas portadoras da melodia e, portanto, as interações se dão não só no nível segmental, mas também suprassegmental, o que suscita abordagens do comportamento de línguas tonais no canto, estabilidade de frequência fundamental na fala e no canto, e aspectos de acento e rima (Lehiste, 2004; Deutsch et al., 2011; Johnson et al., 2014).

Vemos, então, que a linguagem musical realizada pelo canal do canto tem vários pontos de encontro com a língua natural, e esses têm sido investigados pela Musicologia, a Cognição Musical, a Fonética e a Fonologia, entre outras subáreas do conhecimento.

Como estudar a interação entre prosódia da fala e música?

A música é feita de agrupamentos de tons (ou alturas), dotados de acento e métrica, que determinam uma estrutura temporal. A fala também. A música é feita de uma infinidade de tipos de sons, ou seja, com timbres diferentes. A fala também.

A fala, com seus segmentos e suprassegmentos, pode ser analisada do ponto de vista musical quando medimos suas propriedades acústicas. Ao extrairmos a frequência fundamental (f_0) de uma unidade como a sílaba em busca de seu tom e a curva de f_0 de uma unidade como a frase, estamos diante do mesmo procedimento para obter a f_0 de uma nota musical e a melodia de uma canção. Ao extrair medidas de duração em unidades como vogais e sílabas na fala e analisar sua distribuição e o alinhamento com o tom e a intensidade, estamos falando de ritmo. Reconhece-se que a palavra prosódia é um termo específico para se falar dos elementos musicais da fala (cf. Bolinger, 1986). Prosódia é um termo consagrado na Linguística, e para nós isso é pacífico. O que é preciso ressaltar é o fato de que muitas vezes usamos o termo "prosódia" sem atentar para o fato de que ele recobre os fenômenos acústicos de altura, duração e intensidade de uma unidade sonora, qualquer que seja sua extensão.

O estudo melódico de uma peça musical invariavelmente recai sobre a relação intervalar entre as notas (tons), o que está diretamente ligado às manifestações e soluções harmônicas de uma peça musical. Normalmente, a finalidade *lato sensu* de um tal estudo é chegar a análises para abordar questões como criatividade e estética musicais. Já o estudo da melodia da fala e do comportamento de tons alinhados à sílaba (o caso das línguas tonais) pretende dar conta de questões relativas à estrutura da língua, o que sempre, em primeira instância, está a serviço do significado.

No que toca ao ritmo, elemento fundamental da música assim como o tom, é possível dizer que estudá-lo tem a finalidade de se entender os padrões de ordenação, duração e intensidade de notas musicais. Tais padrões criam células específicas que podem ser repetidas ou variadas e definem um determinado gênero musical. Na área da Cognição Musical são estudados fenômenos como a percepção do pulso fundamental, do acento e de flutuações rítmicas (Krumhansl, 2000; Large, 2002) para se entender representações de estruturas temporais musicais em níveis mais altos. O estudo do ritmo na fala, e, portanto, na Linguística, tem outro propósito bem diferente.

Ainda que didática ou teoricamente separemos ritmo de melodia – tanto na língua quanto na música – em termos práticos, uma unidade sonora é realizada com determinada f_0, determinada duração e determinada intensidade, em uma coordenação da respiração, da articulação dos músculos da laringe e dos articuladores supralaríngeos. Para a música, sempre temos alturas (notas da melodia) realizadas com durações específicas e mesmo que a música seja realizada com improvisação, essa baseia-se em tonalidades e células rítmicas dadas, para seu desenvolvimento. Para a fala, em termos temporais, podemos dizer que temos durações esperadas. Uma sílaba falada tem, em média, 250 milissegundos (Klatt, 1976). É esperado que vogais mais fechadas tenham uma duração intrínseca menor do que vogais mais abertas por causa da diferença articulatória: para se realizar a abertura da cavidade oral (abaixar a mandíbula), leva-se mais tempo para as vogais mais abertas. Essa interação entre o movimento articulatório e a duração acústica parece estar bem descrita na área da Fonética e pode explicar fenômenos como o do VOT (*voice onset time*, tempo para o início do vozeamento da oclusiva) e a sobreposição de gestos fônicos resultando em variações fonológicas, só para dar alguns exemplos.

Fenômenos entoacionais nas línguas, como vimos, dedicam-se a compreender os padrões de curvas e seus alinhamentos com unidades sintáticas e/ou pragmáticas. A extração da curva melódica de um enunciado é feita através de programas de análise acústica da fala, prática comum, uma vez que tais programas já trazem o método de cálculo de frequência extraído a partir de um só comando. O desafio sempre encontrado em estudos entoacionais é definir as unidades a serem estudadas e, portanto, segmentadas e observar como se relacionam com a curva melódica, também chamada de curva de *pitch*. Vemos, assim, que lidar com tal fenômeno é lidar com aspectos linguísticos e musicais ao mesmo tempo. Atentemos para o fato de que é possível fazer estudos paralelos no canto: estudar a melodia cantada e sua relação com as frases linguísticas da canção.

A compreensão dos fenômenos melódicos e temporais da fala só será completa se todos os articuladores envolvidos tiverem um modelo para tal. Tradicionalmente, com uma maior ou menor preocupação em mostrar a coordenação entre os articuladores e especificidades aerodinâmicas e acústicas, os modelos fonológicos são calcados no sistema do trato vocal, privilegiando a cavidade oral e os movimentos que aí ocorrem. Mostrando a relação entre traços – como o traço [- contínuo] e o [+ soante] para o segmento nasal – tais modelos explicam os padrões sonoros segmentais das línguas. Esses modelos incluem o sistema laríngeo – apesar de termos de discutir se a laringe faz parte do trato vocal ou não –, já que apresentam um traço relativo à articulação da glote que é principalmente usado para designar segmentos vozeados ou desvozeados e a oclusiva glotal, ou ainda segmentos laringalizados. No entanto, pouco além disso é desenvolvido para a compreensão do papel da laringe como articulador.

Em relação à laringe como articulador, destaca-se o modelo de Esling (2014) e a abordagem da laringe de Esling et al. (2019). O modelo de Esling (2014) tem o objetivo de abordar a fala e suas origens, partindo da hipótese de que a criança realiza, inicialmente, articulações faríngeas para então, depois, aprender a articular as partes mediais e anteriores da cavidade oral. Trata-se de modelo especialmente interessante, uma vez que esquematiza o trato vocal e a região laríngea de modo a não dissociar uma parte da outra. Assim seu modelo é nomeado "*two vocal tract model*" que podemos traduzir por "modelo do duplo trato vocal", e apresenta os seguintes articuladores laríngeos: o osso hioide e as cartilagens ariepiglótica, aritenoidea, tireoidea e cricoidea.

O foco na laringe como articulador é um ganho para explicar as capacidades articulatórias dos segmentos da fala e vai além, explicando a qualidade de voz no longo termo. Sendo assim, em *Voice Quality: The Laryngeal Articulator Model*, Esling e colegas (Esling et al., 2019) abordam aspectos de qualidade de voz com base no modelo do duplo trato vocal. Propõem que aspectos de qualidade de voz devem influenciar processos de mudança sonora e que estudos ainda precisam ser desenvolvidos para se verificar tal influência. Falar de qualidade de voz e sua interação com unidades fonológicas e suprassegmentais corresponde a estudos de timbre na música, como o timbre dos instrumentos ou de vozes cantadas, o que estaria em um nível de investigação dedicado a compreender as combinações mais ou menos agradáveis ao ouvido, portanto uma questão de psicofísica e de estética. É claro que estudos de timbre podem representar, na Musicologia, a busca de se compreender a relação entre traços de significação e a qualidade sonora, por exemplo, a sonoridade percussiva dos tímpanos e a do trovão.

Para os linguistas, a visão presente no modelo da laringe como articulador abre um arco de questões importantíssimas para a fala: a da origem e desenvolvimento dos sons da fala no indivíduo, a da qualidade de voz e aspectos de longo termo, a da interação entre tipos de fonação e o segmento de fala/unidade fonológica menor.

Do ponto de vista da articulação, o modelo de laringe nos aproxima de suas estruturas que são responsáveis pelos movimentos que resultam em vozes e falas agudas, graves, menos ou mais ruidosas. As configurações fisiológicas correspondem a comportamentos acústicos dos harmônicos da voz e podem ser inferidas pelo comportamento desses, como quando medimos a diferença de amplitude entre o primeiro e o segundo harmônicos para verificar se a voz é modal, crepitante ou soprosa. Se é, por exemplo, crepitante (*creaky voice*) sabemos que há tensão maior nas cavidades supraglóticas, e o resultado acústico é um valor de diferença mais baixo entre as amplitudes de H1 e H2 (Keating et al., 2010). De novo, estamos no reino dos sons e, por isso mesmo, vizinhos da música.

Gostaríamos também de salientar que as questões musicais são relevantes no estudo da prosódia, haja vista a recente sessão "Prosody in Language and Music" no 10º Congresso Internacional de Prosódia da Fala (Speech Prosody 2020), em Tóquio, no Japão.

Poderia me dar um exemplo?

Podemos pensar em uma grande questão na confluência entre fala e canto: falamos da mesma forma que cantamos? Meireles (2021) respondeu a essa pergunta analisando tanto os aspectos cantados da fala (a prosódia da fala) quanto os aspectos falados no canto (influência do canto na fala como o Sprechgesang em "Pierrot Lunaire" de Arnold Schönberg – vide Meireles et al., 2017).

Para continuarmos a responder à pergunta anterior, temos de levar em consideração que, apesar de dividirem o mesmo aparato vocal, fala e canto são distintos nas funcionalidades e na forma como os recursos vocais são empregados. *Grosso modo*, no canto, deve-se seguir a métrica e a tonalidade da música, impondo então ao cantor uma limitação de quais notas musicais e ritmos podem ser usados. Na fala, por outro lado, não há uma métrica definida nem notas predefinidas pela escala musical, gerando uma maior liberdade de ritmos e notas. Apesar das diferenças, há certos músicos que cantam com a qualidade de voz parecida com a da fala, como podemos notar em Tom Jobim cantando "Garota de Ipanema" e Mark Knopfler cantando "Sultans of Swing". Por outro lado, há cantores como Tom Keifer e Angela Gossow que cantam muito diferente da sua voz falada. Vejam suas performances de "Nobody's Fool"[1] na banda Cinderella e "Heart of Darkness"[2] na banda Arch Enemy. Dessa forma, a maior proximidade do canto com a fala vai depender do estilo musical. Estilos como bossa nova, *blues*, *folk music*, *funk*, entre outros, são mais próximos da fala, mas estilos como *thrash metal*, *hard rock*, canto lírico, entre outros, possuem uma identidade vocal bem distinta da voz falada. Apesar de serem estilos de canto diferentes entre si, estes últimos exploram tessituras graves e agudas da voz, não encontradas corriqueiramente na fala, além de empregarem maior intensidade do que a do sinal da fala.

Quais são as grandes linhas de investigação?

O tema em questão é muito recente e, portanto, não há ainda linhas de investigação consolidadas. No entanto, é importante apontar dois trabalhos pioneiros como a teoria gerativa da música tonal (Lerdahl e Jackendoff, 1983) e o livro *Music, Language and the Brain* (Patel, 2008). Podemos classificar esses trabalhos como aqueles baseados na língua como sistema e na solução de problemáticas da abstração. O trabalho de Patel quer comprovar que a mesma capacidade usada para sintaxe linguística é aquela usada para a sintaxe musical e difere-se da teoria gerativa da música tonal que busca, através de regras e grades, prever padrões de acento e tom.

Além disso, Esling et al. (2019) propõem um modelo teórico-metodológico do articulador laríngeo. Essa proposta, em complemento aos trabalhos anteriores de John Laver sobre qualidade de voz (Laver, 1980), inova e abre caminhos para estudar a voz humana em todos seus aspectos linguísticos, paralinguísticos, extralinguísticos, e também contribui para a aproximação desses estudos com os estudos do canto.

Notas

[1] Disponível em: <https://www.youtube.com/watch?v=PvvHlRgn7Xo>. Acesso em: 19 mar. 2022.

[2] Disponível em: <https://www.youtube.com/watch?v=fNN49FryOus&t=4s>. Acesso em: 19 mar. 2022.

O que eu poderia ler para saber mais?

Em termos de manual introdutório, até onde sabemos, não há algo voltado para prosódia em geral ou para aspectos específicos como a entoação. No entanto, acreditamos que leituras de textos seminais na área da prosódia são indispensáveis para compreender a relação de dois fenômenos como a prosódia da fala e a música. Podemos elencar algumas obras mais indicadas para uma visão mais sistematizada do fenômeno da entoação como *Intonational Phonology*, de Robert Ladd (Ladd, 2008), que integra visões paralelas à visão universalista da Linguística Gerativa (Halliday, 1967; Bolinger, 1986; Cruttenden, 1986) a estas últimas (Liberman, 1975; Pierrehumbert, 1980).

Além dessas, cabe citar os trabalhos de Crystal (1969), Xu (2015) e Bolinger (1986). Relevante ainda para contextualizar melhor a proposta de Ladd é citar Heart, Collier e Cohen (1990), que fundamentam a compreensão de fenômenos entoacionais a partir da ideia de que há movimentos de *pitch* que são recuperados pelos falantes/ouvintes a partir de um limiar da percepção que os torna distinguíveis. Além disso, a proposta de Heart, Collier e Cohen (1990) tem o mérito de explicar a correspondência entre unidades fonológicas não contínuas à natureza contínua dos movimentos da frequência fundamental.

Visões mais abrangentes tanto do fenômeno como das teorias desenvolvidas no seio da linguística, como as de Robert Ladd, nos guiam em uma compreensão da natureza e das questões dos estudos de prosódia, com foco na entoação. Outra referência importante é Hirst e Di Cristo (1998), por oferecer um panorama de aspectos entoacionais de vinte línguas diferentes.

Para textos em português, recomendamos *A mente musical*, de John Sloboda (2008 [1983]); *Em busca do som perdido: o que há entre a linguística e a música*, de Raposo de Medeiros (2006); e *Descrição comparativa de aspectos fonético-acústicos selecionados da fala e do canto em português brasileiro*, também de Raposo de Medeiros (2002).

As sugestões anteriores complementam-se com as referências a seguir, as quais contêm estudos que abrangem toda a interação entre prosódia da fala e música discutida neste texto.

Referências

BARBOSA, P. A. From Syntax to Acoustic Duration: A Dynamical Model of Speech Rhythm Production. *Speech Communication*, 49, 2007, pp. 725-42.
BERTINETTO, P. M.; BERTINI, C. Towards a Unified Predictive Model of Natural Language Rhythm. *Quaderni del Laboratorio di Linguistica della SNS*, 7, 2008, pp. 1-24.
BOLINGER, D. *Intonation and its Parts:* Melody in Spoken English. Stanford: Stanford University Press, 1986.
CRUTTENDEN, A. *Intonation*. Cambridge Textbooks in Linguistics. Cambridge: Cambridge University Press, 1986.
CRYSTAL, D. *Prosodic Systems and Intonation in English*. Cambridge University Press, 1969.
CUMMINS, F.; PORT, R. Rhythmic Constraints on Stress Timing in English. *Journal of Phonetics*, 26 (2), 1998, pp. 145-71.
DEUTSCH, D.; HENTHORN, T.; LAPIDIS, R. Illusory Transformation from Speech to Song. *The Journal of the Acoustical Society of America*, v. 129, 2011, pp. 2.245-52.
ESLING, J. H. Articulatory Function of the Larynx and the Origins of Speech. *Proceedings of the 38th Annual Meeting of the Berkeley Linguistics Society*, 2014, pp. 121-50.
ESLING, J. H. et al. *Voice Quality:* The Laryngeal Articulator Model. Cambridge Studies in Linguistics. Cambridge: Cambridge University Press, 2019.
FRAISSE, P. Les Rythmes. *Journal Français d'Oto-Rhino-Laryngologie*. n. supplement, n. 7, 1968, pp. 23-33.
HALLIDAY, M. A. K. *Intonation and Grammar in British English*. The Hague: Mouton, 1967.

HART, J.'T, COLLIER, R.; COHEN, A. *A Perceptual Study of Intonation*: An Experimental-Phonetic Approach. Cambridge: Cambridge University Press, 1990.

HIRSCHBERG, J.; PIERREHUMBERT, J. Intonational Structuring of Discourse. *Proceedings of the 24th Association for Computational Linguistics*. New York, 1986, pp. 136-44.

HIRST, D. Review Article. *Phonology* 4 (1), 1987, pp. 271-80.

HIRST, D.; DI CRISTO, A. (eds.). *Intonation Systems:* A Survey of Twenty Languages. Cambridge University Press, 1998.

JOHNSON, R.; HURON, D.; COLLISTER, L. Music and Lyrics Interactions and Their Influence on Recognition of Sung Words: An Investigation of Word Frequency, Rhyme, Metric Stress, Vocal Timbre, Melisma and Repetition Priming. *Empirical Musicology Review*, v. 9, n. 1, 2014, pp. 2-20.

KLATT, Dennis H. Linguistic Uses of Segmental Duration in English: Acoustic and Perceptual Evidence. *Journal of the Acoustical Society of America*, 59, n. 4, 1976, pp. 1.208-21.

KOHLER, K. J. Rhythm in Speech and Language: A New Research Paradigm. *Phonetica*, 66, 2009, pp. 29-45.

KOLINSKY, R. et al. Processing Interactions between Phonology and Melody: Vowels Sing but Consonants Speak. *Cognition*, v. 112, n. 1, 2009, pp. 1-20.

KRUMHANSL, C. L. Rhythm and Pitch in Music Cognition. *Psychological Bulletin*, APA, 126 (1), 2000, pp. 159-79.

_____. Ritmo e altura na cognição musical. In: ILARI, B. S. (org.). *Em busca da mente musical*. Curitiba. Editora da UFPR, 2006, pp. 45-109.

LADD, R. *Intonational Phonology*. 2. ed. Cambridge: Cambridge University Press, 2008.

LARGE, E. W.; PALMER, C. Perceiving Temporal Regularity in Music. *Cognitive Science*, 26, 2002, pp. 1-37.

LEHISTE, I. Prosody in Speech and Singing. *Proceedings of Speech Prosody*. 2004, pp. 11-4. Disponível em: <https://www.isca-speech.org/archive_open/sp2004/sp04_011.html>. Acesso em: 19 mar. 2022.

LERDAHL, F.; JACKENDOFF, R. A Generative Theory of Tonal Music. Cambridge: MIT Press, 1983.

LIBERMAN, M. *The Intonational System of English*. Cambridge, 1975. (Ph.D. Thesis) – MIT.

LINDBLOM, B.; SUNDBERG, J. Acoustical Consequences of Lip, Tongue, Jaw, and Larynx Movement. *The Journal of the Acoustical Society of America*, 50, 1971, pp. 1.166-79.

MEIRELES, A. R. Música e fala. LBASS. Verbetes. 2021. Disponível em: <http://www.letras.u.br/lbass/>. Acesso em: 19 mar. 2022.

MEIRELES, A. R.; GAMBARINI, V. P. Rhythm Typology of Brazilian Portuguese dialects. 6th International Conference on Speech Prosody, 2012, Shanghai. *Proceedings of Speech Prosody 2012*, v. 1, 2012, pp. 474-7.

MEIRELES, A. R. et al. Musical Speech: A New Methodology for Transcribing Speech Prosody. *Interspeech*. Stockholm, Sweden: International Speech Communication Association, 2017, pp. 334-8.

MOK, P. P. K.; DELLWO, V. Comparing Native and Nonnative Speech Rhythm Using Acoustic Rhythmic Measures: Cantonese, Beijing Mandarin and English. *Proceedings of Speech Prosody 2008*, Campinas, 2008, pp. 423-26.

NESPOR, M. e VOGEL, I. *Prosodic Phonology*. Dordrecht: Foris, 1986. [Republished in 2007 by Janet Pierrehumbert, *The Phonology and Phonetics of English Intonation*, 1980.]

PATEL, A. D. *Music, Language, and the Brain*. New York: Oxford University Press, 2008.

PIERREHUMBERT, J. *The Phonology and Phonetics of English Intonation*. Cambridge, 1980. (Ph.D. Thesis) – MIT. [Published in 1988 by IULC, Bloomington, Mouton de Gruyter, Berlin.]

PIERREHUMBERT, J. e BECKMAN, M. E. *Japanese Tone Structure*. Cambridge: MIT Press, 1988.

RAMUS, F.; NESPOR, M.; MEHLER, J. Correlates of Linguistic Rhythm in the Speech Signal. *Cognition*, 73, 1999, pp. 265-92.

RAPOSO DE MEDEIROS, B. *Descrição comparativa de aspectos fonético-acústicos selecionados da fala e do canto em português brasileiro*. Campinas, 2002. Tese (doutorado em Linguística) – Universidade Estadual de Campinas.

_____. Em busca do som perdido: o que há entre a linguística e a música. In: ILARI, B. S. (org.). *Em busca da mente musical*. 1. ed. Curitiba: Editora da UFPR, 2006.

SELKIRK, E. O. Sentence Prosody: Intonation, Stress, and Phrasing. In: Goldsmith, J. (ed.). *The Handbook of Phonological Theory*. Oxford: Blackwell, 1995, pp. 550-69.

SLOBODA, J. A. *A mente musical*: a psicologia cognitiva da música. Trad. Beatriz Ilari e Rodolfo Ilari. Londrina: Eduel, 2008. [1983]

SUNDBERG, J. *The Science of the Singing Voice*. Dekalb: Northern Illinois University Press, 1987.

XU, Y. Speech Prosody: Theories, Models and Analysis. In: MEIRELES, A. R. (ed.). *Courses on Speech Prosody*. Cambridge: Cambridge Scholars Publishing, 2015, pp. 142-77.

Prosódia e distúrbio de fala

Zuleica Camargo

O que é distúrbio prosódico de fala?

Os distúrbios da fala de natureza prosódica englobam uma vasta gama de quadros clínicos que podem afetar a continuidade e a fluência da fala, as suas marcações acentuais, rítmicas, melódicas, entoacionais e, ainda, a qualidade vocal. Tais elementos traduzem-se em correspondentes físicos da ordem da frequência, da intensidade e da duração e de suas interações no fluxo da fala.

Prosódia e distúrbio de fala, ou *disprosódia*, é um termo que pode ser usado para referir ao amplo conjunto de distúrbios que podem afetar tanto o controle e a execução dos vários mecanismos de produção da fala quanto a sua percepção (Neumann et al., 2018; Barbosa, 2019).

Para além de quadros de natureza eminentemente prosódica, como os clássicos exemplos dos distúrbios da fluência (a gagueira) e da voz (a disfonia), podemos assumir que a prosódia se revela em múltiplas formas de interação com distúrbios do campo segmental, abordados enquanto "transtornos dos sons da fala" (consoantes e vogais).

Para prosseguirmos, portanto, na exposição a respeito da prosódia e distúrbio de fala, tomaremos como base os conceitos fundantes da prosódia e, na sequência, a classificação e as propostas de abordagem clínica dos distúrbios prosódicos da fala.

Numa aproximação às reflexões que se fazem necessárias, e resgatando a exposição de Barbosa (2019: 19), a respeito da prosódia:

> faz-nos pensar ser a prosódia um modo intrínseco de expressão ou de "modo de falar de uma comunidade". Platão já se referia à prosódia em contraste com o conteúdo dos enunciados, considerando-a como um componente sonoro "em sintonia com o canto". Portanto, desde a origem, prosódia retém ao menos a acepção de "modo de falar".

Na abordagem do referido "modo específico de falar" ou "como se diz", não se considera estritamente o conteúdo segmental (das unidades consonantais ou vocálicas isoladas), mas as relações entre unidades mais vastas que o segmento, como a sílaba e unidades superiores, tais como a palavra e o enunciado. No estudo de tais relações, são possíveis as análises de bases fonéticas e fonológicas.

Muitas manifestações clínicas congregam eventos prosódicos não rotineiramente enfocados em abordagens de avaliação e de terapia. Uma exceção refere-se a Van Riper (1978), propondo a classificação dos distúrbios de fala em categorias de articulação, de tempo/duração (ou ritmo), de voz e de simbolização (linguagem). Uma vasta gama de distúrbios pode afetar a prosódia em diferentes fases e ciclos da vida.

O falante que apresenta distúrbio de fala de natureza prosódica pode ser privado de ou ter comprometidas diferentes funções: segmentar o fluxo da fala, demarcar a modalidade de enunciado (interrogativa, exclamativa, declarativa – afirmativa ou negativa – ou imperativa), conferir diferentes focos ou proeminências, além de diversos efeitos de expressão de atitudes, intenções e de emoções.

Barbosa e Madureira (2015) sintetizam o papel dos elementos prosódicos em: funções linguísticas, paralinguísticas (discursivas dialógicas e não dialógicas, demarcativas e de proeminências) e funções expressivas.

Neste capítulo, tecemos uma exploração da prosódia e distúrbio de fala calcada nas Ciências Fonéticas, aos moldes do que refere Ball (2021), em termos da Fonética Clínica, concebida como a interação entre a Fonética e a manifestação clínica de distúrbio de fala. Ou seja, a contribuição da Fonética à descrição das alterações (de percepção e de produção) da fala, e as contribuições dos dados das alterações da fala para a teoria fonética. O enfoque da Fonética Clínica pode recair sobre as particularidades do falante ou sobre os aspectos fonéticos e linguísticos comprometidos, ou, ainda, sobre a causa do distúrbio, como: genética, motora, sensorial (auditiva), iatrogênica (resultante de intervenções/tratamentos) ou funcional, as quais serão consideradas na próxima seção.

O que se estuda a respeito do distúrbio prosódico de fala?

Barbosa e Madureira (2015), ao abordarem o escopo da prosódia, destacam o enfoque da coordenação dos gestos articulatórios da cadeia fônica ao longo dos enunciados produzidos. A prosódia imprimiria "ao que se fala" "um modo de falar", como "em contraste com o conteúdo dos enunciados, considerando-a em sintonia com o canto" (Barbosa, 2019: 19).

A investigação de tal "modo de falar" suscita a demanda por enfoque do circuito que integra os mecanismos da percepção e da produção da fala. Considerando-se as abordagens em torno da prosódia audiovisual, agregam-se as possibilidades de estudo tanto dos aspectos perceptivos (auditivos e visuais) quanto de produção nas vertentes da sonoridade e da gestualidade (inclusive nos planos facial e corporal). A prosódia também está, portanto, congregada na abordagem da multimodalidade na fala (Rilliard, 2020).

Numa aproximação ao estudo da prosódia enquanto a forma sonora e sua função ligada ao "como se diz" (Barbosa, 2019), vislumbramos um amplo campo de manifestações clínicas. Classicamente, observamos que a maioria das propostas de avaliação da fala ainda destaca os elementos do campo segmental, bem como as propostas de terapia.

A Associação Americana de Fala, Linguagem e Audição (*American Speech-Language-Hearing Association – ASHA*, 2021) congrega, em sua definição de "transtornos dos sons da fala" de sons da fala, aspectos de produção, de percepção e simbólicos/fonológicos. Refere o termo como

> um verdadeiro guarda-chuva que pode contemplar dificuldades (ou as suas combinações) na percepção, na produção motora, na representação dos sons e nos segmentos da fala, incluindo possibilidades e restrições fonotáticas que regem sequências de sons de fala possíveis em uma determinada língua. (tradução nossa)

As causas de tais distúrbios podem ser múltiplas, variando de fatores orgânicos de base (como uma causa motora/neurológica ou sensorial/perceptiva) a funcionais (sem uma causa definida).

Em consonância com diretrizes da Classificação Internacional de Funcionalidade, Incapacidade e Saúde da Organização Mundial de Saúde (oms), um amplo procedimento de avaliação deve ser realizado para identificar e descrever: alterações orgânicas e funcionais; comorbidades decorrentes de *déficits* ou condições como distúrbios do desenvolvimento, condições médicas ou síndromes, além das dificuldades em atividade e participação, interação e aprendizado (World Health Organization, 2001).

Pela Classificação Internacional de Funcionalidade e Incapacidade (cif) em Fonoaudiologia (Conselho Federal de Fonoaudiologia, 2013), adotada no Sistema Único de Saúde (sus), várias são as dimensões congregadas nos distúrbios de fala. Nossos destaques voltam-se àqueles que possam ser aplicáveis à prosódia e ao distúrbio de fala: funções auditivas (b.230); funções da voz (b.310); funções da articulação (b.320); e fluência e ritmo (b.330).

Muitos são os quadros clínicos concernidos no campo da disprosódia, como a gagueira, as disartrias, as apraxias, a síndrome do sotaque estrangeiro, as disfonias, além de outras alterações da fala decorrentes de deficiência auditiva, de sequelas neurológicas, traumáticas, de intervenções cirúrgicas e outros tratamentos, de doenças degenerativas, do Transtorno do Espectro Autista (tea), para citar alguns dos mais frequentemente associados ao universo das manifestações prosódicas.

Na atualidade, dada a influência de propostas de ensino bilíngue/multilíngue, torna-se igualmente relevante abordar as questões de natureza prosódica envolvendo o contexto da variação interlinguística (Esling, 2000).

Como estudar o distúrbio prosódico de fala?

As modalidades de investigação clínica da fala, especificamente do distúrbio de fala de natureza prosódica, contemplam especialmente as análises perceptiva e acústica. Não podemos, no entanto, deixar de mencionar a vertente fisiológica de investigação da fala. Privilegiamos os instrumentos clínicos de estudos da prosódia, reservando alguns achados de pesquisas com aporte da Fonética Experimental para seção "Quais são as grandes linhas de investigação a respeito dos distúrbios de fala de natureza prosódica?".

O distúrbio de fala congrega, em todos os planos, a demanda por avaliação da função auditiva do paciente. Além da avaliação clínica auditiva, a investigação de habilidades do processamento auditivo central (PAC) é relevante. O transtorno do PAC é caracterizado pelas dificuldades em ouvir e em compreender o estímulo auditivo em situações adversas de escuta. Geralmente está relacionado à imaturidade de vias auditivas centrais, podendo interferir no desenvolvimento da fala e da aprendizagem da escrita e, se não tratado, tende a perdurar pelos diversos ciclos de vida. Há evidências de que a estimulação do PAC, por meio do Treinamento Auditivo Acusticamente Controlado (TAAC), promova impactos positivos na prosódia da fala de crianças com dificuldades escolares (Pereira, 2021).

Do ponto de vista perceptivo (auditivo), uma ferramenta de análise prosódica refere-se ao *Vocal Profile Analysis* – VPA (Laver et al., 1981), baseado no modelo fonético de descrição da qualidade vocal (Laver, 1980), que elenca os ajustes de qualidade vocal e os elementos da dinâmica vocal, com adaptação ao português brasileiro (Camargo e Madureira, 2008; Madureira e Camargo, 2020). Vejamos a Figura 1.

Figura 1 – Vocal Profile Analysis – Roteiro de Análise Perceptiva
proposto por Camargo e Madureira (2008). Fonte: Madureira e Camargo (2020: 95-9)

QUALIDADE VOCAL	PRIMEIRA PASSADA		SEGUNDA PASSADA							
	Neutro	Não neutro	AJUSTE	Moderado			Extremo			
				1	2	3	4	5	6	
A. ELEMENTOS DO TRATO VOCAL										
1. Lábios			Arredondados/protraídos							
			Estirados							
			Labiodentalização							
			Extensão diminuída							
			Extensão aumentada							
2. Mandíbula			Fechada							
			Aberta							
			Protraída							
			Extensão diminuída							
			Extensão aumentada							
3. Língua ponta/lâmina			Avançada							
			Recuada							
4. Corpo de língua			Avançado							
			Recuado							
			Elevado							
			Abaixado							
			Extensão diminuída							
			Extensão aumentada							
5. Faringe			Constrição							
			Expansão							
6. Velofaringe			Escape nasal audível							
			Nasal							
			Denasal							
7. Altura de laringe			Elevada							
			Abaixada							

B. TENSÃO MUSCULAR GLOBAL								
8. Tensão do			Hiperfunção					
trato vocal			Hipofunção					
9. Tensão			Hiperfunção					
laríngea			Hipofunção					

C. ELEMENTOS FONATÓRIOS			Presente		Graus de escala						
	Ajuste		Neutro	Não neutro	Moderado			Extremo			
					1	2	3	4	5	6	
10. Modo de fonação	Modal										
	Falsete										
	Crepitância/*vocal fry*										
	Voz crepitante										
11. Fricção laríngea	Escape de ar										
	Voz soprosa										
12. Irregularidade laríngea	Voz áspera										

Ocorrências em curto termo: ( ) quebras ( ) instabilidades ( ) diplofonia ( ) tremor. Para ajustes de ocorrência intermitente assinalar (i)

Dinâmica vocal		Neutro	Ajuste	Moderado			Extremo		
				1	2	3	4	5	6
13 *Pitch* (*f*0)	Habitual		Elevado						
			Abaixado						
	Extensão		Diminuída						
			Aumentada						
	Variabilidade		Diminuída						
			Aumentada						
14. *Loudness* (intensidade)	Habitual		Aumentado						
			Diminuído						
	Extensão		Diminuída						
			Aumentada						
	Variabilidade		Diminuída						
			Aumentada						
15. Continuidade			Interrompida						
16. Taxa de elocução			Rápida						
			Lenta						
17. Suporte respiratório			Adequado						
			Inadequado						

A abordagem acústica da prosódia volta-se ao detalhamento das medidas evolutivas de duração, de frequência fundamental e de intensidade, enquanto correlatos prosódico-acústicos (Barbosa, 2019). Medidas acústicas que exploram as correspondências aos ajustes de qualidade vocal também podem ser empregadas na disprosódia, com detalhamento de mecanismos da fonte e do filtro (Erickson, 2021).

As abordagens acústicas contemplam inspeção de representações acústicas, como ondas sonoras, de suas decomposições na forma de espectrogramas de bandas estreita e larga, traçados espectrais e *cepstrais*, além de contornos de frequência e de intensidade. Tais representações permitem explorar as correspondências aos mecanismos fisiológicos da "fonte", com o detalhamento da estrutura harmônica e os mecanismos do "filtro", com o padrão de formantes. Tais explorações fundamentam a extração de medidas acústicas por meio de abordagens lineares e não lineares (Lopes et al., 2019).

A fim de favorecer abordagens acústicas multiparaméticas, *scripts* também podem ser aplicados ao programa Praat (Boersma e Weenink, 2013). Como exemplos, e com aplicações relatadas aos universos clínico (disprosódia) e de expressividade de fala (Barbosa et al., 2018), os *scripts Prosody Descriptor* e o *Expression Evaluator* permitem a geração de parâmetros acústicos relacionados à duração, frequência fundamental (f_0), espectro de longo termo (LTAS) e ênfase espectral para fins de estudo do ritmo, da entoação e da qualidade vocal em fala expressiva e com alterações. O *script Beat Extractor* faz a detecção automática de ataques silábicos; o *SG Detector* realiza a detecção de picos de duração do tamanho de sílabas e normalizados; o *Salience Detector* realiza a detecção automática de picos de duração do tamanho de sílabas e normalizados. Mais recentemente, podemos contar com os *scripts Prosody Descriptor Extractor v2020* e *Acoustic Parameters for Vowels Extractor, igualmente* desenvolvidos e disponibilizados pelo prof. Plínio Barbosa.1 Para análise de desvios da voz, *Acoustic Voice Quality Index* (AVQI) e *Acoustic Breathiness Index* (ABI) também foram implementados em *script*, com valores de referência para o português brasileiro (Englert et al., 2020).

Segundo Kent (1997), os níveis de investigação fisiológica da fala contemplam as esferas neural (como eletroencefalografia – EEG, imagens do sistema nervoso, sistemas de avaliação por potenciais evocados), motora (como registros de eletromiografia – EMG), estrutural (imagens do trato vocal – endoscopia, ultrassonografia, ressonância magnética, tomografia computadorizada, eletropalatografia – EPG) e aerodinâmica (fluxo, pressão, volume aéreo e sensores de movimentação).

Propostas de avaliação clínica de fala, com associação das vertentes perceptiva, acústica e fisiológica, são apresentadas em Camargo e Marchesan (2014) e em Pessoa e Perreira (2015).

Poderia me dar um exemplo?

Destacamos como exemplo o quadro clínico da gagueira. Enfocado por variadas abordagens de avaliação e de terapia, a gagueira oferece aportes para se ilustrar, de forma ampla, a prosódia e o distúrbio de fala.

A gagueira é atualmente enfocada como um distúrbio da fluência que envolve causas neurofisiológicas e com predisposição genética, cujo impacto social atinge amplo alcance. A qualidade de vida da pessoa que gagueja é afetada pelas reações cognitivas, emocionais e comportamentais negativas de falantes fluentes perante a manifestação da gagueira (Ferreira, 2018).

Os modelos terapêuticos têm buscado, gradativamente, incorporar as questões de base neurofisiológica a partir de uma abordagem de causa multifatorial da gagueira (Neumann et al., 2018; Ferreira, 2019). Considerando-se a característica multidimensional, a intervenção motora da fala pode estar associada a uma ou mais formas de intervenção, como terapia comportamental cognitiva ou modificação da gagueira (Bohnen et al., 2017). As intervenções motoras da fala são as abordagens atualmente mais adotadas e se baseiam no precursor *Precision Fluency Shaping Program* (Webster, 1974).

As manifestações de disprosódia, sob o ponto de vista da gagueira, são ilustradas a partir de dados de falantes participantes de estudo conduzido por Ferreira (2019),[1] com descrições perceptivas, acústicas e fisiológicas. Além disso, são expostos e relatados alguns resultados dos efeitos da aplicação de proposta de estratégia de suavização de fala, a partir de método conhecido como "modelagem da fala" (Webster, 1974).

Do ponto de vista perceptivo-auditivo, o primeiro impacto refere-se a quebras de continuidade, com bloqueios, repetições, os quais podem, inclusive, se fazer presentes em domínio corporal e gestual. As Figuras 2 e 3 apresentam ilustrações (geradas no programa Praat – Boersma e Weenink, 2013) de representações da onda acústica e de espectrografia de amostras de um falante que gagueja (sexo masculino, de 31 anos de idade), em sucessivos trechos em que a continuidade de fala ora se mostra interrompida (Figura 2), ora contínua (Figura 3).

Figura 2 – Tela do programa Praat com representações da onda sonora (janela superior), de espectrografia de banda larga (janela intermediária) e camada de anotações (janela inferior) representativa de trecho de amostra de fala semiespontânea de um falante que gagueja, em trecho de ocorrência de bloqueios e repetições

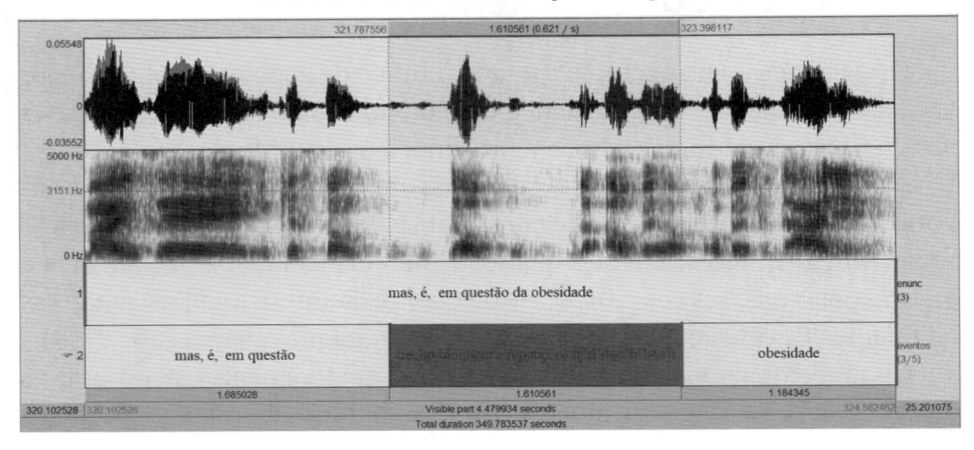

Figura 3 – Tela do programa Praat com representações da onda sonora (janela superior), de espectrografia de banda larga (janela intermediária) e camada de anotações (janela inferior) representativa de trecho de amostra de fala semiespontânea de um falante que gagueja, em trecho sem ocorrência de bloqueios

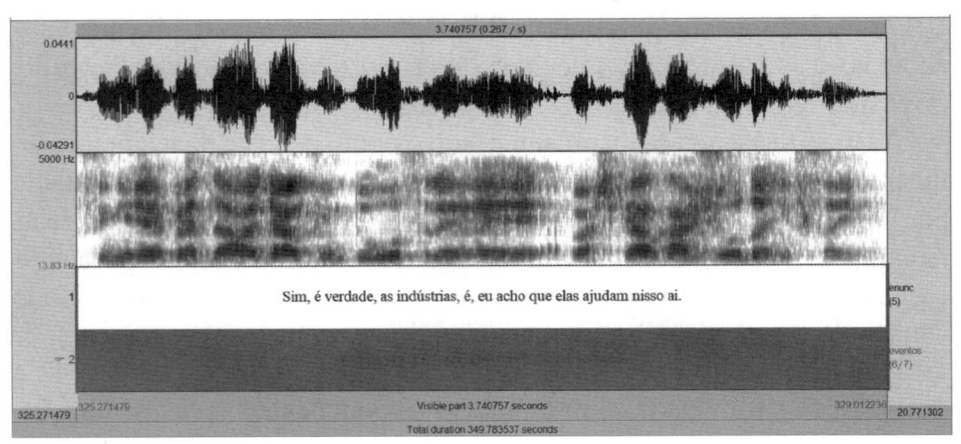

Para além dos aspectos de caracterização de pausas, bloqueios e repetições de sons, a abordagem prosódica por meio de descrições perceptivas e acústicas ofereceu aportes aos momentos clinicamente qualificados como "fluentes" na produção oral da pessoa que gagueja. Tal abordagem foi possível por meio da aplicação do roteiro VPA (Madureira e Camargo, 2020), revelando que, mesmo em momentos de fluência, o falante mostra ajustes de qualidade vocal da esfera dos ajustes de tensão muscular geral, tanto do trato vocal supralaríngeo quanto laríngeo (Ferreira, 2019).

Antes da aplicação da estratégia terapêutica de suavização da fala (baseada na diminuição dos mecanismos de tensão), o falante revelou ajustes de corpo de língua avançado em grau 4, constrição faríngea em grau 2, hiperfunção de trato vocal em grau 2; hiperfunção laríngea em graus 3 a 4; voz áspera em graus 1 a 2. Após a aplicação da estratégia, foram detectados os ajustes de corpo de língua avançado em grau 2, corpo de língua abaixado em grau 2, constrição faríngea em grau 2, hiperfunção de trato vocal em variável entre graus 1 e 2; hiperfunção laríngea variável entre graus 1 e 2; e voz áspera em grau 2 (Ferreira, 2019).

A diminuição acentuada dos graus de manifestação de corpo de língua avançado e de hiperfunção laríngea, com manutenção dos ajustes de constrição faríngea e de hiperfunção de trato vocal, com aparecimento do ajuste de corpo de língua abaixado, revela que há mobilizações recorrentes na fala da pessoa que gagueja e que perpassam a esfera dos bloqueios e interrupções, principalmente em termos de ajustes de tensão muscular. A estratégia terapêutica revelou impacto imediato em algumas destas esferas, especialmente naquela de tensão laríngea. Tais achados ajudam a incrementar o planejamento terapêutico do falante em questão.

Do ponto de vista de medidas acústicas, os achados referentes ao falante estudado alinharam-se aos achados gerais da pesquisa de Ferreira (2019), a partir da aplicação do *script Expression Evaluator*. Os dados acústicos das amostras de falantes do sexo masculino revelaram relevância estatística das medidas de f_0 (quantil 99,5%; média e desvio padrão da derivada) e de intensidade (assimetria), tanto na diferenciação dos grupos de pessoas que gaguejam e que não gaguejam quanto em decorrência de um impacto no momento imediatamente seguinte à aplicação de estratégia terapêutica de suavização da fala.

Em termos de abordagens fisiológicas, medidas indiretas de pressão subglótica[2] revelaram que após o uso de estratégias de suavização fonatória houve diminuição dos gradientes de pressão subglótica, sinalizando a diminuição da sobrecarga da atividade dos planos respiratórios e fonatório do trato vocal dos falantes. As medidas (indiretas) de pressão subglótica oferecem uma correspondência ao que seria, no plano físico, o nível de intensidade da emissão (ou seja, os correlatos das sensações auditivas de som mais forte ou mais fraco) (Sunberg, 2015).

As medidas de pressão subglótica (equipamento PG-100E, Glottal Enterprises™) no momento anterior à aplicação da estratégia terapêutica de suavização situaram-se na média de 3,36 mm H_2O, em contrapartida a 2,96 mm H_2O no momento após a aplicação da estratégia suavizadora de fala. Tais dados estão em consonância com as médias de grupo de pessoas que gaguejam: 4,70 mm H_2O no momento pré e 3,78 mm H_2O no momento pós-intervenção (Ferreira, 2019).

Os dados relativos ao caso clínico de gagueira revelam a questão do sofrimento que o falante carrega e das impressões sociais da gagueira (Ferreira, 2018). Conforme Barbosa refere no capítulo "A fala e seus ritmos" deste volume, o paciente sofre prejuízos em poder "chamar a atenção do ouvinte para algo em particular ou para que possa melhor recortar os constituintes dos enunciados", gerando efeitos adversos em termos dos efeitos expressivos da fala.

Quais são as grandes linhas de investigação?

No plano das abordagens fonéticas da prosódia e dos distúrbios de Fala, as linhas de investigação concentram-se nas vertentes anteriormente abordadas nas duas seções anteriores, com respeito, respectivamente, a como estudar a disprosódia e um exemplo característico do distúrbio da fala.

Os aportes das Ciências Fonéticas, e particularmente da Fonética Experimental, permitem-nos explorar tais distúrbios em vertentes perceptiva (auditiva e visual/gestual), acústica e fisiológica.

Os modelos teóricos e as bases das Ciências Fonéticas são essenciais para a fundamentação da interpretação de dados clínicos de fala. Do ponto de vista da percepção auditiva, o modelo fonético de descrição da qualidade vocal (Laver, 1980) fornece amplas possibilidades de descrição das manifestações da disprosódia. Do ponto de vista acústico, a teoria acústica da produção da fala, particularmente do modelo fonte-filtro, segue como respaldo das explorações acústicas da fala (Fant, 2000). As integrações das investigações de natureza perceptiva e acústica representam tendências consolidadas no campo de estudos e no ambiente clínico e encontram respaldo na busca por recursos tecnológicos que apontem alguns planos de atividade na produção da fala (Kent, 1997; Hayward, 2014).

As publicações da Fonética Clínica fornecem, igualmente, reflexões a respeito das funções que a prosódia desempenha na fala (Mackenzie-Beck, 2005; Ball e Gibbon, 2013; Ball, 2021).

Notas

[1] Aprovado pelo Comitê de Ética em Pesquisa institucional (CAAE 66039616.4.0000.5482), com autorização para incorporação ao banco de dados de LIAAC, de acordo com a Declaração de Helsinki (World Medical Association, 2000).

[2] Medidas indiretas aferidas a partir da inserção de um cateter (tubo similar a um canudo – que se conecta a um aparelho para aferição de medidas, em mm H_2O, da pressão de ar entre os lábios). Tal medida gera uma aproximação ao nível de pressão de ar na altura das pregas vocais no momento de emissões com predomínio do som consonantal [p], tais como a sequência silábica [pa][pa][pa][pa][pa] e a sentença: "O Papa é pop". A ausência de atividade adutora de pregas vocais nos sons não vozeados permite estimar que a pressão de ar entre as pregas vocais (e abaixo delas) é similar à pressão aferida nos lábios.

O que eu poderia ler para saber mais?

Os verbetes da Associação Luso-Brasileira de Ciências de Fala – LBASS (disponíveis em: <http://www.letras.ufmg.br/lbass/>) – apresentam um panorama tanto da literatura básica quanto daquelas referências que nos permitem um aprofundamento ao tema.

Publicações que exploram as bases da prosódia e os dados experimentais da fonética e da fonologia do português brasileiro são igualmente indicadas (Barbosa, 2006; Moraes, 2016; Barbosa e Madureira, 2015; Barbosa, 2019).

A coletânea *Fonética Clínica* apresenta várias pesquisas de distúrbios da fala (Camargo, 2016).

Finalmente, uma proposta de instrumento clínico da prosódia da fala refere-se às Escalas Brandi de Avaliação da Voz Falada (Brandi, 1996).

Referências

AMERICAN SPEECH-LANGUAGE-HEARING ASSOCIATION SPEECH SOUND DISORDERS: Articulation and Phonology. Practice Portal. Ago. 2021. Disponível em: <www.asha.org/Practice-Portal/Clinical-Topics/Articulation-and-Phonology/>. Acesso em: 19 mar. 2022.

BALL, M. Foundations of clinical phonetics - Introduction. In: _____. (org.). *Manual of Clinical Phonetics.* New York: Routledge, 2021, pp. 1-2.

BALL, M; GIBBON, F. E. *Handbook of Vowels and Vowels Disorders.* New York: Taylor & Francis, 2013.

BARBOSA, P. A. *Incursões em torno do ritmo da fala.* Pontes: Campinas, 2006.

_____. *Prosódia.* Parábola Editorial: São Paulo, 2019.

BARBOSA, P. A.; MADUREIRA, S. *Manual de fonética experimental*: aplicações a dados do português. São Paulo: Cortez, 2015.

BARBOSA, P. A.; MADUREIRA, S.; CAMARGO, Z. Acoustic-Based Algorithms for the Automatic Analysis of Expressive and Pathological Speech. In: KULSHRESHTHA, M.; NEUSTEIN, A. (orgs). *Signal and Acoustic Modeling for Speech and Communication Disorders Series:* Speech Technology and Text Mining in Medicine and Health Care. Berlin: De Gruyter Publisher, v. 5, 2018, p. 69-86.

BOERSMA, P.; WEENINK, D. Praat: Doing Phonetics by Computer [Computer program]. Versão 5.3.51, 2013. Disponível em: <http://www.fon.hum.uva.nl/praat/>. Acesso em: 19 mar. 2022.

BOHNEN, A. J; RIBEIRO, I. M.; FERREIRA, A. M. M. Processo de intervenção nos distúrbios da fluência. In: LAMÔNICA, D. A. C.; BRITTO, D. B. de O. (orgs.). *Tratado de linguagem:* perspectivas contemporâneas, 2017, pp. 241-52.

BRANDI, E. M. *Escalas Brandi de avaliação da voz falada.* 2. ed. São Paulo: Atheneu, 1996.

CAMARGO, Z. (org.). *Fonética clínica*: 20 anos de LIAAC. São José dos Campos: Pulso Editorial, 2016.

CAMARGO, Z.; MADUREIRA, S. Voice Quality Analysis from a Phonetic Perspective: Voice Profile Analysis Scheme Profile for Brazilian Portuguese BP-VPAS. *Proceedings of the 4th Conference on Speech Prosody,* Campinas, v. 1, 6-9, mai. 2008, pp. 57-60.

CAMARGO, Z.; MARCHESAN, I. Q. Evaluación integrada del habla. In: SUSANIBAR, F. et al. *Tratado de evaluación de motricidad orofacial y áreas afines (Lenguaje, Comunicación y Logopedia). Madrid: Editorial EOS,* 2014, pp. 507-26.

CONSELHO FEDERAL DE FONOAUDIOLOGIA. *Guia norteador sobre a classificação internacional de funcionalidade e incapacidade/CIF em fonoaudiologia.* 2013, 1. ed. Disponível em: <https://www.fonoaudiologia.org.br/publicacoes/GUIA%20PRATICO%20CIF.pdf>. Acesso em: 19 mar. 2022.

ENGLERT, M.; LIMA, L.; BEHLAU, M. Acoustic Voice Quality Index and Acoustic Breathiness Index: Analysis with Different Speech Material in the Brazilian Portuguese. *Journal of Voice,* 34(5), set. 2020, pp. 810. e11-810.e17.

ERICKSON, D. Voice Quality. In: LBASS. Verbetes. 2021. Disponível em: <http://www.letras.ufmg.br/lbass/>. Acesso em: 19 mar. 2022.

ESLING, J. H. Crosslinguistic Aspects of Voice Quality. In: KENT, R. D.; BALL, M. J. *Voice Quality Measurement.* San Diego: Singular Publishing Group Inc., 2000, op. 25-35.

FANT, G. Half a Century in Phonetics and Speech Research. *Fonetik 2000.* Swedish Phonetics Meeting in Skövde, 2000, pp. 2.852-61.

FERREIRA, A. M. M. Impressões sociais sobre a fala de pessoas que gaguejam. *Intercambio,* v. 38, n. 1, 2018, pp.69-89.

_____. Estudos para uma proposta de feedback de suavização e prolongamento da fala da pessoa que gagueja. São Paulo, 2019. Tese (doutorado em Linguística Aplicada e Estudos da Linguagem) – Pontifícia Universidade Católica de São Paulo. Disponível em: <https://tede2.pucsp.br/handle/handle/22679>. Acesso em: 19 mar. 2022.

HAYWARD, K. *Experimental Phonetics:* An Introduction. Routledge, 2014.

KENT, R.D. *Speech Sciences.* San Diego: Singular Publishing. 1997.

LAVER, J. *The Phonetic Description of Voice Quality.* Cambridge University Press, 1980.

LAVER, J. et al. A Perceptual Protocol for the Analysis of Vocal Profiles. *Work in Progress.* v. 14, Edinburg: Edinburg University, Department of Linguistics, 1981, pp. 139-55.

LOPES, L.; DAJER, M. E. E.; CAMARGO, Z. A. Fundamentos e atualidades em voz clínica. In: LOPES, L. et al. (orgs.). *Análise acústica na clínica vocal.* Rio de Janeiro: Thieme-Revinter, 2019, pp. 1-31.

MACKENZIE-BECK, J. Perceptual Analysis of Voice Quality: the Place of Vocal Profile Analysis. In: HARDCASTLE, W. J.; MACKENZIE-BECK, J. (eds.). *A Figure of Speech:* A Festschrift for John Laver. Mahwah: Lawrence Erlbrum Associates, 2005, pp. 285-322.

MADUREIRA, S.; CAMARGO, Z. O protocolo de análise perceptiva VPA e seus usos para a área forense. In: BARBOSA, P. A. (org.). *Análise fonético-forense em tarefa de comparação de locutor.* Campinas, Milenium, 2020, pp. 89-106.

MORAES, J. A. Fonética, fonologia e a entoação do português: a contribuição da fonologia experimental. *Revista Diadorim,* v. 18, 2016, pp. 8-30.

NEUMANN, K. et al. Assisted and Unassisted Recession of Functional Anomalies Associated with Dysprosody in Adults Who Stutter. *Journal of Fluency Disorders,* v. 55, 2018, pp. 120-34.

PEREIRA, A. B. R. *Análise prosódica da fala de sujeitos com dificuldades escolares pré e pós-terapia auditiva acusticamente controlada.* São Paulo, 2021. Dissertação (mestrado em Linguística Aplicada e Estudos da Linguagem) – Pontifícia Universidade Católica de São Paulo. Disponível em: <https://tede2.pucsp.br/handle/handle/23590>. Acesso em: 19 mar. 2022.

PESSOA, A. N.; PERREIRA, L. K. Assessment of Speech Production in Speech Therapy Data. In: MEIRELES, A. R. (org.). *Courses on Speech Prosody.* 1. ed., v. 1, Newcastle: Cambridge Scholars Publishing, 2015, pp. 1-10.

RILLIARD, A. O. B. Fala e multimodalidade. LBASS. Verbetes. 2020. Disponível em: <http://www.letras.ufmg.br/lbass/>. Acesso em: 19 mar. 2022.

SUNBERG, J. *Ciência da voz na fala e no canto.* São Paulo: Editora da Universidade de São Paulo, 2015.

VAN RIPER, C. *Speech Correction:* Principles and Methods. 6. ed. Chicago: Prentice-Hall, 1978.

WEBSTER, R. L. *The Precision Fluency Shaping Program:* Speech Reconstruction for Stutterers (Clinician's Program Guide). Roanoke: Communications Development Corporation, 1974.

WORLD HEALTH ORGANIZATION. *The International Classification of Functioning, Disability and Health (ICF).* Geneva, 2001. Disponível em: <http://www.who.int/classifications/icf/en/>. Acesso em: 19 mar. 2022.

WORLD MEDICAL ASSOCIATION. *World Medical Association Declaration of Helsinki: Ethical Principles for Medical Research Involving Human Subjects.* 2000. Disponível em: <https://www.wma.net/wp-content/uploads/2016/11/DoH-Oct2000.pdf>. Acesso em: 19 mar. 2022.

Rastreamento ocular
e prosódia

René Almeida
Ayane Almeida

O que é rastreamento ocular?

Avanços tecnológicos possibilitaram a expansão de pesquisas em Psicolinguística através da superação de desafios metodológicos com a utilização de técnicas experimentais apropriadas para uma descrição e compreensão mais completa de uma ampla gama de questões no campo do processamento da linguagem.

Dentre essas metodologias, Kaiser (2013) apresenta técnicas não invasivas de avaliação em tempo real (on-line) do processamento linguístico, que fornecem medidas baseadas em atividades cerebrais, tais como a eletroencefalografia (EEG), as imagens de ressonância magnética funcional (fMRI), a magnetoencefalografia (MEG); e medidas de movimentos oculares, através do rastreamento ocular (*eye-tracking*). Esses métodos on-line desempenham um papel muito importante em pesquisa psicolinguística porque processos fundamentais do processamento da linguagem humana são muito rápidos, transitórios e não acessíveis à introspecção.

Neste capítulo, apresentamos o método do rastreamento ocular, seus principais paradigmas experimentais e como utilizá-lo em pesquisas sobre o processamento de informações prosódicas. Além disso, mostramos um exemplo elucidativo de estudo prosódico com o rastreamento ocular e sugerimos leituras suplementares sobre a temática.

O rastreamento ocular consiste em uma metodologia on-line que estuda os movimentos dos olhos, visando inferir, no caso de pesquisas linguísticas, de que maneira a linguagem é processada no cérebro. Ou seja, é possível inferir como se dá o processamento cerebral de um determinado fenômeno linguístico, em tempo real, por meio da análise dos movimentos oculares. Tal análise pode ser feita tanto em experimentos de produção linguística (os participantes enunciam excertos linguísticos) quanto de percepção da linguagem (os participantes veem, ouvem ou leem excertos linguísticos).

Para a execução de experimentos de rastreamento ocular na Psicolinguística, utilizamos equipamentos (rastreadores oculares) que capturam informações a respeito dos movimentos dos olhos durante o processamento linguístico de uma dada informação. Embora haja modelos distintos no mercado, há basicamente dois tipos de rastreador ocular: o de mesa e o acoplado à cabeça.

O rastreador ocular de mesa é muito utilizado em experimentos com estímulos visuais, e pode vir acompanhado de uma "torre" de apoio para o queixo, a fim de precisar ainda mais a ação da câmera monocular na detecção dos movimentos dos olhos, evitando movimentos bruscos de cabeça. A Figura 1 mostra um exemplo de rastreador ocular de mesa, o equipamento *EyeLink 1000*. Na figura, há a indicação do iluminador infravermelho (*infrared illuminator*) que ilumina o olho do participante de modo que a câmera de alta velocidade (*high-speed camera*) capture os movimentos oculares durante os experimentos. A luz infravermelha é invisível aos nossos olhos e não prejudicial à saúde do participante.

Figura 1 – Foto ilustrativa do *EyeLink 1000*

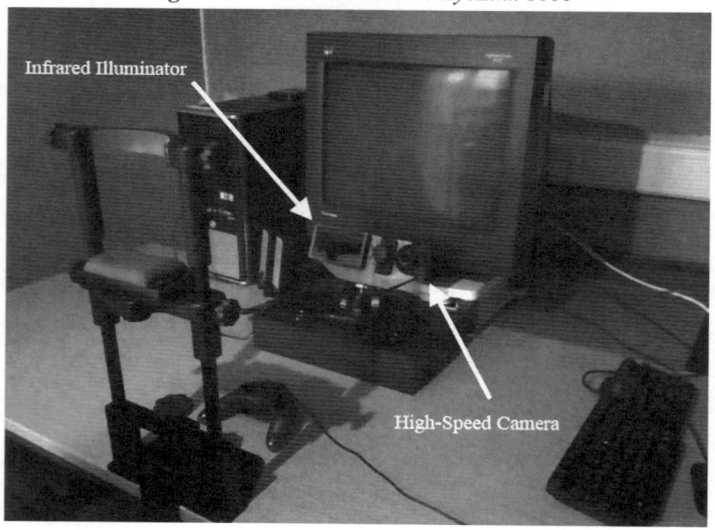

Fonte: SR Research Ltd.[1]

Já o rastreador ocular acoplado à cabeça é muito utilizado em experimentos com estímulos de leitura para evitar que o movimento da cabeça durante a leitura provoque a perda da captação dos movimentos oculares pelas câmeras do rastreador. O modelo *EyeLink II* é um exemplo de um desses, conforme exibido na Figura 2. É possível observar que há duas câmeras, com clipes para ajustes de posição, frontais à face do participante, para captar os movimentos dos olhos.

Figura 2 – Foto ilustrativa do *EyeLink II*

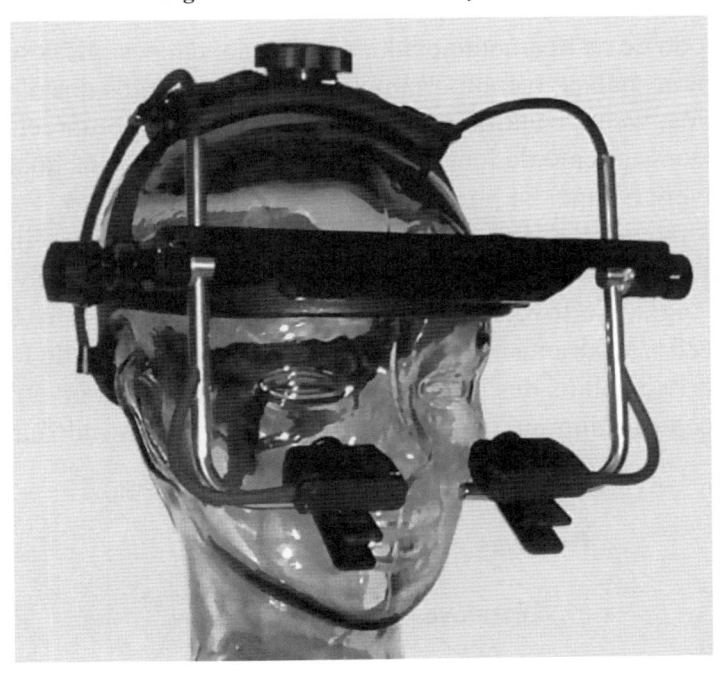

Fonte: SR Research Ltd.[2]

Os modelos *EyeLink 1000* e *EyeLink II* utilizam dois computadores, um para o pesquisador e outro para o participante realizar o experimento. Entretanto, há outros modelos de rastreador ocular que são mais portáteis, como o *Eye Tribe*[3] e o *Tobii Pro Nano*[4] que funcionam com um notebook; e ainda os óculos de rastreamento ocular tais como o *Tobii Pro Glasses*[5] e o *Dikablis Glasses*.[6]

Antes da execução dos experimentos, os equipamentos permitem que realizemos o foco ideal da câmera, a calibragem do equipamento e a validação da calibragem para cada participante, de modo a nos certificarmos de que o equipamento está realmente rastreando corretamente o movimento ocular. Após essa etapa, o *software* do equipamento, previamente instalado no computador ou *notebook*, responde ao pesquisador se está tudo certo para prosseguir com o experimento ou se há desvios muito significativos. Neste caso, ele indica que o pesquisador deve reiniciar o processo de calibragem.

O que se estuda a respeito do rastreamento ocular?

O método de rastreamento ocular é utilizado, em pesquisas sobre a linguagem, para analisar o comportamento dos movimentos dos olhos diante de estímulos, visual e auditivo ou de leitura, a fim de compreender como se dá o processamento de fenômenos linguísticos, dentre os quais aqueles que envolvem o papel da prosódia durante o processamento.

Ao visualizarmos um texto (verbal ou não verbal), movimentamos constantemente os olhos com o objetivo de trazer a informação visual para dentro da região da fóvea,[7] onde há maior nitidez da imagem. Conforme Dehaene (2012), durante a leitura, não percorremos o texto de forma contínua, os nossos olhos deslocam-se por etapas, uma vez que a precisão é maior ao centro e diminui para a periferia, conforme ilustrado na Figura 3.

Figura 3 – Ilustração das zonas do campo visual na leitura

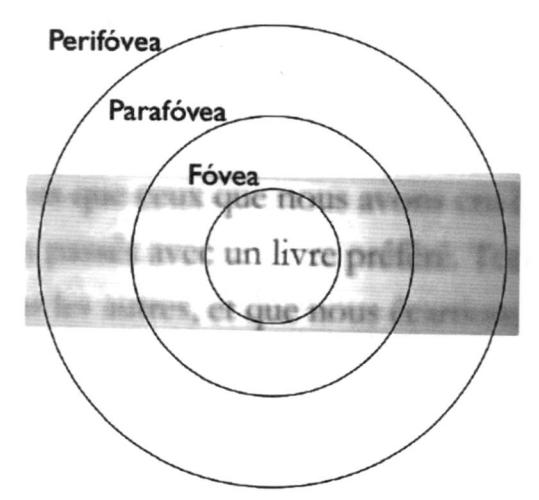

Fonte: adaptada de Dehaene (2012).

Os olhos se movimentam de um ponto para outro em saltos chamados de sacadas. Além dos movimentos sacádicos, outros movimentos oculares bastante explorados em pesquisas linguísticas são as fixações, ou seja, quando os olhos permanecem "fixos" em um determinado ponto, do texto ou da imagem, por um curto período de tempo, nos intervalos entre as sacadas.

Rayner (1998) afirma que, embora a literatura utilize o termo fixação, é importante ressaltar que os olhos nunca estão totalmente parados, uma vez que: i) há um tremor constante dos olhos, que ajuda as células nervosas da retina a se manterem ativas; ii) o controle do sistema motor ocular por parte do sistema nervoso provoca movimentos pequenos e lentos; e iii) quando isso acontece, há movimentos muito mais rápidos para trazer os olhos de volta para onde eles estavam – esses movimentos são microssacadas que acontecem "dentro" de uma fixação, entretanto eles são tão pequenos que a maioria dos pesquisadores os considera "ruídos" e adota procedimentos que os ignoram.

Os movimentos oculares mais estudados em pesquisas linguísticas são as sacadas e as fixações. Esses movimentos, conforme já mencionamos, ocorrem em fração de segundo, por isso são considerados movimentos balísticos e geralmente ocorrem de forma automática, sem estarmos conscientes deles. Nesse sentido, Conklin, Pellicer-Sánchez e Carrol (2018) afirmam que rastrear os movimentos dos olhos revela um comportamento amplamente inconsciente acerca do fenômeno investigado.

De acordo com Kaiser (2013), as sacadas duram em média de 20 a 50 milissegundos (ms) e podem ser: i) progressivas, ou seja, os saltos que o olho faz de uma fixação até a fixação seguinte, no sentido da leitura; ou ii) regressivas (regressões), que são movimentos sacádicos realizados no sentido oposto da leitura. Para Rayner (1995), cerca de 10% a 15% dos movimentos sacádicos realizados durante a leitura de um texto são regressivos. As regressões normalmente são utilizadas para conferir uma palavra que foi pulada na leitura ou que não foi compreendida (Yokomizo et al., 2008).

A duração média da fixação é de 200 ms a 250 ms (Kaiser, 2013), período em que os leitores podem adquirir alguma informação útil a partir do texto lido ou imagem visualizada. Entretanto, Rayner (1998) alerta que o tipo de tarefa a ser realizada influencia nas medidas de sacadas e fixações, conforme Quadro 1.

Quadro 1 – Valores médios das medidas de fixação e sacada

Tarefa	Duração média de uma fixação (ms)	Tamanho médio de uma sacada (graus)
Leitura silenciosa	225	2 (cerca de 8 caracteres)
Leitura em voz alta	275	1,5 (cerca de 6 caracteres)
Busca visual	275	3
Percepção de imagens	330	4
Leitura de música	375	1
Digitação	400	1 (cerca de 4 caracteres)

Fonte: adaptado de Rayner (1998).

Em experimentos de leitura (Traxler, 2009; Maia, 2010; Yu et al., 2019; Roeper, Maia e França, 2020, por exemplo), os autores costumam analisar ambas as medidas; enquanto em experimentos cujos estímulos são visuais (Cozijn et al., 2011; Almeida, 2017; Müller et al., 2020; Perdomo e Kaan, 2021, dentre outros), os autores costumam analisar as fixações realizadas nas imagens, embora as sacadas sejam observadas a fim de verificar se o processamento acompanhou o que foi enunciado, o que valida o paradigma experimental utilizado.

Em suma, durante a leitura de um texto ou visualização de imagens, movimentamos nossos olhos de modo a colocar caracteres ou imagens na região foveal para enxergarmos com mais nitidez. Durante essa movimentação, realizamos sacadas, período em que os olhos se movem de uma fixação para outra, e fixações, período de tempo entre as sacadas que fornece a indicação de que a informação está sendo obtida a partir do estímulo (Kaiser, 2013).

Como estudar prosódia a partir do rastreamento ocular?

A partir do rastreamento ocular, podemos desenvolver investigações que envolvam tanto a denominada prosódia implícita quanto a prosódia explícita, através de experimentos que utilizam estímulos de leitura e auditivos, respectivamente. É possível, portanto, verificar como se dá o processamento de informações prosódicas, em tempo real, através das medidas de sacadas, fixações e de dilatação da pupila, com o equipamento do rastreador ocular.

> De acordo com a Hipótese da Prosódia Implícita – HPI – (Fodor, 1998, 2002), as gramáticas das línguas incluem regras de alinhamento sintático-prosódico que, ao serem projetadas sobre o estímulo pelos falantes – mesmo na leitura silenciosa –, determinam onde a parada prosódica deve ou pode ocorrer e influenciam a resolução de ambiguidade sintática. Esse padrão de fraseamento prosódico difere entre as línguas e é capaz de explicar as variações existentes com relação à interpretação preferida para as orações relativas. (Finger e Zimmer, 2005: 115-6)

Experimentos de leitura silenciosa, utilizando o rastreamento ocular, possibilitam verificar questões relativas ao fraseamento prosódico durante a leitura de textos verbais. Pesquisas dessa natureza (Hirotani, Frazier e Rayner, 2006; Traxler, 2009; Yu et al., 2019) apontam para a existência de um padrão de fraseamento prosódico que os falantes projetam mentalmente durante a leitura silenciosa e influencia diretamente na interpretação de ambiguidades sintáticas. Para Fodor (2005), os falantes de uma língua possuem um fraseamento prosódico na mente que possibilita uma pausa ou outra interferência prosódica no processamento, durante a leitura.

Fodor (2005) mostra a relação entre ambiguidades estruturais e pistas prosódicas ao afirmar que a resolução de ambiguidades sintáticas é afetada pela prosódia, não apenas a implícita, mas também a explícita. Pistas prosódicas podem ser apresentadas, por meio de estímulos auditivos, a falantes de uma dada língua a fim de verificar, por exemplo, qual o papel de tais pistas na interpretação de enunciados ambíguos. As informações prosódicas, que constituem os estímulos auditivos, geralmente são gravadas por locutores(as) profissionais e, caso necessário, são manipuladas acusticamente no aplicativo computacional Praat (Boersma e Weenink, 2017), desde que não percam sua naturalidade.

Para além de abordar os efeitos do processamento sintático, também podemos analisar os efeitos do processamento lexical e discursivo sobre os movimentos dos olhos e verificar, em tempo real, qual o papel da prosódia nesses casos. Dessa forma, é possível, por exemplo, verificar se falantes nativos de uma determinada língua são sensíveis às características prosódicas presentes na fala ao expressar emoções. Então, os participantes podem ser expostos a estímulos auditivos com pistas prosódicas indicativas de uma determinada emoção e, simultaneamente, a estímulos visuais que também revelem emoções (Paulmann, Titone e Pell, 2012, por exemplo). Nesse caso, trata-se de um experimento perceptual, já que os participantes ouvem estímulos sonoros e não os produzem.

Os métodos on-line possibilitam uma melhor compreensão sobre os efeitos transientes que muitas vezes não são explicitamente percebidos por usuários da língua e também tornam possível entender como se dá o processamento, tanto na produção quanto na compreensão da linguagem. Traxler (2012) salienta que a técnica de avaliação on-line de processamento de informações por meio de rastreamento ocular possibilitou achados muito importantes para a compreensão mais precisa de vários fenômenos de processamento da linguagem, como é o caso de fenômenos sintáticos como a ambiguidade em interface com informações prosódicas.

Poderia me dar um exemplo?

Em um estudo on-line sobre o português brasileiro (PB), Almeida (2017) objetivou analisar o papel da prosódia na resolução de ambiguidade do tipo "Sintagma Nominal 1 (SN1) – Verbo – Sintagma Nominal 2 (SN2) – Advérbio de Lugar – Advérbio de Intensidade ('bastante') – Atributo" no português do Brasil. Assim, enunciados que apresentam uma ambiguidade global em relação ao referente do atributo foram utilizados, como "o traficante observou o patrulheiro no morro bastante nervoso". Ou seja, há uma ambiguidade que não é desfeita ao término do enunciado com relação a quem estava "nervoso", se o primeiro sintagma nominal (SN1, "o traficante") ou o segundo sintagma nominal (SN2, "o patrulheiro").

Nesse caso, o que acontece em geral é uma interpretação e/ou preferência por apor o atributo ao SN1 (aposição não local, preferência pelo SN1, que é o referente mais afastado do elemento ambíguo, da palavra crítica, que, nesse caso, é o adjetivo) ou ao SN2 (aposição local, preferência pelo referente SN2, mais próximo da palavra crítica). O objetivo do estudo foi verificar como a prosódia pode auxiliar nesse processo de desambiguação. Para isso, foi utilizado o método on-line do rastreamento ocular com o paradigma do mundo visual (mais bem explicado na próxima seção). Os participantes foram submetidos a estímulos auditivos e visuais, simultaneamente, enquanto um rastreador ocular gravava os movimentos dos seus olhos.

Embasado na literatura prévia, o autor partiu da hipótese de que pistas prosódicas, como frequência fundamental (f_0)[8] e pausa,[9] auxiliam na resolução de ambiguidade sintática e que tais pistas podem ainda contribuir para antecipar a preferência por um referente (SN1 ou SN2) antes mesmo do atributo ser enunciado. Para tanto, os enunciados foram apresentados nas seguintes condições:

i)   N: neutra (ambígua), ou seja, sem pistas prosódicas salientes que pudessem direcionar o(a) participante para um dos referentes;
ii)   F: focalização no sujeito e no advérbio de intensidade (manipulando a frequência fundamental), de modo a torná-los mais salientes no enunciado;
iii)   P: pausa de 200 ms antes do advérbio de intensidade; e
iv)   FP: as condições (ii) e (iii) simultaneamente.

Os enunciados foram manipulados a fim de manter todos os outros fatores constantes, pois, dessa forma, encontrar diferenças entre as condições significaria evidência para a influência de f_0 e/ou pausa na interpretação desse tipo de ambiguidade. A Figura 4 ilustra os segmentos auditivos de análise (eixo horizontal) e as áreas visuais de análise (eixo vertical).

Figura 4 – Janela do programa *Fixation*[10] mostrando as fixações de um participante durante cada segmento de um estímulo auditivo, enunciado na condição FP

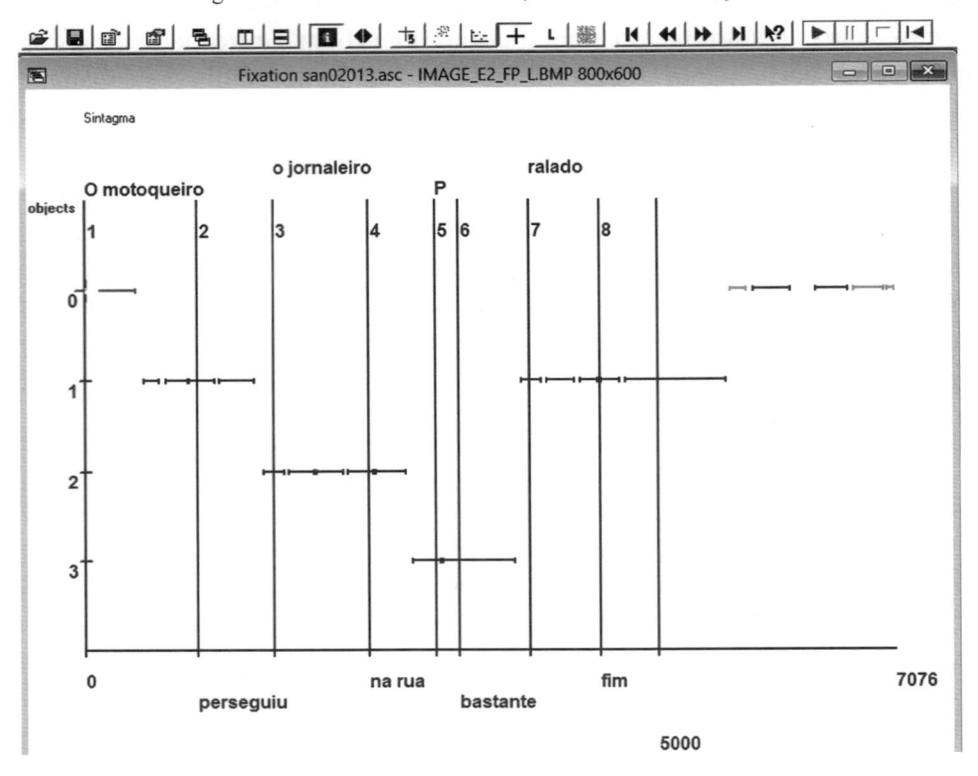

Fonte: Almeida (2017: 64).

No eixo horizontal, podemos observar os segmentos: i) '*O motoqueiro*', o primeiro sintagma nominal (representado da Figura 5 como 'sn1'); ii) '*perseguiu*', referente ao verbo (representado na Figura 5 como 'verb'); iii) '*o jornaleiro*', o segundo protagonista enunciado (representado como 'sn2' na Figura 5); iv) '*na rua*', o sintagma preposicionado enunciado como distrator da atenção visual dos dois protagonistas, o elemento locativo (representado na Figura 5 como 'prep'); v) pausa (representada por 'P' na Figura 5), para as condições P e FP; vi) *'bastante'*, advérbio utilizado para verificar uma possível antecipação da desambiguação antes mesmo do atributo ser enunciado; vii) *'ralado'*, referente ao atributo (representado como 'adj' na Figura 5); e viii) *fim*, um segmento de 400 ms após o final da sentença em que o autor ainda manteve o estímulo visual para verificar o que acontece após o término do enunciado. No eixo vertical, há quatro áreas para as quais os participantes podiam dirigir sua atenção ao olhar para um estímulo: i) a área SN1 (1), corresponde à área referente ao protagonista que estava à esquerda no estímulo visual; ii) a área SN2 (2), onde se localiza o referente que estava à direita no estímulo visual; iii) a área do distrator visual (3); e iv) a área de fundo (0), definida como a área restante na tela. A análise do movimento ocular consistiu em atribuir as fixações às áreas durante os segmentos auditivos.

Segundo Almeida (2017), os segmentos foram nomeados com letras minúsculas (sn1 e sn2) para diferenciá-los das áreas de análise (SN1 e SN2) representadas pelas figuras dos protagonistas. Além disso, afirma ser relevante a análise não apenas durante os segmentos *bastante*, "adj" e *fim*, no intuito de verificar o processamento durante a desambiguação a partir das fixações nas áreas SN1 e SN2, mas também durante os segmentos "sn1" e "sn2" para validar o método do paradigma do mundo visual.

Na Figura 5, o autor demonstra o comportamento das proporções de fixações para a área SN1 durante todos os segmentos do estímulo auditivo, apresentando diferenças entre as condições analisadas como parte dos seus resultados.

Figura 5 – Gráfico das proporções de fixações para a área SN1 em todas as condições

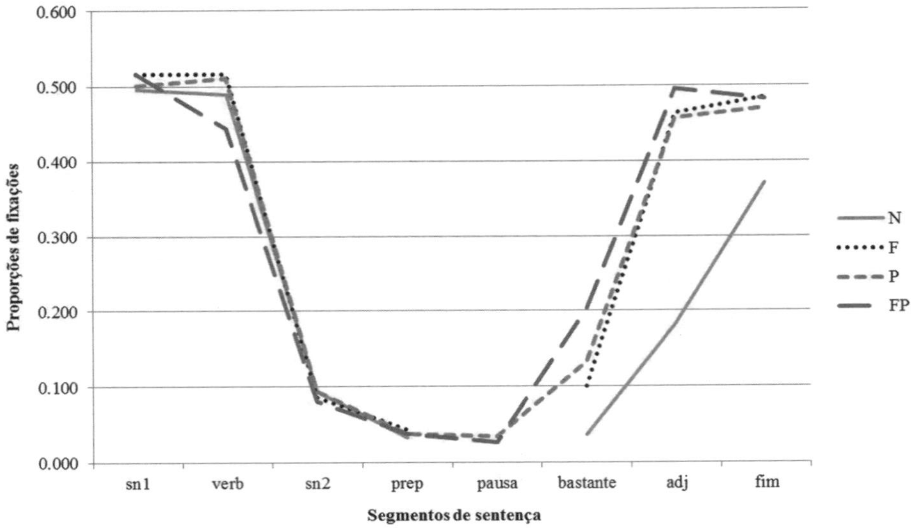

Fonte: Almeida (2017: 96).

A Figura 5 mostra que as proporções de fixações para a área SN1 aumentaram nas condições manipuladas (F, P, FP) em relação à condição "neutra" (N), demonstrando preferência pela aposição não local desde o segmento *bastante*. Ou seja, os resultados da pesquisa de Almeida (2017) sugerem que f_0 e pausa são fatores independentes que influenciam a preferência anafórica[11] muito cedo durante o processamento de estruturas ambíguas no português brasileiro.

Quais são as grandes linhas de investigação no estudo do rastreamento ocular?

Como vimos, o rastreamento ocular (*eye-tracking*) consiste em uma metodologia on-line utilizada em pesquisas sobre processamento da linguagem, com diferentes objetos de estudo e em diversas línguas (Kaiser, 2013; Aryadoust e Ang, 2021, dentre outros). Para Kaiser (2013), há dois paradigmas de pesquisa com rastreador ocular: i) o paradigma de leitura e ii) o paradigma do mundo visual (*visual world paradigm*).

O paradigma de rastreamento ocular de leitura (compreensão da escrita) consiste na gravação dos movimentos dos olhos dos participantes enquanto leem um texto no monitor de um computador. Tal paradigma oferece um método relativamente natural porque a movimentação dos olhos é parte de um processo natural de leitura e não uma tarefa induzida artificialmente; além disso, o monitoramento dos movimentos dos olhos não afeta a velocidade normal de leitura (Rayner e Pollatsek, 2006).

No âmbito do paradigma do rastreamento ocular de leitura, as pesquisas (Traxler, 2009; Maia, 2010; Yu et al., 2019; Roeper, Maia e França, 2020, por exemplo) costumam abordar os efeitos do processamento lexical, sintático e discursivo sobre os movimentos dos olhos. De modo geral, os resultados mostram que fatores lexicais intrínsecos – como a morfologia da palavra, a frequência em que a palavra aparece no material impresso ou falado e a ambiguidade lexical – afetam o tempo de leitura. Ou seja, quanto maior a complexidade morfológica da palavra e menor o número de ocorrências dela no texto, há uma maior tendência a aumentar o tempo de leitura, refletido no aumento do número de regressões e da duração das fixações.

Rayner (1998) e Kaiser (2013) salientam que a duração das sacadas e das fixações pode variar em função da dificuldade de processamento decorrente de fatores tais como a complexidade da tarefa realizada, a dificuldade do texto e a habilidade do leitor. Logo, se a dificuldade do texto aumenta ou se o leitor não é tão habilidoso para leitura, o comprimento das sacadas diminui e a duração das fixações e a frequência de regressões aumentam. Ou seja, apesar da média de duração da fixação ser de cerca de 250 ms e o comprimento de uma sacada, de cerca de 8 caracteres, isso vai variar de texto para texto e de leitor para leitor. A duração de uma fixação, por exemplo, pode variar de 100 ms a 500 ms, e o comprimento de uma sacada, de 1 a 15 caracteres (Rayner, 1995).

Na maioria dessas pesquisas que envolvem o paradigma de leitura, os pesquisadores tentam evitar que a palavra-alvo se localize no final de orações ou sentenças, por causa do efeito de finalização (*wrap-up*), efeito natural de aumento da duração das fixações em palavras que terminam orações ou sentenças. É provável que esse tempo de leitura extra ocorra: i) por ser nesse momento que se iniciam os processos interpretativos póssintáticos (Maia, 2010); ii) devido ao processamento integrado que ocorre nas fronteiras de oração e sentença (Staub e Rayner, 2007); ou, ainda, iii) devido a interferências da prosódia implícita nesses efeitos de finalização (Hirotani, Frazier e Rayner, 2006).

Por outro lado, o paradigma do mundo visual de rastreamento ocular procura analisar o processamento linguístico durante a produção e/ou compreensão de enunciados orais em vez de utilizar estímulos escritos. No paradigma do mundo visual, os participantes são estimulados a produzir língua falada (em estudos de produção) ou são expostos a estímulos linguísticos auditivos (em estudos de compreensão/percepção). Neste caso, Kaiser (2013) afirma que, na maioria das pesquisas, os estímulos auditivos são acompanhados de um estímulo visual (objetos ou imagens).

Huettig, Rommers e Meyer (2011) afirmam que os estudos de produção, assim como os estudos de compreensão (percepção), revelam que a inspeção visual dos participantes ao que é exibido é totalmente coordenada com o seu processamento linguístico, porque, em ambos os casos, os movimentos oculares refletem a direção da atenção visual. Ou seja, as pessoas que realizam tarefas linguísticas olham para objetos relevantes não apenas para identificá-los, mas também porque olhando facilita a recuperação de informações sobre esses objetos.

Notas

[1] Disponível em: <www.sr-research.com>. Acesso em: 20 mar. 2022.

[2] Idem.

[3] Disponível em: <www.ippinka.com>. Acesso em: 20 mar. 2022.

[4] Disponível em: <www.tobiipro.com>. Acesso em: 20 mar. 2022.

[5] Idem.

[6] Disponível em: <www.ergoneers.com>. Acesso em: 20 mar. 2022.

[7] A fóvea situa-se na retina, é uma pequena depressão, de aproximadamente 4 mm, que por ser rica em células fotorreceptoras (cones) é uma camada sensível à luz, o que permite uma visão de alta resolução (Teixeira e Soares, 2014).

[8] A frequência fundamental (f_0) é caracterizada pela taxa de vibração das pregas vocais no momento do vozeamento dos segmentos, considerando o número de ciclos glóticos que as pregas vocais fazem em um segundo, durante o processo de fonação. A f_0 é o parâmetro acústico responsável pela percepção da melodia para os ouvintes e geralmente é medida em ciclos por segundo ou Hertz (Hz) (Crystal, 1969; Ladd, 2008 [1996]).

[9] Considerada aqui como período de silêncio superior a 150 ms (Kowal, Wiese e O'Connell, 1983).

[10] Um programa desenvolvido no MPI Nijmegen e na Tilburg University por Cozijn (2006) com o objetivo de facilitar a análise dos movimentos dos olhos e preparar os dados para testes estatísticos.

[11] Trata-se da preferência por um ou outro referente (primeiro ou segundo sintagma nominal) que antecede o elemento ambíguo. "Por meio da anáfora estabelece-se uma relação coesiva de referência que permite a interpretação de um item pela relação em que se encontra com algo que o precede no texto" (Fávero e Koch, 2008: 40).

O que eu poderia ler para saber mais?

O fato de o paradigma do mundo visual de rastreamento ocular permitir que os estímulos linguísticos sejam apresentados auditivamente o torna adequado para a investigação de questões relacionadas aos aspectos acústicos da fala, incluindo o processamento de diferentes tipos de pistas prosódicas. Por essa razão, alguns estudos já foram realizados a fim de verificar se (e de que forma) informações prosódicas influenciam a interpretação do ouvinte (Weber, Grice e Crocker, 2006; Snedeker e Yuan, 2008; Féry et al., 2009; Braun e Chen, 2012; Almeida, 2017; Müller et al., 2020; Perdomo e Kaan, 2021, dentre outros). Além disso, há pesquisas baseadas no paradigma de leitura do rastreamento ocular para experimentos de leitura silenciosa que visam verificar a interferência da prosódia implícita no processamento linguístico (Hirotani, Frazier e Rayner, 2006; Traxler, 2009; Yu et al., 2019; por exemplo).

A maior parte da literatura sobre o assunto está disponível em inglês, no entanto, podemos recomendar também a leitura de alguns textos em português que abordam o rastreamento ocular, como os estudos de Gouvêa (2005), Maia (2008, 2010), Yokomizo et al. (2008) e Almeida (2017), embora nem todos relacionem o rastreamento ocular com o processamento de informações prosódicas.

Assim como acontece com outros métodos/técnicas experimentais, o rastreamento ocular requer bastante atenção no preparo do experimento para evitar que fatores não relacionados ao estudo distorçam os resultados. Nesse sentido, sugerimos a leitura de Almeida, Oliveira Jr. e Cozijn (2021), que apresentam alguns critérios metodológicos para uma constituição adequada de estímulos auditivos (e também visuais) a serem considerados em experimentos com o método de rastreamento ocular do paradigma do mundo visual.

Referências

ALMEIDA, René A. S. de. *A prosódia e o processamento on-line de sentenças ambíguas do português brasileiro*. Maceió, 2017. Tese (doutorado em Linguística) – Universidade Federal de Alagoas.

ALMEIDA, René A. S. de; OLIVEIRA JR., Miguel; COZIJN, Reinier. Paradigma do mundo visual: método de rastreamento ocular. In: COSTA, Januacele da; OLIVEIRA JR., Miguel. *Estudos em fonética e fonologia*. São Paulo: Blucher, 2021, pp. 111-34.

ARYADOUST, Vahid; ANG, Bee Hoon. Exploring the Frontiers of Eye Tracking Research in Language Studies: A Novel Co-Citation Scientometric Review. *Computer Assisted Language Learning*, v. 34, n. 7, 2021, pp. 898-933.

BOERSMA, Paul; WEENINK, David. *Praat*: Doing Phonetics by Computer (Versão 6.0.36) [Computer program]. 2017. Disponível em: <http://www.praat.org/>. Acesso em: 20 mar. 2022.

BRAUN, Bettina; CHEN, Aoju. Now for Something Completely Different: Anticipatory Effects of Intonation. In: NIEBUHR, Oliver. *Understanding Prosody*: the Role of Context, Function and Communication. Berlin: Mouton de Gruyter, 2012, pp. 289-311.

CONKLIN, Kathy; PELLICER-SÁNCHEZ Ana; CARROL, Gareth. *Eye-Tracking*: A Guide for Applied Linguistics Research. Cambridge: Cambridge University Press, 2018.

COZIJN, Reinier. Het gebruik van oogbewegingen in leesonderzoek [The Use of Eye Movements in Reading Research]. *Tijdschrift voor Taalbeheersing*, v. 28, n. 3, 2006, pp. 220-32.

COZIJN, Reinier, et al. The Time Course of The Use of Implicit Causality Information in the Processing of Pronouns: A Visual World Paradigm Study. *Journal of Memory and Language*, v. 64, n. 4, 2011, pp. 381-403.

CRYSTAL, David. *Prosodic Systems and Intonation in English*. Cambridge: Cambridge University Press, 1969.

DEHAENE, Stanislas. *Os neurônios da leitura:* como a ciência explica a nossa capacidade de ler. Porto Alegre: Penso, 2012.

FÁVERO, Leonor Lopes; KOCH, Ingedore Grunfeld Villaça. *Linguística textual*: uma introdução. 9. ed. São Paulo: Cortez, 2008.

FÉRY, Caroline, et al. Perception of Intonational Contours on Given and New Referents: A Completion Study and an Eye Movement Experiment. In: BOERSMA, Paul; HAMANN, Silke. *Phonology in Perception*. Berlin: Mouton de Gruyter, 2009, pp. 235-66.

FINGER, Ingrid; ZIMMER, Marcia C. A preferência de interpretação de orações relativas curtas e longas em português brasileiro. In: MAIA, Marcus; FINGER, Ingrid. *Processamento da linguagem*. Pelotas: Educat, 2005, pp. 111-30.

FODOR, Janet D. A psicolinguística não pode escapar da prosódia. In: MAIA, Marcus; FINGER, Ingrid. *Processamento da linguagem*. Pelotas: Educat, 2005, pp. 91-110.

GOUVÊA, Ana Cristina. Complexidade sintática: o processamento de orações relativas em português brasileiro e em inglês. In: MAIA, Marcus; FINGER, Ingrid. *Processamento da linguagem*. Pelotas: Educat, 2005, pp. 201-20.

HIROTANI, Masako; FRAZIER, Lyn; RAYNER, Keith. Punctuation and Intonation Effects on Clause and Sentence Wrap-Up: Evidence from Eye Movements. *Journal of Memory and Language*, v. 54, n. 3, 2006, pp. 425-43.

HUETTIG, Falk; ROMMERS, Joost; MEYER, Antje S. Using the Visual World Paradigm to Study Language Processing: A Review and Critical Evaluation. *Acta Psychologica*, v. 137, n. 2, 2011, pp. 151-71.

KAISER, Elsi. Experimental Paradigms in Psycholinguistics. In: PODESVA, Robert J.; SHARMA, Devyani. *Research Methods in Linguistics*. Cambridge: Cambridge University Press, 2013, pp. 135-68.

KOWAL, Sabine; WIESE, Richard; O'CONNELL, Daniel C. The Use of Time in Storytelling. *Language and Speech*, v. 26, n. 4, 1983, pp. 377-92.

LADD, D. Robert. *Intonational Phonology*. 2. ed. Cambridge: Cambridge University Press, 2008 [1996].

MAIA, Marcus. Processos *bottom-up* e *top-down* no rastreamento ocular de imagens. *Veredas on-line*, v. 12, n. 2, 2008, pp. 8-23.

_____. Rastreamento ocular de sintagmas preposicionais ambíguos em português. *Revista da Abralin*, v. 9, n. 2, 2010, pp. 11-36.

MÜLLER, Gábor et al. On the Impact of Case and Prosody on Thematic Role Disambiguation: An Eye-Tracking Study on Hungarian. *Language and Speech*, v. 64, n. 4, 2020, pp. 930-61.

PAULMANN, Silke; TITONE, Debra; PELL, Marc D. How Emotional Prosody Guides Your Way: Evidence from Eye Movements. *Speech Communication*, v. 54, n. 1, 2012, pp. 92-107.

PERDOMO, Michelle; KAAN, Edith. Prosodic Cues in Second-Language Speech Processing: A Visual World Eye-Tracking Study. *Second Language Research*, v. 37, n. 2, 2021, pp. 349-75.

RAYNER, Keith. Eye Movements and Cognitive Processes in Reading, Visual Search, and Scene Perception. In: FINDLAY, John M.; WALKER, Robin; KENTRIDGE, Robert W. *Eye Movement Research*: Mechanisms, Processes and Applications. Amsterdam: Elsevier, 1995, pp. 3-22.

_____. Eye Movements in Reading and Information Processing: 20 Years of Research. *Psychological Bulletin*, v. 124, n. 3, 1998, pp. 372-422.

RAYNER, Keith; POLLATSEK, Alexander. Eye-movement Control in Reading. In: TRAXLER, Matthew J.; GERNSBACHER, Morton A. *Handbook of Psycholinguistics*. 2. ed. San Diego: Elsevier Press, 2006, pp. 613-58.

ROEPER, Tom; MAIA, Marcus; FRANÇA, Aniela Improta. Old Story, New Results and Analyses: An Eye-Tracking and ERP Evaluation of a Classical Ambiguity Involving the Attachment Point of Relative Clause and Prepositional Phrase Modifiers. *Cadernos de Linguística*, v. 1, n. 1, 2020, pp. 1-24.

SNEDEKER, Jesse; YUAN, Sylvia. "Effects of Prosodic and Lexical Constraints on Parsing in Young Children (and Adults). *Journal of Memory and Language*, v. 58, n. 2, 2008, pp. 574-608.

STAUB, Adrian; RAYNER, Keith. Eye Movements and On-Line Comprehension Processes. In: GASKELL, Gareth, *The Oxford Handbook of Psycholinguistics*. New York: Oxford University Press, 2007, pp. 327-42.

TEIXEIRA, Elisângela N.; SOARES, Maria E. Movimentação ocular no estudo do processamento da referência. In: CAVALCANTE, Mônica M.; LIMA, Silvana M. C. de. *Referenciação*: teoria e prática. São Paulo: Cortez, 2014, pp. 27-50.

TRAXLER, Matthew J. A Hierarchical Linear Modeling Analysis of Working Memory and Implicit Prosody in the Resolution of Adjunct Attachment Ambiguity. *Journal of Psycholinguistic Research*, v. 38, n. 5, 2009, pp. 491-509.

_____. *Introduction to Psycholinguistics*: Understanding Language Science. Chichester: Wiley-Blackwell, 2012.

WEBER, Andrea; GRICE, Martine; CROCKER, Matthew W. The Role of Prosody in the Interpretation of Structural Ambiguities: A Study of Anticipatory Eye Movements. *Cognition*, v. 99, n. 2, 2006, pp. 63-72.

YOKOMIZO; Juliana E. et al. Movimentos sacádicos durante leitura de texto em crianças e universitários bons leitores. *O Mundo da Saúde*, v. 32, n. 2, 2008, pp. 131-8.

YU, Miao et al. Effects of Implicit Prosody and Semantic Bias on the Resolution of Ambiguous Chinese Phrases. *Frontiers in Psychology*, v. 10, Article 1.308, 2019, pp. 1-10.

Os autores

Albert Rilliard possui doutorado em Ciências Cognitivas pelo Institut Polytechnique de Grenoble (França). É pesquisador permanente do CNRS desde 2002 e trabalha no laboratório LISN (Université Paris Saclay). Associado ao programa de pós-graduação em Letras Vernáculas da Universidade Federal do Rio de Janeiro, estuda variações prosódicas na fala em uma variedade de funções linguísticas e em contínuos dialetais, bem como os usos expressivos da voz em interações multimodais em suas implicações sociofonéticas e interculturais.

Alexsandro Rodrigues Meireles, formado em Música pela UFES e Letras pela UFMG, é doutor em Linguística pela Unicamp. Foi professor visitante na University of Southern California (2004-2005) e cientista convidado na Beuth Hochschule für Technik – Berlim (2019-2020). Desde 2008 é professor da UFES, ministrando aulas no curso de graduação em Letras e na pós-graduação em Linguística, onde dirige um Laboratório de Fonética. Entre suas especialidades experimentais de pesquisa em canto e fala, destacam-se: EMA, EPG, EGG, pressão oral e nasal, ultrassom e análise acústica. Atualmente está trabalhando no desenvolvimento de um protocolo para análise da qualidade da voz na fala e no canto.

Ayane Almeida é professora do Centro de Formação de Professores da Universidade Federal do Recôncavo da Bahia e intensificou suas pesquisas sobre prosódia durante o seu doutoramento na Universidade Federal de Alagoas (2013). Compõe o grupo de pesquisa FonUFAL e lidera o grupo PortS.

Beatriz Raposo de Medeiros é professora associada de Fonética da Universidade de São Paulo, onde coordena o Laboratório de Fonética e Linguagem – Lafalin. É doutora em Linguística pela Universidade Estadual de Campinas (Unicamp). Realizou pós-doutorado no Laboratoire Langue Parole, na Université Aix-Marseille em 2007. Também é ex-presidente da Associação Brasileira de Cognição e Artes Musicais. Seu trabalho de pesquisa abrange comparações entre fala e canto, além de focar mais recentemente a pesquisa na laringe e sua articulação para fala e canto.

Ester M. Scarpa é professora titular aposentada do Instituto de Estudos da Linguagem, da Universidade Estadual de Campinas. Fez graduação em Letras Românicas, em 1968, pela Unesp de Araraquara, mestrado em Linguística pelo Instituto de Estudos da Linguagem, na Unicamp, em 1976, e doutorado em Linguística pela Universidade de Londres, 1984. Foi pesquisadora visitante na Universidade de Oxford, na Universidade de Newcastle e na Universidade de Reading, no Reino Unido.

Frederico A. Cavalcante é doutor em Estudos Linguísticos pela Universidade Federal de Minas Gerais (UFMG), instituição em que também atuou como professor de Linguística. Integra a diretoria da Associação Luso-brasileira de Ciências da Fala (LBASS) e realiza pesquisa em Pragmática, Prosódia e Linguística Computacional.

João Antônio de Moraes é professor titular de Língua Portuguesa na Universidade Federal do Rio de Janeiro. Tem mestrado em Ciências da Linguagem pela Universidade de Paris III e doutorado em Fonética Instrumental e Funcional pela mesma instituição, tendo sido pesquisador visitante no Laboratório de Fonologia na Universidade da Califórnia, Berkeley, em 1995-1997. Pesquisador do CNPq desde 1985, tem trabalhado especialmente nas áreas da prosódia multimodal, entoação, fonologia experimental, nasalidade. Coordena o Laboratório de Fonética Acústica da UFRJ (LFA).

Luciana Lucente é doutora em Linguística pela Unicamp e professora da Faculdade de Letras da Universidade Federal de Minas Gerais, onde integra os Laboratórios de Fonética e Psicolinguística. Sua pesquisa é centrada na prosódia da fala, em especial no estudo da entoação, com a proposta do Sistema DaTo de notação. Foi professora adjunta na Universidade Federal de Alagoas e na Universidade Federal de Uberlândia, e professora convidada na University of Massachusetts – Amherst.

Luciani Tenani é professora livre-docente na Universidade Estadual Paulista Júlio de Mesquita Filho (Unesp), onde ministra disciplinas para graduação (licenciatura em Letras e licenciatura em Pedagogia) e pós-graduação (Programa em Estudos Linguísticos). É bolsista de Produtividade em Pesquisa do CNPq desde 2010. Integra o projeto de internacionalização da pesquisa na Unesp, desde 2019, no âmbito do convênio Capes-Print.

Marianne C. B. Cavalcante é professora titular do Departamento de Língua Portuguesa e Linguística e da pós-graduação em Linguística da Universidade Federal da Paraíba. Fez graduação em Comunicação Social em 1989 pela UFPE, mestrado em Linguística pela mesma instituição em 1994 e doutorado em Linguística pelo Instituto de Estudos da Linguagem, Unicamp, em 1999. Coordena o Laboratório de Aquisição da Fala e da Escrita (Lafe) e é pesquisadora do CNPq.

Mario A. S. Fontes é docente da Pontifícia Universidade Católica de São Paulo. É professor do Departamento de Ciências da Linguagem e Filosofia, coordenador e pesquisador do Laboratório Integrado de Análise Acústica e Cognição (LIAAC). Atua na área de ciências da fala com ênfase na pesquisa sobre tecnologias de análise automática da face na expressão de emoções, atitudes e modalidades e técnicas de modelagem estatística.

Miguel Oliveira Jr. é professor da Universidade Federal de Alagoas e pesquisador do CNPq. Tem trabalhado com prosódia desde o seu doutoramento em 2000, pela Universidade Simon Fraser (Canadá). Foi presidente da Associação Brasileira de Linguística (2017-2020) e é atualmente editor do periódico *Cadernos de Linguística*.

Pablo Arantes é doutor (2010) e bacharel (2003) em Linguística pela Universidade Estadual de Campinas. Interesses de pesquisa principais: descrição fonético-acústica detalhada de fenômenos linguísticos, especialmente os prosódicos; desenvolvimento de ferramentas computacionais e estatísticas necessárias para a atividade descritiva; e aplicações de conhecimento linguístico para a fonética forense. Coordena o Laboratório de Fonética da Universidade Federal de São Carlos.

Plínio Almeida Barbosa tem graduação e mestrado em Engenharia Eletrônica pelo ITA e doutorado em Ciências da Fala pelo INP de Grenoble, França. É professor associado do Instituto de Estudos da Linguagem da Unicamp. Atua na área de Fonética Experimental com mais de 160 publicações no assunto, bem como três livros.

Regina Cruz é doutora em Ciências Humanas pela Université d'Aix-Marseille I. Professora titular da Fale/UFPA e bolsista Produtividade CNPq-PQ1D. O centro de interesse de suas investigações compreende fala espontânea, variação linguística, variação prosódica, aspectos fonéticos, prosódicos e multimodais, processos fonéticos, *corpus* sociolinguístico e variação dialetal na descrição do português falado na região amazônica. Entretanto, são os fenômenos relacionados à variação prosódica dialetal na Amazônia brasileira que têm sempre recebido prioridade em toda sua produção acadêmica.

René Almeida é professor da Universidade Federal de Sergipe e concluiu seu doutorado na Universidade Federal de Alagoas. Vem estudando e desenvolvendo pesquisas sobre o processamento linguístico de informações prosódicas desde 2013. É editor da *CadLin* e compõe os grupos de pesquisa FonUFAL e Gelins.

Sandra Madureira, docente da Pontifícia Universidade Católica de São Paulo, é professora titular do Departamento de Ciências da Linguagem e Filosofia, coordenadora do Programa de Pós-Graduação em Linguística Aplicada e Estudos da Linguagem (Lael) e pesquisadora do Laboratório Integrado de Análise Acústica e Cognição (LIAAC). Atua na área de Fonética Experimental com ênfase na pesquisa sobre a expressividade de fala e aquisição de sons em L2.

Tommaso Raso é professor titular de Linguística na UFMG e trabalha com compilação de *corpora* de fala espontânea e o estudo da sua estruturação informacional na interface entre pragmática e prosódia (Projeto C-Oral-Brasil). É presidente da Associação Luso-brasileira de Ciências da Fala (LBASS).

Zuleica Camargo é fonoaudióloga e docente da Pontifícia Universidade Católica de São Paulo (PUC-SP) e do Centro Universitário Armando Álvares Penteado (Faap). Professora do Programa de Pós-Graduação em Linguística Aplicada e Estudos da Linguagem (PPG em Lael da PUC-SP), atua no campo da Fonética, desenvolvendo atividades de ensino e pesquisa nos temas de: Produção e Percepção de Fala e Voz, e seus Distúrbios; Expressividade Sonora; Linguagens Sonoras.

GRÁFICA PAYM
Tel. [11] 4392-3344
paym@graficapaym.com.br